Georges Dumézil

Contes et légendes
des peuples du Caucase
1

Georges Dumézil

Contes et légendes
des peuples du Caucase

1

Textes avars, ingouches, tchétchènes, lazes, chepsougs, besneley, kabardes, abazes, abkhazes, tatars (azéris) et arméniens

LINGVA

Collection
« Histoire – mythes - folklore »

2015
Mikhaïl Dragomanov et Lydia Dragomanova
Travaux sur le folklore slave,
suivi de Légendes chrétiennes de l'Ukraine
Viktoriya et Patrice Lajoye
Sadko et autres chants mythologiques des Slaves de l'Est
Patrice Lajoye
Perun, dieu slave de l'orage

2017
Patrice Lajoye
Fils de l'orage. Un modèle eurasiatique de héros ?
Patrice Lajoye
Charmes et incantations

Georges Dumézil et le Caucase

En 1925, alors qu'il vient de soutenir deux thèses de mythologie comparée[1], et qu'il est déjà l'auteur de nombreux articles, Georges Dumézil (1898-1986), ne trouvant pas de poste en France, s'exile en Turquie, où il occupe la première chaire d'histoire des religions à l'université d'Istanbul, tout récemment créée par Atatürk. Alors, qu'il maîtrisait déjà diverses langues étrangères ou anciennes, il en profite pour apprendre le turc. Mais il y fait aussi la connaissance de personnes non-turcophones, des Caucasiens, descendants de peuples vaincus par les Russes entre 1860 et 1870 et réfugiés dans l'Empire ottoman.

C'est ainsi qu'il apprend le tcherkesse et l'abkhaze, mais aussi et surtout l'oubykh. Il profitera de son séjour de plusieurs années pour voyager au Caucase, et notamment en Géorgie avant que l'accession de Staline à la tête de l'URSS ne ferme définitivement la frontière. Georges Dumézil s'attèle à la tâche de noter les différentes langues avec lesquelles il entre ainsi en contact, mais aussi de les étudier. Pour cela, il collecte de nombreux récits qui relèvent le plus souvent du folklore et de la tradition orale.

Même s'il quitte la Turquie en 1931, pour occuper un poste à Uppsala en Suède, Georges Dumézil reviendra toute sa vie

---

1 *Le Festin d'immortalité. Étude de mythologie comparée indo-européenne,* 1924, Paris ; *Le Crime des Lemniennes. Rites et Légendes du monde égéen,* Paris, 1924.

durant à la caucasologie, dont il sera jusqu'à sa mort le maître francophone incontesté.

Il va ainsi éditer et traduire en français des centaines de textes, de quasiment toutes les langues du Caucase, dans divers ouvrages, mais aussi dans des dizaines d'articles publiés dans des revues parfois rendues inaccessibles au grand public depuis longtemps. L'intérêt de ces textes est double : il est linguistique et il est mythologique. Concernant ce deuxième aspect, Georges Dumézil s'est surtout attardé sur les textes ossètes[2], qui lui ont permis de développer, entre autre, sa théorie de la trifonctionnalité indo-européenne. Ses efforts seront couronnés notamment par la publication d'un important corpus de récits ossètes sur les Nartes, un peuple mythique de héros d'origine ossète mais qui a imprégné le légendaire de l'ensemble du Caucase de l'Ouest[3]. C'est ainsi que la mythologie des Ossètes s'est hissée sur un pied d'égalité avec les autres mythologies indo-européennes. Cependant, on l'a dit, les Nartes sont aussi connus chez les autres peuples de cette partie du Caucase, qui les ont empruntés aux Ossètes. Les diverses populations tcherkesses, les Tchétchènes, les Ingouches, les Avars, connaissent les Nartes. Mais concernant ces derniers peuples, l'intérêt de Georges Dumézil est surtout linguistique. Il notera des dizaines de textes[4], mais essentiellement pour leur valeur apportée à la connaissance de ces diverses langues largement

---

2   Les Ossètes sont un peuple du nord du Caucase, de langue iranienne. Ils sont les ultimes descendants des Alains de l'Antiquité.

3   *Le Livre des héros, légendes ossètes sur les Nartes,* 1965, Paris, Gallimard.

4   Quelques uns proviennent de publications ethnographiques russes et soviétiques, mais pour la plupart ils ont été collectés par Georges Dumézil lui-même, en Turquie ou à Paris.

ignorées des linguistes occidentaux. Il les traduira et il les fera accompagner d'abondants commentaires linguistiques.

Ces textes ont donc été publiés pour l'essentiel dans des revues pour le moins confidentielles, peu accessibles, et largement ignorées du grand public. Il nous a alors semblé nécessaire de les rassembler et de les rééditer pour ce qu'ils sont : des sources indispensables à la connaissance du folklore caucasien, sources de nature très diverse puisqu'on y trouve des légendes sur les Nartes, des contes merveilleux, et une série importante de contes facétieux dont des récits sur Nasreddin Hodja, un héros connu dans l'ensemble du monde musulman.

Le corpus ainsi réuni est de taille, aussi avons-nous fait le choix de classer à part les textes oubykhs, qui sont les plus nombreux et qui feront l'objet d'un deuxième tome. Dans se premier tome se trouvent les textes collectés dans toutes les autres langues, à l'exception donc de l'ossète et de l'oubykh.

De ces textes, nous n'avons conservé que la traduction française, en en supprimant la numérotation des phrases et les commentaires linguistiques, de façon à les rendre aussi lisibles que possible. Il n'en reste pas moins, et Georges Dumézil en était lui-même tout à fait conscient, que ces traductions ne sont pas d'une grande qualité littéraire : elles sont parfois à la limite de la juxtalinéaire. Leur but premier était en effet de rendre intelligibles ces textes en accompagnant leur édition critique, et rien d'autre.

Étant nous-mêmes seulement spécialistes du folklore slave, nous nous sommes abstenus d'y ajouter des commentaires philologiques : nous laissons le soin aux lecteurs de trouver dans ces textes ce qu'ils y voudront. Cependant, pour faciliter d'éventuelles recherches, nous avons classé les textes par langue, et nous avons ajouté à la fin un index des contes-types internationaux, ainsi que les listes des légendes sur les Nartes et des contes sur Nasreddin Hodja.

Viktoriya et Patrice Lajoye

Besneley

Chepsougs

Abazes
Kabardes

Oubykhs

Abkhazes

Ingouches

Ossètes

Tchétchènes

Avars

Lazes

Azéris

Arméniens

100 km

60 mi

**Localisation des peuples caucasiens mentionnés,
avant la conquête russe du XIXᵉ siècle**
(fond de carte : d-maps.com)

Source des textes

Textes avars
« Textes avar », *Journal asiatique,* 1933, t. 222, p. 264-302.

Textes tatars
Légendes sur les Nartes, 1930, Paris, Champion.

Textes ingouches
Textes populaires inguš recueillis par M. Jabagi, 1935, Paris, Adrien Maisonneuve.

Textes tchétchènes
Légendes sur les Nartes, 1930, Paris, Champion.

Textes lazes
Contes lazes, 1937, Paris, Institut d'Ethnologie.
(avec T. Esenç), « Textes en laze d'Ardeşen » , *Bedi Kartlisa, revue de kartvélologie,* XXIX-XXX, 1972, p. 32-41.
Documents anatoliens sur les langues et les traditions du Caucase IV, *Récits lazes (dialecte d'Arhavi),* 1967, Paris, Presses universitaires de France.

Textes chepsougs
« Légendes sur les Nartes. Nouveaux textes relatifs au héros Sosryko », *Revue de l'Histoire des Religions,* 1942-1943, CXXV, 2-3, p.97-128.
« Textes chepsoug (tcherkesse occidental) » , *Journal asiatique,* 1954, CCXLII, 1, p. 1-48.

Textes besleney
(avec Orhan Alparslan) « Le parler de Besney (tcherkesse oriental) de Zennun Köyü (Çorum, Turquie) II. Textes folkloriques », *Journal asiatique,* 1964, CCLII, 3, p. 327-364.
(avec Orhan Alparslan) « L'hôte enjoué. Texte bes(le)ney de Zennun Köyü », *Studia Caucasica,* 1966, 2, p. 1-8.

Textes kabardes
« Récits oubykh, V », *Journal asiatique,* 1961, CCXLIX, p.269-296
Légendes sur les Nartes, 1930, Paris, Champion.

Textes abazes
« Note sur le parler des Abazas d'Anatolie » , *Folia Linguistica. Acta Societatis Linguisticae Europaeae,* II, 1968, p. 275-278.
Légendes sur les Nartes, 1930, Paris, Champion.

Textes abkhazes
Documents anatoliens sur les langues et les traditions du Caucase V, *Études abkhaz,* 1967, Paris, Adrien Maisonneuve.

Textes arméniens
« Notes sur le parler d'un Arménien musulman d'Ardala (Vilâyet de Rize », *Revue des études arméniennes,* 1965, II, p. 135-142.
« Trois récits dans le parler des Arméniens musulmans de Hemşin », *Revue des études arméniennes,* 1967, IV, p. 19-35.
« Le parler arménien de Vakifli (Musa daği) » , *Revue des études arméniennes,* 1968, V, p. 31-41.
« Textes en arménien de Vakifli (Musa daği) » , *Revue des études arméniennes,* 1970, VII, p. 35-54.

Textes avars

1.
Vendettas

Au Daghestan, dans le pays de Xunzax (= Avaristan), au village nommé Xarač'i, il y avait deux amis, l'un nommé Šamil, l'autre nommé Hasqil. Tandis que Šamil était à l'armée, Hasqil enleva la sœur de Šamil. Šamil vint au village et, ne (pouvant) mettre la main sur Hasqil, fit mal chose à la femme de Hasqil. Dès que Šamil fut retourné à son régiment, Hasqil vint et tua le frère de Šamil. Šamil quitta son service et mit derrière (=à la recherche) Hasqil pour le tuer. Les juges firent expier le sang à Hasqil (= exilèrent H.) à Xargabi.

Comme il n'arrivait pas à mettre la main sur lui, Šamil resta beaucoup derrière Hasqil (= rechercha activement H.). Hasqil, sachant qu'il ne le laissera(it) pas, fut prudent : la nuit il ne sortait pas et même le jour, même dans le village, il ne sortait pas sans être prudent. Šamil, en lui donnant de l'argent, décida un homme de Xargabi à emmener Hasqil hors (du village). Hasqil accepta d'aller à Gunib, mais il dit : « Si je ne change (ou : n'échange) pas mon vêtement (contre le tien), j'ai peur : Šamil coupera le chemin (= nous guettera en embuscade et nous attaquera). » Tandis qu'ils allaient, ayant changé de vêtement, sur les deux heures du matin, Šamil, qui avait coupé le chemin hors du village, tua l'hôte, croyant que c'était Hasqil. Hasqil, lui, s'enfuit et s'échappa.

Pour ce méfait, les juges envoyèrent Šamil en Sibérie. Il s'enfuit de Sibérie, vint (= rentra au Daghestan) et, (une fois) que Hasqil revenait (du village) de Mok'so, il lui coupa le chemin dans la montagne (du village) de Šuleλ et l'attendit. Quand Hasqil arriva là-haut, Šamil déchargea son fusil. Légèrement blessé, Hasqil roula en bas du versant ensoleillé. Un peu plus tard, quand il (= Šamil) fut (assez) éloigné, Hasqil se leva, s'enfuit et échappa.

De nouveau les juges saisirent Šamil et l'envoyèrent en Sibérie. Il s'enfuit et revint pour la seconde fois, mais les juges le reprirent sans qu'il eût mis la main sur Hasqil. Tandis que Šamil était dans la prison de Temir-xan-Šura, Hasqil demanda audience et vint trouver le gouverneur : « Šamil ne me laissera pas sans m'avoir tué à quelque moment que ce soit (=tôt ou tard). je te le demande : mets-nous une arme en main, à lui et à moi, et laisse-nous nous battre. Quel que soit celui qui tuera l'autre, nous aurons la tranquillité, et vous aussi vous serez débarrassés de nous. » Ainsi demanda Hasqil. Le gouverneur n'accepta pas. Il envoya (Šamil) au pire endroit de la Sibérie.

Šamil s'enfuit encore de là. Pendant la route d'un mois, il fuit (= voyagea) sans manger d'aliment, mangeant de l'herbe, mangeant le feuillage des arbres, mangeant l'écorce. Pendant deux mois, ensuite, il s'enfuit (= voyagea), demandant à manger la nuit aux villages, se cachant le jour. Ayant fui (= voyagé) trois mois, il revint au Daghestan. Et alors il fut derrière (= chercha) Hasqil pendant cinq ans. Ensuite, comme Hasqil était au marché à Žungut'-le-Bas, il alla pour le tuer. Mais il craignit, s'il tirait dans le marché, d'atteindre un autre, et laissa (en paix) (Hasqil) lui-même.

S'étant dit : « Je lui couperai le chemin quand il reviendra du marché et je le tuerai », il coupa le chemin dans la vallée du Birɣi et resta (= attendit). Comme (Hasqil) vint là avec beaucoup de gens, il n'y eut pas moyen (de tirer). Šamil alla de là en avant (= courut plus loin sur le chemin) et pensa à rester (= attendre) sous un grand rocher, sur le morceau de chemin qui va montant au-dessus du village de Hark'as. « Pourvu qu'ils ne viennent pas à deux sur le chemin ! » (se dit-il). Il fit rouler sur le chemin de grands rochers. S'étant caché sous (= derrière) un grand rocher, il resta (= attendit). Ayant fait les prières (= le namaz) dans la vallée du Birɣi, Hasqil et le bugaul du village marchèrent (= se mirent en marche) en avant de leurs compagnons. En arrivant au-dessus de Hark'as, trouvant les rochers qu'on avait fait rouler sur le chemin, Hasqil dit : « C'est bien la ruse de Šamil, n'est-ce pas, qui a fait rouler ces rochers sur le chemin ? » Le bugaul

dit : « Ayant peur de Šamil, quoi que tu voies, tu en as peur !» et ils (continuèrent à) marcher.
Quand le bugaul eut dépassé le rocher (derrière lequel) il était caché, Šamil bondit sur le chemin et dit : « Eh, Hasqil ! Toi et moi nous étions des amis. Dès que je fus éloigné de toi, tu me fis insulte. En revanche de l'insulte que tu m'avais faite, j'ai fait violence à ta femme. Là-dessus tu as tué mon frère. Cette insulte à moi faite, le droit du sang de mon frère tué, mon honneur n'a pas permis que je les laisse à terre (= que j'y renonce). » Il dit et tira. Il fit tomber (Hasqil) de cheval.
Le bugaul, qui était en avant, se précipita vers Šamil. « Pourquoi as-tu tué mon compagnon ? », dit-il, ne reconnaissant pas Šamil. Šamil dit au bugaul : « J'ai tué mon ennemi, qui avait tué mon frère. » Il mit en joue le bugaul et dit : « Si tu fais un mouvement vers moi, je tire sur toi comme (j'ai tiré) sur Hasqil. » Le bugaul laissa Šamil, s'éloigna et s'en alla. Alors Šamil s'approcha de Hasqil, qui, blessé, mais pas (encore) mort, restait tombé à terre, et lui dit : « Mon honneur ne m'a pas permis de (rester) sans avoir fait mon possible en revanche de l'injure vile que tu m'avais faite. À cause de cela, j'ai vu (= supporté) beaucoup de difficultés et de misères. Aujourd'hui c'est venu à ta tête (= c'est ton tour). » Ayant dit cela, il tourna (le moribond) vers La Mecque, fit une prière et resta près de lui jusqu'à ce que son âme fût partie. Quand l'âme fut partie, il alla à Xarač'i.
Craignant que la parenté de Hasqil ne fît du mal à sa propre famille, il resta à surveiller dans la montagne qui est au-dessus du village. Il resta sur celle montagne à faire la garde dans cet état jusqu'à la venue de l'hiver. Sa famille lui apportait en cachette à manger. Après cela, il se mit à faire du commerce. Après que la crainte (qu'il avait) de ses ennemis fut partie, il restait dans la ville de Temir-xan-Šura, dans la plaine.
Une fois, ses ennemis ayant entendu dire qu'il était à Erp'eli, le fils et le gendre de Hasqil (y) vinrent, demandèrent Šamil à la maison de l'homme chez qui l'on avait dit qu'il était et, ne l'ayant pas trouvé, s'en retournaient à leur village. Šamil, qui avait été en hôte chez un

autre, était allé avant eux à la montagne : ils l'atteignirent. Le fils et le gendre de Hasqil marchèrent quelque temps avec (lui), conversant. Šamil leur demanda : « D'où revenez-vous ? Quelle affaire aviez-vous dans la plaine ? — Nous avions une intention (= quelque chose à faire) », répondirent-ils. Šamil leur dit : « Vous avez l'air d'hommes qui ont un souci ! — Nous n'avons rien ! » dirent-ils d'abord : tandis qu'ils marchaient, conversant, Šamil répéta : « Quoi que j'aie (= malgré tout, on ne m'ôtera pas de l'idée que), je vous vois pareils à des hommes qui ont quelque chose qui leur sèche le cœur (= un ennui).

Alors ils racontèrent la vérité : « Nous étions allés chercher un ennemi. — Qui est votre ennemi ? Qui vous a-t-il tué ? », demanda Šamil. Le fils de Hasqil dit : « Un homme de chez nous, nommé Šamil, a tué mon père. Ayant entendu que cet homme était à Erp'eli chez Un Tel, nous y sommes allés, pour le tuer si nous le trouvions ; ne l'ayant pas trouvé, nous sommes revenus. » Šamil dit au fils de Hasqil : « Pour tuer ton père, qu'est-ce que ton père avait fait à Šamil ? » Le fils de Hasqil raconta l'inimitié survenue antérieurement entre Hasqil et Šamil. Šamil demanda : « Combien y a-t-il d'années que Šamil a tué ton père ? Et ce Šamil, est-ce que les juges l'ont laissé sans rien lui faire quand il eût tué un homme ? » Ils répondirent : « Les juges l'ont envoyé trois fois en Sibérie ; trois fois il s'est échappé ; revenu, il a tué mon père », raconta le fils de Hasqil. Šamil dit : « Šamil a serré sur vous un grand (point d')honneur. S'il (faut) dire pourquoi (voici :) alors que Šamil a tué votre père après avoir trois fois fui de Sibérie au milieu de tant de misères et après être revenu (au Daghestan), si toi tu laissais (sans vengeance) ton ennemi qui est au Daghestan (même) et qui a tué ton père, il y aurait grande honte à toi parmi les hommes ! » Et Šamil les quitta en disant : « Que Dieu vous aide ! »

Quand quelques jours eurent passé, (Šamil) envoya une lettre au fils de Hasqil : « L'homme qui était avec vous, telle fois, c'était Šamil ; et moi aussi je suis Šamil », (y) disait-il ; ayant mis son nom au bas, il l'envoya. Après cela, il circula dans la plaine (= en pays koumouk), faisant du commerce. Un jour qu'il circulait dans la rue, au marché de Temir-xan-Šura, le directeur de la prison vint par-derrière et le saisit ferme : « Qui es-tu ? » demanda-t-il à Šamil. Šamil dit : « Pourquoi saisis-tu un homme que tu ne connais pas ? — N'es-tu pas Šamil ? » demanda le directeur. « Oui, je suis Šamil, » répondit Šamil. Après qu'il fut resté plusieurs mois en prison, on le remit aux juges militaires pour être jugé. Šamil avait peur d'être pendu devant ses ennemis. De nouveau on décida de l'envoyer en Sibérie, prescrivant que jamais on n'ôtât les fers de ses pieds.

Il alla en Sibérie. Au bout de beaucoup de temps, une lettre vint (au Daghestan) d'Arabie, par Médine disant : « Je me suis enfui et je suis venu à Médine. » Après que plusieurs lettres furent venues à sa famille, il vint (enfin) une lettre d'un compagnon de Šamil (disant) : « Il est mort. »

Conté par Yahya beg Mextulinskiy, 1931

2.
Histoire de Hadji-Murad

Hadji-Murad était de mère et de père avares et avait grandi au pays avar. Jusqu'à quinze-vingt ans, il avait étudié les sciences. Puis l'armée des Avars avait fait la guerre à Šamil. Et Hadji-Murad et sa famille (= ses frères) étaient frères de lait des princes avares.

Après que Hamzat. étant venu en pays avar, eût tué les princes des Avars, la mère de Hadji-Murad, qui avait nourri de son sein les princes, resta toujours à pleurer. Une fois le frère aîné de Hadji-Murad, 'Osman, en rentrant à la maison, trouva sa mère pleurant. 'Osman dit à sa mère : « Qu'est-ce, rester ainsi à pleurer sans fin, alors que, de tes enfants et de ton parentage, nul n'est présentement mort ? » Irritée, la mère dit à 'Osman : « Vous, mes enfants, vous êtes vivants, (mais) je n'ai pas lieu de me réjouir. Si vous dites : pourquoi ?, (voici :) j'eusse mieux aimé avoir des filles que des fils comme vous, qui laissent en vie mon ennemi qui a égorgé comme moutons, sous mes yeux, mes enfants que j'avais nourris de mon sein ! » Et ce disant, elle pleura. Alors, devant sa mère, 'Osman chargea un revolver et dit : « Je tirerai avec ce revolver sur ton ennemi ! » Ensuite 'Osman fut derrière (= guetta) Hamzat pour le tuer. Sachant qu'il (= 'Osman) ne le laisserait pas, Hamzat ne sortait pas dehors, sauf le vendredi (pour aller) à la mosquée. Un vendredi, 'Osman dit : « Aujourd'hui, je tuerai Hamzat » ; il donna sa parole à sa mère et se prépara. Hamzat avait entendu qu'il le tuerait un vendredi. Un des *murid* de Hamzat dit à Hamzat : « Si tu vas à la mosquée aujourd'hui, il te tuera. » Hamzat dit : « Même s'il (doit) me tue(r). je ne laisserai (= négligerai) pas la mosquée. » À la mosquée, d'avance, enveloppé d'une grande pelisse (de peau de mouton) et ayant enfilé dans la manche le revolver, 'Osman attendait assis devant le mihmar. Sachant qu'il (= 'Osman) ne le laisserait pas sans l'avoir tué, Hamzat avait ordonné auparavant qu'aucun homme armé n'entrât dans la mosquée. Comme on récitait le selah (= l'ezan du vendredi), Hamzat entra dans la mosquée, pénétra dans le mihmar. 'Osman se leva, lui tira dans le dos et le tua. Sur le lieu même, le murid de Hamzat tua 'Osman. Il y eut un grand massacre dans la mosquée. La mosquée devint un lac de sang au point de mouiller les pieds.

Après que, le frère aîné de Hadji-Murad ayant tué Hamzat, Šamil fut devenu imam, il (= Hadji-Murad) exerça le « na'ib-at » pour Šamil (= fut un des na'ib de Šamil). Pendent beaucoup d'années, il lit des exploits contre le tsar et devint un homme célèbre dans tout le peuple, connu partout, et le na'ib que Šamil aimait et croyait le plus.

Quelques années après, on le calomnia auprès de Šamil : « Hadji-Murad veut exercer l'« imam-at », soit t'ayant écarté, soit même t'ayant tué ; pour exercer l'imam-at, il a fait propagande (ou : calomnie ?) parmi les hommes, il a tourné le peuple à soi. » L'imam donna ordre à ses murid, disant : « S'il en est ainsi, il faut que Hadji-Murad meure ! » Un des murid ayant dit à Hadji-Murad que Šamil allait le tuer, il s'enfuit dans la plaine. Hadji-Murad resta un temps dans la plaine. Après que Hadji-Murad eut fui, Šamil apprit que la dénonciation était fausse. « Qu'il retourne (ici), qu'il vienne ! », lui fit-il dire plusieurs fois par lettre et par homme. Mais Hadji-Murad, ne croyant pas, ne vint pas. Quand la bataille avec les Russes, à Xargabi, commença, Hadji-Murad vint. « Les hommes veulent me faire·tuer en me calomniant. Plutôt que de périr par leurs calomnies, mieux vaut me jeter moi-même dans la guerre sainte et mourir. » Il vint (donc) à Xargabi et arriva au lieu de la bataille.

Les soldats russes étaient au bord de la rivière qui passe devant Xargabi, du côté de Xargabi. Les soldats de Šamil étaient du côté de la montagne. Tout d'un coup, attaquant, ils engagèrent la bataille. Hadji-Murad venant de Karak'un à Xargabi, arrivant par la route, n'alla pas (rejoindre) les soldats de Šamil, mais, débouchant du côté de la rivière qui était vers Xargabi, il tomba en bataille (sur les Russes), tout seul. Fatigué, il se relira, descendit à la rivière. Il attendit un instant que sa fatigue fût affaiblie, puis remonta et tomba sur les Russes, tout seul. Ayant lui-même reçu une ou deux blessures, il descendit à la rivière. De nouveau il attendit que sa fatigue fût affaiblie, banda ses blessures, puis remonta et tomba sur les Russes. Cette fois, les murids, eux aussi, ayant débouché de la rivière, attaquèrent, culbutèrent (les Russes), leur tuant beaucoup d'hommes et assemblant un grand butin. Puis l'armée de Šamil retourna vers Šamil.

Hadji-Murad pria Dieu un instant sur le bord de la rivière, puis se dirigea vers Šamil. Hadji-Murad dit à Šamil : « Si ce n'est par ta main, je n'ai pas le moyen de mourir. Trois fois, souhaitant mourir, j'ai engagé la bataille. Sans qu'aucun mal ne me soit arrivé, sans mourir, je suis resté sain et sauf. Maintenant, puisse mon sang t'être *halal* ! Tue-moi de ta main, ne me fais pas tuer par des hommes vils, ayant cru aux calomnies des méchants. Toi-même, tue-moi de ta propre main ! » L'imam Šamil l'embrassa et dit en pleurant : « Je ne tuerai pas un héros comme toi, dusses-tu toi-même me tuer ! Par les calomnies d'hommes vils, nos cœurs ont été mutuellement gâtés. À présent, je t'en prie, pardonne-moi. » Šamil dit et, l'embrassant, le mena à la tente. Après cela, pendant beaucoup d'années, avec Šamil, Hadji-Murad fit de grands exploits et prouesses dans les batailles. Deuxième fuite (de Hadji-Murad) : (elle eut lieu,) des histoires, quelles qu'elles soient (= peu importe lesquelles) l'empêchant d'aller au Daghestan : il enleva la khanoum du khan de Žungut, l'emmena dans la montagne et la revendit (= la rendit contre rançon) ; il enleva aussi les enfants et la femme des princes de Buynak, les emmena dans la montagne et les revendit. Il ne pouvait aller dans la plaine, (y) ayant des ennemis (à la suite de ces brigandages). Aussi ce fut en pays tchétchène et tcherkesse qu'il fuit et alla, ayant cru à des paroles sans fondement d'hommes qui ne l'aimaient pas. Šamil envoya derrière lui un des deux na'ib en qui il avait le plus de confiance et le fit revenir.

La troisième fois, la cause qui fit que Hadji-Murad s'enfuit d'auprès Šamil (fut :) quand l'imam Šamil, avec ses na'ib et ses soldats, revenait d'une expédition de pillage en Géorgie, il s'arrêta à Harigabur. Tous les na'ib s'assemblèrent et délibérèrent : « L'imam se trouve avoir vieilli et être grand (d'âge). Il a un fils, Ghazi Mohammed. jeune, bon, courageux, que D i e u lui a donné. Maintenant, l'imam ayant pris son repos, faisons imam Ghazi Mohammed ! » Ainsi décidèrent tous les na'ib. Parmi eux, Hadji-Murad ne se trouvait pas, étant resté en arrière. Ce ne fut que quand ils eurent pris cette décision que Hadji-Murad arriva. Ils lui dirent ce dont ils avaient délibéré, la décision qu'ils avaient prise. Hadji-Murad dit : « Que Dieu garde notre imam en santé ! Aujourd'hui, il n'est pas vieux au point de ne plus pouvoir travailler. Tant que l'imam est en santé, un autre homme ne peut être imam. Si l'imam s'en va de ce monde, l'imam-at sera à (celui dont) l'épée (est) (la plus) longue ! » Hadji-Murad dit. Alors ceux qui n'aimaient pas Hadji-Murad, se s ennemis, dirent à l'imam : « T o u s les na'ib s'étaient accordés pour faire imam ton fils. Hadji-Murad n'a pas accepté, disant : 'L'imam-at sera à celui dont l'épée e s t la plus longue'. Il veut l'imam-at pour lui-même. » (Ainsi) ils le calomnièrent devant l'imam. Tous les na'ib, chargeant Hadji-Murad, dirent : « Il l'a dit comme s'il avait besoin de (= convoitait pour lui-même) l'imam-at. » (Ainsi) racontèrent-ils à l'imam. Étant rentrés chez eux, l'imam et·les na'ib envoyèrent des hommes derrière Hadji-Murad pour le tuer. Mais, grâce à sa prudence, ils ne purent l'atteindre ; il lit passer parole aux Russes (= s'aboucha avec les Russes) et, s'étant accordé avec les Russes, s'en·fuit en Tchetchnia. De Tchetchnia. il alla à Vladikavkaz, de là on l'envoya à Tiflis, au général Voroncov. Après être resté un bon temps à Tiflis, il dit à Voroncov : « Envoie-moi sur la frontière de Šamil ; il y aura des gens qui viendront me faire ·savoir toutes les affaires de Šamil ; je vous ferai un service propre (= loyal). » Il persuada (Voroncov) et se fit envoyer à Nuxa. Il avait dans le cœur de fuir, une fois revenu (à la frontière). Quelque honneur que lui fissent les Russes, il n'était pas content d'eux et le cœur lui brûlait fort d'avoir fui et d'être venu (chez les Russes).

Arrivé à Nuxa, après quelques jours, il appela Mohammed Dibir de Belekan et délibéra avec lui. Ayant décidé soit de se réconcilier avec Šamil et de fuir. soit de gagner à soi des soldats de Šamil, d'occuper le cercle de Zakatala et de le gouverner, il envoya Mohammed Dibir à Šamil en lui disant : « Reviens apportant la réponse de Šamil. » Mohammed Dibir alla à sa maison, retarda son départ (pour aller) vers Šamil, et n'y alla qu'après un ou deux mois. Šamil ne crut pas à la nouvelle que lui dit Mohammed Dibir : « C'est une ruse ! », dit-il, et il le renvoya après avoir écrit et lui avoir donné une lettre où il disait : « Si Hadji-Murad veut s'en retourner et venir, s'il s'enfuit et vient avec ses compagnons, je le considérerai au même degré qu'auparavant. » Mohammed Dibir vint, donna la lettre à Hadji-Murad et lui fit savoir toutes les intentions de Šamil.

Après cela, (Hadji-Murad) commença à se préparer à la fuite. C'était un escadron de cavaliers cosaques qui était chargé de garder Hadji-Murad. Hadji-Murad dit à leur commandant : « Mon cœur sèche (= je m'ennuie) de rester assis à la maison. Je veux me promener, aller dans la campagne. Envoie (quelques-uns de) tes Cosaques. Chaque jour, après midi, après nous être promenés quelques heures, nous reviendrons. » Le commandant permit. Plusieurs fois, s'étant promené, il retourna et vint. Un jour il fit savoir à ses compagnons : « Aujourd'hui, nous fuirons. Aujourd'hui, nous ferons (de deux choses) l'une, ou mourir ou nous sauver. » Ce soir-là, il fit savoir au (chef des) Cosaques : « Demain matin tôt, quand l'aube poindra, envoie les hommes que tu envoies (chaque jour) se promener avec nous. » Cette nuit-là, ils (Hadji-Murad et ses compagnons) préparèrent fusils et poudre. Quand ils furent prêts, à l'aube, ils sortirent, prévinrent les Cosaques, sortirent de la ville et cheminèrent au dehors. À quelque distance de la ville, alors qu'ils allaient sur la route de Zakatala, des Cosaques atteignirent devant eux (= se placèrent devant ·eux, en tête de la colonne). Il y avait là, à marcher avec (eux), jusqu'à cent Cosaques avec, deux officiers. Après un petit moment, Hadji-Murad dit (à un officier) : « Viens, faisons courir nos chevaux ! » Le Cosaque accepta. Plusieurs Cosaques et les compagnons de Hadji-Murad poussèrent leurs chevaux pour courir (= au galop). À une petite distance, alors que les hommes qui poussaient leurs chevaux filaient devant, Hadji-Murad lui aussi fit courir (à fond de train) son cheval. Il dépassa au galop et les cavaliers cosaques et ses compagnons à lui.

En même temps que Hadji-Murad, un officier des Cosaques poussa son cheval derrière lui. Le cheval de ce Cosaque était aussi un très bon coureur. Il atteignit Hadji-Murad par-derrière : « Arrête ! C'est assez ! » lui cria-t-il. Hadji-Murad, sans l'écouter, alla de l'avant. L'officier le dépassa : « Tu fuis ! Arrête-toi ! Si tu ne t'arrêtes pas, je te tire un coup de fusil. Tu ne peux m'échapper ! Arrête ! », dit-il. Hadji-Murad, sachant qu'il (= l'officier) ne le laisserait pas s'échapper, prit son revolver et en tira un coup à l'officier, dans la poitrine : il le tua. Se retournant, lui et ses compagnons lancèrent leurs chevaux, attaquèrent les cavaliers cosaques qui venaient et les tuèrent avec l'épée.

Les Cosaques qui étaient derrière étant survenus, il y eut bataille, et, tout en combattant contre les Cosaques, ils se dirigèrent de la route vers la montagne. Ils trouvèrent devant eux un enclos où les brebis se tiennent pendant l'été, et ils y entrèrent. Sachant qu'ils ne pourraient se sauver, ayant fait entrer aussi leurs chevaux dans l'enclos. ils commencèrent à batailler. Pendant plusieurs jours ils luttèrent contre les Cosaques qui les assiégeaient, cavaliers et fantassins de Nuxa. Il ne resta que Hadji-Murad lui-même et deux de ses compagnons, les autres étant tombés martyrs. Seul le cheval de Hadji-Murad restait, les chevaux des autres ayant été aussi tués. Et les compagnons de Hadji-Murad avaient reçu des blessures, tandis que Hadji-Murad et son cheval n'en avaient reçu aucune. Une nuit, ses deux compagnons (lui) dirent : « À présent nos chevaux sont morts, nous-mêmes nous sommes blessés. Hadji-Murad et son cheval restent sans blessure. S'il veut, il fuira et pourra s'échapper » Hadji-Murad tua (alors) lui-même son cheval : « À présent, dit-il, même si vous, vous pouviez vous sauver, Hadji-Murad ne le pourrait pas[5] ! » Le lendemain, ses deux compagnons tombèrent martyrs en combattant. Ensuite, Hadji-Murad combattit (encore) une nuit et un jour, puis, lui aussi tomba martyr.

Le lendemain, comme il n'y avait en face d'eux ni coups de feu tirés ni hommes visibles, (les Cosaques) dirent : « Ils sont tous morts ! — Non, c'est une ruse de Hadji-Murad, pour (nous) attirer sur eux, au milieu (= à portée) des épées et (nous) massacrer. » Trois nuits et trois jours passèrent sans qu'ils s'approchassent, après la mort de Hadji-Murad. Comme personne (d'entre les Cosaques) n'osait y aller, ils envoyèrent un bouvier avec ses bœufs, et quand cet homme leur eut expliqué que Hadji-Murad et ses compagnons étaient morts, alors (seulement) ils s'approchèrent et les enterrèrent sur place.

Les troupes se retirèrent et firent savoir à Voroncov : « Telle chose est arrivée. » Voroncov dit : « Vous deviez le capturer sans le tuer », et blâma le chef des Cosaques. Tout le peuple apprit la nouvelle de la mort de Hadji-Murad.

Conté par Yahya beg Mextulinskiy, 1931

---

5   Parce qu'il était boiteux.

Textes ingouches

3.
Un chant de l'aveugle Saçi

Ô montagnes tcherkesses, qui n'avez pas de mère pour vous pleurer !
Ô monde solitaire (?), qui n'as pas de sœur pour gémir !
Le loup affamé, n'est-ce donc pas une mère qui pleure ? Le noir
milan, n'est-ce donc pas une sœur qui gémit ?
L'oiseau se pose quand le soir tombe : quand la guerre fait rage, les
héros s'avancent.
Voici que le cerf pousse un cri, oui, vers les sommets, son domaine.
Voici que le vautour hurle vers la cime des arbres.
Non, ce n'est pas le cerf qui a crié, ce sont les héros avides de
guerre !
Non, ce n'est pas le vautour qui a gémi : ce sont les héros assoiffés
de butin !
Ce ciel bleu que nous voyons quand nous regardons en haut, qui
donc l'a porté comme bourka et l'a usé ?
Cette terre noire que nous voyons quand nous regardons en bas, qui
donc l'a chaussée comme pantoufles et l'a usée ?
Dans l'autre monde, on ne goûte pas la douce amitié ! Une fois sous
les planches de chêne de l'étroit tombeau, une fois enveloppé dans le
suaire de drap, qui donc a jamais mangé (= joui de la vie), qui donc
ne mangera jamais ?
Si l'on ne chante pas, si l'on ne s'amuse pas, l'aiguille de Sēlə Satə
n'arrive pas à passer, la charrue du prophète n'arrive pas à faire son
labour.
L'aiguille d'Égypte qu'a laissée Sēlə Satə, vous la faites jouer avec le
fil d'or, jeunes sœurs ; les chevaux minces comme des vers qu'a
laissés le prophète, vous les faites jouer avec le butin, jeunes frères.
Grandes montagnes que nous voyons quand nous regardons en haut,
puissiez-vous devenir poudre à fusil et exploser !

Si, devenant poudre à fusil, vous explosiez, les princes de la montagne se mettraient à geindre, et leurs princesses se mettraient à pleurer !

(Le poète) n'a pas obtenu ce qu'il souhaitait en ce monde du soleil : changés en poudre sur l'oreille du fusil, puissiez-vous donc exploser ! En une flamme bleue, puissiez-vous brûler !

Mettez la tête sur (ma) poitrine, écoutez (mon) cœur : le fond de l'eau n'a pas de pierre plus froide que lui ! Parmi les herbes il n'y a pas d'herbe plus basse que lui ! Parmi les étoiles, il n'y a pas d'étoile plus lumineuse que lui !

D'après M. Jabagi.

4.
Lamentations d'une sœur sur la mort de son dernier frère

Au claquement de ton fouet, au bruit des sabots de ton cheval, je ne te verrai plus descendre dans la cour, – moi, ta sœur chérie !

La porte que tu as fermée en tordant la corde de chanvre, quand je l'ouvrirai, comment l'ouvrirai-je, – moi, ta sœur chérie ?

Le feu de la cheminée que tu as rassemblé avec la pelle et que tu as recouvert de cendres (pour cuire le pain), quand je le découvrirai, comment le découvrirai-je, – moi, ta sœur chérie ?

La table ronde que tu posais devant tes hôtes princiers, la coupe d'ivresse, tout cela est jeté pêle-mêle contre le mur du fond, – moi, ta sœur chérie !

Tu disais à notre mère : « Quand je me marierai, je t'apporterai un tendre matelas pour te coucher, je placerai sur tes genoux une chemise de soie », – et voici que ta mère est assise près de la cheminée froide, remuant la cendre, – moi, ta sœur chérie !

La ceinture de cuir qui était liée à ta taille mince, les armes brillantes que tu portais sur ton flanc, quand tes héritiers (fils d'heureuses mères !) les partageront en jetant les sorts, comment pourrai-je regarder de mes yeux ce spectacle, – moi, ta sœur chérie, moi, ta sœur chérie ?

D'après M. Jabagi.

5.
Lamentations d'une sœur sur la mort de sa sœur

Les traitements n'ont pas agi, les drogues des docteurs n'ont servi de rien... Tu as agité tes longs bras, sur le large matelas, tu as roulé ta ronde tête sur le mol oreiller (et tu as dit :)
« Je me lève ! Je viens ! Venez à moi, mon père, mes oncles ! Enlacez-moi bien, prenez-moi le cou ! »
Oui, tu en es arrivée au point que je dis, ô ma sœur chérie !
L'aiguille d'Égypte que tu as laissée sans fil, ne t'en sers pas pour eux (les morts),
Les ciseaux tatars que tu as laissés inactifs, ne t'en sers pas pour ces êtres qui ne vivent plus beaucoup !
Tu as jeté du sel mordant sur mon cœur déchiré, tu as enfoncé un clou aigu dans mon flanc blessé, – et tu t'en vas, ô ma sœur chérie !
Au moment de la visite funèbre (qu'on nous fait en mémoire de toi), si j'avais un frère, un fils de notre malheureuse mère (pour accueillir les condoléances) un doigt passé dans sa ceinture et courbé sur son bâton, non, je ne pleurerais pas, ô ma sœur chérie !
Notre malheureuse mère dit : « Qu'ils s'en aillent donc, mon cher mari, et mes beaux-frères ! Moi, je vais rester assise, serrant dans mes bras mes froids orphelins, mes frêles poussins... », – et elle reste assise près de la cheminée, remuant la froide cendre, – et n'aie aucune peine pour elle, ô ma sœur chérie !

D'après M. Jabagi.

6.
La guerre sainte

Aux approches de l'aube, on frappa à la fenêtre : « Lève-toi, mon fils chéri ! » cria la mère – « Qu'y a-t-il ? » cria le fils. – « Entends-tu les fusils des Russes ? »

Le fils s'inquiéta. « Ne t'inquiète pas, voici ton sac », dit la mère et elle lui tendit son sac. Il s'apprêta à franchir la haie. « Ton cheval est prêt », dit-elle et lui tendit le fouet. Quand il fut sur le point de sortir de la cour il cria à sa mère :

« Ne t'inquiète pas, mère. Mieux vaut avoir un fils brave devant la mort que lâche dans la vie ! » – « Je ne m'inquiéterais pas si j'avais un autre fils assis au foyer. »

– « Qu'importe ? Le coup qui te frappera frappera bien d'autres mères ! » Et il sortit. Il arriva au coin de la haie.

En entendant la voix de sa mère, il crut entendre l'appel du village déjà pris par les chrétiens. Il se retourna : « Mère, mère, cria-t-il, rien n'arrive que par l'ordre du destin ! »…

– « Par Dieu, mon fils chéri, je ne sais plus… Mon âme m'avertit… J'ai perdu la vue… Je ne te verrai plus… Je reste seule, comme si je ne t'avais pas enfanté… »

– « Mon âme est au paradis… J'entends une voix qui vient du ciel… J'entends le chant des anges de Dieu… J'entends le fracas des fusils et des épées… J'entends le bruit de mes jeunes frères, qui font la guerre sainte… Une troupe de blancs vautours s'est jetée sur les corbeaux : de leurs becs aigus, de leurs ongles courbes, ils les déchirent… Ma mère, reste en paix. Nos âmes se retrouveront au paradis, ma mère ! »

D'après M. Jabagi.

7.
Dialogue avant le rapt

Le jeune homme (dit) : Les nuages du ciel ne sont-ils pas malheureux ?

La jeune fille : En quoi les nuages du ciel sont-ils malheureux ?

Le j. h. : L'ange Gabriel, rapide, les persécute, et les empêche de répandre la tiède pluie... Et la belle jeune fille n'est-elle pas malheureuse qui, parmi les filles de son âge, ne voit pas son vœu se réaliser ?... Oui, sûrement tu vas épouser cette maudite perdrix. Mais quand elle sera morte, reviens à moi !

La j. f. : Quand la perdrix sera morte, si je reviens, je me transformerai en un renard rouge et je gagnerai la steppe.

Le j. h. : Si tu te transformes en un renard rouge et si tu gagnes la steppe, je me transformerai en un grand prince et, avec courtisans et lévriers, je viendrai te prendre.

La j. f. : Si tu te transformes en un grand prince et, avec courtisans et lévriers, tu viens me prendre, je me ferai daim et je fuirai dans la montagne.

Le j. h. : Si tu te fais daim et si tu fuis dans la montagne, je me ferai tigre, et je me jetterai sur toi.

La j. f. : Si tu te fais tigre et si tu te jettes sur moi, je me transformerai en un oiseau bleu et je m'envolerai dans le ciel.

Le j. h. : Si tu te transformes en un oiseau bleu et si tu t'envoles dans le ciel, je me transformerai en un blanc vautour et je me jetterai sur toi.

La j. f. : Si tu te transformes en un blanc vautour et si tu te jettes sur moi, je me ferai poisson et j'irai au fond de l'eau.

Le j. h. : Si tu te fais poisson et si tu vas au fond de l'eau, je me ferai loutre et je me jetterai sur toi.

La j. f. : Si tu te fais loutre et si tu te jettes sur moi, je me ferai liqueur et j'entrerai dans la coupe d'un prince.

Le j. h. : Si tu te fais liqueur et si tu entres dans la coupe d'un prince, je me ferai courtisan et j'emplirai la coupe.

La j. f. : Si tu te fais courtisan du prince et si tu emplis la coupe, je me ferai bas et j'irai sur la jambe de la princesse.

Le j. h. : Si tu te fais bas et si tu vas sur la jambe de la princesse, je me ferai pantoufle et je viendrai près de toi. Ah, puisses-tu n'être jamais tombée sous mes yeux ! Puisses-tu n'être jamais entrée dans mon cœur ! Comme le « Bismillah » figure au début du Qoran pour le protéger, de même tes noirs sourcils ont été mis sur ton visage pour l'embellir... Si le Khan de Crimée, sous sa tente dorée, se mettait à dégrafer les broderies d'argent qui couvrent ta poitrine, comment pourrai-je faire tenir tranquille parmi les jeunes gens ce cœur qui bat dans ma poitrine, pareil aux blocs de métal qui explosent dans un feu de chêne ?

Il la saisit et s'enfuit en l'emmenant.

D'après M. Jabagi.

8.
Insolence et chevalerie

Avec sa cruche de cuivre rouge tenue par le cordon de fils d'argent, – tendant devant ses yeux sa manche de soie jaune, – les pieds chaussés de pantoufles de cuir, – hochant la tête comme une oie gavée de seigle, – ondulant comme un canard sur le ruisseau, Elbikə, la fille de Dādə, allait puiser de l'eau.

Tenant à la main la bandoura à trois cordes, – le flanc appuyé contre la haie – touchant du doigt sa bandoura, sur la place se tenait Arsmək, le fils de Çour. Il prit son cheval qui paissait à son aise derrière le village et s'approcha du ruisseau.

— Toi, ma chère, Elbikə, fille de Dādə, dit-il, donne-moi de l'eau avec ton puisoir.

— On ne mène le cheval boire qu'au brouillard du matin et dans les ténèbres du soir, pourquoi viens-tu en outre à midi ?

— Je viens pour manger tes lèvres jusqu'à ce que leur goût entre dans mes dents. Je viens pour jouer avec ton sein blanc, comme, dans la fosse (?), un chevreau gorgé de lait.

— Toi, mon cher Arsmǝk, fils de Ҫour, quelles hardies paroles tu m'adresses ! Si tu étais allé conquérir par-delà le Terek les juments du (prince kabardi) Musost pour les distribuer aux garçons du village, – si tu avais pillé les boutiques géorgiennes pour distribuer les étoffes aux orphelins du village, – tes paroles ne seraient pas plus hardies…

— Que ton Arsmǝk meure, s'il ne s'arrange pour savoir ce qu'il vaut !

Il alla conquérir par-delà le Terek les juments de Musost et il les distribua aux garçons du village. Il pilla les boutiques géorgiennes et distribua les étoffes aux orphelins du village…

… Tenant à la main la bandoura à trois cordes, – touchant du doigt la bandoura, – appuyant ses épaules à la haie, sur la place se tenait Arsmǝk, fils de Ҫour.

Avec sa cruche de cuivre rouge tenue par le cordon de fils d'argent, – tendant devant ses yeux sa manche de soie jaune, – les pieds chaussés de pantoufles de cuir, – hochant la tête comme une oie gavée de seigle, – ondulant comme un canard qui nage sur le ruisseau, Elbikǝ, la fille de Dādǝ, allait puiser de l'eau.

– Quand les ténèbres du crépuscule, dit-elle, seront descendues sur la terre, – entre le (namaz du) crépuscule et le (namaz du) souper, pénètre dans la cour (de mon père) Dādǝ, hardiment, comme un homme sans bâton dans une cour sans chien.

Quand les ténèbres du crépuscule furent descendues sur la terre, entre le (namaz du) crépuscule et le (namaz du) souper, Arsmǝk, fils de Ҫour, pénétra dans la cour où il n'y avait pas de chien.

Elbikǝ, la fille de Dādǝ, mit dans un châle un vêtement (de rechange), fit deux nœuds, s'en alla avec lui et l'épousa.

D'après M. Jabagi.

9.
La fille malheureuse

La nuit où sa mère l'enfantait pour son père, l'ours enragé s'était roulé en gémissant sous l'arbre, la tempête avait tourmenté la montagne du tigre, les loups avaient broyé le cerf gris, – ils avaient broyé le cerf gris, les loups aux ventres affamés, le froid des tempêtes avait tourmenté la montagne du tigre, l'ours enragé s'était roulé en gémissant sous l'arbre parce que son ourson (lui-même) était enragé...

Pourquoi, en la créant, Dieu l'avait-il créée si malheureuse ? Pourquoi, si malheureuse, sa mère l'avait-elle enfantée pour son père ? Malheureuse autant que si, flamme au poing et paille sous le bras, elle incendiait la mosquée du village, autant que si elle jurait faussement sur le Qoran, – pourquoi, en la créant, Dieu l'avait-il créée si malheureuse, si malheureuse pourquoi sa mère l'avait-elle enfantée pour son père ?

Pour avoir trouvé les propos (du séducteur) aussi beaux que les fleurs de la steppe, qu'elle meure ! Pour s'être laissée aller aux propos (du séducteur) comme aux pierres polies de la Sunǰa, qu'elle meure !

Fermant les yeux, fronçant les sourcils, laissant tomber des larmes tièdes aux bords de son nez allongé, elle s'est détournée...

D'après M. Jabagi.

10.
Les malheurs de ce temps

Le soleil du matin se lève, brûlant. Le ciel bleu brille et sourit. Les chants des oiseaux emplissent de bruit la forêt sur la montagne. Le monde de Dieu s'est éveillé.

Je suis venu sur les bords du Terek et je regarde le Terek : je verrai le Terek jouer, pareil à un jeune fauve courant entre deux steppes.

J'ai mis la tête sur ma poitrine et j'écoute ma poitrine : j'entendrai dans ma poitrine mon cœur pleurer lamentablement, pareil à un oiseau solitaire gémissant dans la forêt endormie.
Reste orphelin, toi, monde du soleil ! Comme tu es troublé, toi, monde du soleil ! Reste orpheline, toi qui te brises, ô mon époque ! Comme te voilà brisée, toi qui te brises, ô mon époque !

D'après M. Jabagi.

11.
Rêve maternel

Mère, regarde ton garçon : quand il se met en selle, il fait éclater le tonnerre ; quand il descend de cheval, il fait trembler la terre ; comme un arbre dont la corde est rompue, il fait cabrer son cheval ; comme le soleil dans les nuages, il lance son cheval au milieu (des assistants)... voilà tout ce que fait ce garçon, tout ce que fait ce garçon !

D'après M. Jabagi.

12.
Regrets

Il y avait, dit-on, un faucon sur ce mont élevé ; en le créant, Dieu ne lui avait pas donné d'aile. Il disait : « Si le Dieu qui m'a créé m'avait donné des ailes, je monterais ! »
Il y avait, dit-on, un platane dans les (?) de cette forêt ; en le créant, Dieu ne lui avait pas donné de branche. Il disait : « Si le Dieu qui m'a créé m'avait donné des branches, je me balancerais bien haut ! »
Il y avait, dit-on, une étoile dans le ciel bleu ; en la créant, Dieu ne lui avait pas donné d'éclat. Elle disait : « Si le Dieu qui m'a créée m'avait donné l'éclat, j'illuminerais le monde ! »

Le faucon qui n'a pas d'aile, n'est-ce pas le frère qui n'a pas de frère ?
L'arbre sans branche, n'est-ce pas le jeune homme sans famille ?
L'étoile sans éclat, n'est-ce pas le père qui n'a pas de fils ?

D'après M. Jabagi.

13.
Les Tchétchènes et Šamil

Šamil se dit : « La montagne est haute ! » et il alla dans la montagne ;
mais dans la montagne, Šamil ne trouva pas pour sa tête d'utile
secours.
Šamil se dit : « La plaine est large ! » et il alla dans la plaine ; mais
dans la plaine, Šamil ne trouva pas de doux matelas pour son corps.
Si (aujourd'hui) le peuple célèbre Šamil en exaltant son nom, – qui
donc a transformé Šamil en Šamil, sinon les héros Tchétchènes ?

D'après M. Jabagi.

14.
Un héros fondateur

Attachant son cheval au pâturage, balançant du pied le berceau,
secouant de la main le (récipient à) lait (pour faire le beurre),
K'arcxələ fils d'Orcxə fonda l'héroïque Nāsərē, (où) nul, hormis les
Ingouches, n'a pu subsister plus de sept ans.

D'après M. Jabagi.

15.
La conquête russe

La plaine tchétchène où les jeunes gens de Gexə régnaient en maîtres – Seigneur, Dieu unique, qu'est ceci en vérité ? – la voici arrivée (au point) que les trains du tsar la font crier… L'héroïque Nāsərē où les jeunes gens de Nāsərē régnaient en maître – Seigneur, Dieu unique, qu'est ceci en vérité ? – la voici arrivée (au point) que les trains du tsar l'emplissent de sifflements…
Restez sans maîtres, ô platanes (qui formez) les poutres (de nos maisons) : vous n'avez pas été créés pour fraterniser avec un frère qui n'a pas de frère…
(Jusqu'à la conquête) le monde (caucasien) était joli comme un bazar russe : (maintenant) le voici gâté comme de la soie pourrie. (Jusqu'à la conquête) le monde (caucasien) était joli comme une prairie herbeuse : le voici laid comme une forêt sans feuilles.

D'après M. Jabagi.

16.
Le jour d'épreuve

Le jour où, ayant invoqué Dieu, on tirerait avec les fusils de Stamboul gravés d'or tout en rond ; le jour où, ayant invoqué Dieu, on frapperait avec les épées de Tersmeyl qui reposent dans des fourreaux de tilleul ; le jour où ces ennemis de Dieu lanceraient leurs équipages, remplissant d'éclat toute la longueur du village ; le jour où la grande mosquée brûlerait, lançant des flammes par sa fenêtre ; le jour où les héros à cœur de femme se cacheraient et où les braves s'avanceraient devant l'armée, – ce jour-là nous saurions quels sont vraiment les braves !

D'après M. Jabagi.

17.
Plainte de l'abrek

Vous, hautes montagnes, puissiez-vous être en or, puissiez-vous être des montagnes d'or pour ceux qui en ont besoin (et non pour moi). (Moi), puissé-je (seulement) avoir un aîné, le soir, pour lui ouvrir mon cœur, un cadet pour lui ouvrir mon cœur, le matin... Reste sans maître, ô monde du soleil ! Comme les jeunes gens étrangers jouissent bien de toi ! Tandis que moi, je jouis de toi comme un maigre orphelin que je suis devenu, n'ayant personne pour m'aider sauf les anges, n'ayant personne, sauf la terre noire, à qui me confier.

D'après M. Jabagi.

18.
L'exilé

Le vent d'automne souffle, le brouillard de la nuit monte. Comme un oiseau pris au piège, mon âme se tord dans mon squelette. Mon pays, où es-tu ? Ma race, où es-tu ?

D'après M. Jabagi.

19.
Çikər

Je crois, je crois, ô mon Dieu chéri, je crois que je mourrai.
Je crois, je crois, ô mon Dieu chéri : qu'on mette (sur moi) le suaire de drap !
Je crois, je crois, ô mon Dieu : qu'on (m')entoure de trois bandes de drap !
Je crois, je crois, ô mon Dieu : qu'on (me) creuse une tombe étroite !

Ce n'est pas (vivre) en ce monde-ci qui est difficile : le difficile, le difficile, c'est le jour où l'on se présente devant Dieu.

D'après M. Jabagi.

20.
Conseil

En haut le soleil regarde, en bas la pluie tombe… Comme des cerfs gris réunis au soleil, ô braves jeunes gens réunis pour le jeu, puisse votre confiance mutuelle ne pas se perdre !

D'après M. Jabagi.

Textes tchétchènes

21.
Comment ressuscitèrent les sept Nartes frères d'Ali

Un Narte très vigoureux avait une jolie femme. Celle-ci le trompait avec le seigneur du village et l'amant demanda à sa belle de lui livrer le Narte. Vainement elle attacha son mari – sous prétexte de jeu et d'exercice – avec des chaînes d'acier : il les brisa. Mais elle parvint à le lier avec un câble de soie : malgré ses efforts, le Narte ne réussit qu'à faire entrer le câble dans ses chairs. Alors le seigneur et la dame se mirent sous leur lit ; sur le lit, eux s'amusèrent fort et s'endormirent. Tandis qu'ils dormaient, le Narte appela son petit garçon qu'il entendait pleurer, se fit mettre son épée dans la bouche et parvint ainsi à rompre ses liens. Puis il tua les perfides et s'enfuit avec son enfant.

Il arriva à l'endroit où vivait le Narte Erhust Ali. Il lui confessa son aventure et, en échange, Ali lui raconta le grand malheur de sa vie : une fois, avec ses sept frères, il était entré dans la maison d'un géant à un œil qui, le soir venu, avait refusé de les laisser partir, et avait mangé successivement les chevaux et les sept frères d'Ali. Ali seul, et à grand-peine, était parvenu à fuir.

Aussitôt notre Narte confia à Ali son jeune fils et alla chez le Cyclope, qui le reçut bien. Il assista au dîner du monstre : soixante-trois brebis ; après quoi le géant s'endormit. Pendant la nuit, un bouc dit au Narte : « À l'aube, il voudra te manger ; cache-toi sous mon ventre », et ainsi le géant ne put découvrir le Narte à l'heure matinale où il eut envie de l'égorger. Le lendemain, même scène, mais cette fois le Narte se jeta sur le Cyclope et le terrassa. Le géant demanda grâce : « Pas avant que tu ne ressuscites les sept frères d'Ali que tu as mangés », répondit le Narte. Alors le géant indiqua le coin de la caverne où se trouvaient les ossements. « Dispose-les en ordre, ajouta-t-il, et repasse-les légèrement avec la pierre que voici : ils s'animeront. » Sachant ce qu'il voulait savoir, le Narte tua le géant, ranima les sept frères d'Ali, prit le troupeau et revint chez Ali qui le paya grassement, lui donna sa sœur en mariage et le garda avec lui.

D'après A. Gren, « Skazki i legendy Čečencev », *SMK*, XXII, 1897, III, p. 13-16.

22.
Comment les sept Nartes reconquirent leur sœur

Il y avait une fois sept Nartes qui vivaient avec leur sœur. Ils subsistaient du produit de leur chasse. Un jour, rentrant de la chasse, ils ne trouvèrent plus leur sœur. Ils partirent à sa recherche. Arrivés au bord de la mer, six d'entre eux construisirent une barque et se lancèrent sur les flots. Le septième se coucha sous un arbre et les attendit.

Les Nartes comprennent la langue des oiseaux. Or des pigeons conversaient sur le bord de la mer. Un vieux pigeon renseignait des pigeonneaux : « C'est un Narte, disait-il, le monstre triangulaire (sic) a volé sa sœur et l'a emportée au-delà de la mer. Nulle barque n'arrivera là-bas ! » Puis le vieux pigeon ajouta : « Mais on peut y aller à pied sec : il suffit de mettre sous les sabots du cheval des feuilles de l'arbre que voici… » Le Narte entendit et quand ses frères revinrent, les mains vides, il leur rapporta les propos du vieux pigeon. Les sept Nartes mirent sous les sabots de leurs chevaux les feuilles indiquées, passèrent la mer à pied sec, prirent leur sœur et le monstre et revinrent chez eux. Comme, malgré leurs coups, ils ne parvenaient pas à tuer le monstre, ils l'emmenèrent dans leur maison : aujourd'hui encore, on peut entendre ses gémissements.

D'après A. Gren, « Skazki i legendy Čečencev », *SMK*, XXII, 1897, III, p. 12-13.

Textes lazes

23.
Le tueur de divs

Un sultan avait trois fils. Aux deux plus jeunes il faisait apprendre un métier et emmenait l'aîné avec lui, disant : « Quand j e mourrai, tu t'assiéras sur mon trône ; pour cela, apprends les affaires du sultanat ». La femme du sultan était très belle. Le sultan avait en outre une fille qu'il avait donnée (en mariage) à son vizir.

Un jour on surprit le vizir avec une autre des femmes du palais et l'on informa le sultan. Le sultan convoqua ses fils et sa femme : « Que ferons-nous (dans) cette affaire ? », leur demanda-t-il. Sa femme répondit la première : « Pendons le vizir ! » Le fils aîné répondit : « Pendons et la femme e t le vizir ! ». Le second fils répondit : « Mes aînés ont plus d'intelligence (que moi) : je ne peux rien dire ». Le sultan ne demanda rien à son plus jeune fils. Celui-ci s e plaça devant son père et dit : « Père, tu e s sultan, ton nom est connu e n tous lieux. Une telle chose est-elle possible ? Pour une chose que tout le monde fait, comment peut-on pendre un grand vizir e t une femme innocente ? » Le sultan s'irrita de cette parole et fit chasser le jeune homme du palais : « Qu'il aille où il voudra, dit-il. Voilà ce qui arrive à celui qui n'écoute pas la parole de sa mère et de son père. Cet enfant ne me sert à rien ! » On chassa le jeune homme et il partit. Ce plus jeune fils n'était pas (en réalité) le fils du sultan ; il était d'un autre père ; le sultan ne savait pas cela mais, un jour qu'il se promenait avec son plus jeune fils, e n chemin, de grands arbres parurent devant eux. Le sultan méditait comment il ferait la guerre à d'autres sultans, combien d e soldats il assemblerait, comment il vaincrait. Tandis que le sultan méditait sur ces choses, son plus jeune fils lui dit : « Père, comme on ferait de belles huches avec ces arbres ! Si tu en faisais faire une ou deux, n'est-ce pas ? » L e sultan pensa alors : « Sur quoi médité-je ? Et sur quoi médite mon enfant, que dit-

41

il ? Cet enfant n'est pas de mon sang, il ne ressemble pas à mes enfants ! » Depuis lors, un soupçon était tombé dans son cœur. Chaque jour il se disait à lui-même : « Cet enfant n'est pas de moi ! ». Quand le jeune homme eut été chassé, il se calma un peu et se dit : « Qu'il sorte de mon royaume et qu'on ne sache pas qu'il est mon enfant ! Advienne que pourra ! »

Après être sorti du palais, le jeune homme rencontra un berger. Il dit au berger : « Où puis-je aller par ce chemin ? » Le berger répondit : « Eh, jeune homme, d'où es-tu tombé sur ces chemins ? Que cherches-tu en ces lieux ? Ce chemin va au pays des divs. Quiconque va par ce chemin ne peut retourner ! » Le jeune homme dit : « Advienne que pourra ! Je ne retournerai pas du chemin où je suis ! » et il continua son chemin. Près d'une rivière il rencontra une vieille femme qui lavait du linge ; il lui demanda : « Grand-Mère, où puis-je aller par ce chemin ? » La vieille répondit : « Mon petit, d'où es-tu tombé ici ? Si tu continues un peu, tu rencontreras le pays des divs, ils te changeront en pierre ». Le jeune ne voulut pas retourner. Alors la vieille femme lui dit : « Aux hommes qui passent ici (m. à m. : dont le chemin tombe ici) j'enseigne un moyen. Jusqu'à présent, aucun, ayant pris ce chemin, n'est revenu. À toi aussi, si tu veux y aller, j'enseignerai un moyen. En entrant dans le pays des divs, tu verras beaucoup d'hommes de pierre. Ne les touche pas. Si tu rencontres des femmes, ne leur parle pas. Aux vieillards dis : 'J'ai perdu mon chemin et suis tombé ici'. Alors ils te soumettront à une épreuve. Ils te mèneront dans un grand palais et te donneront les clefs de quarante chambres. Si tu réussis à entrer dans la chambre où se trouve un mouton, n'aies pas peur : tu es sauvé. Mais si tu entres dans la chambre où est assise une jeune fille, ils te couperont la tête ».

Ayant appris ces choses, le jeune homme se mit à aller vers le pays des divs. Il fit comme avait dit la vieille femme et les vieillards lui donnèrent les clefs de quarante chambres. Il en avait (déjà) ouvert trente-huit. Ces chambres étaient remplies de choses qu'on ne voit pas au monde mais il ne regardait rien, pensant toujours au(x) chambres où se trouvaient la jeun e fille et l e mouton. « Laquelle ouvrirai-je ? » pensait-il. Dans celle qu'il ouvrit, une jeune fille était assise, tellement belle que les yeux de l'homme en étaient éblouis. Le jeune homme l'aima aussitôt. Voyant u n étranger, elle lui demanda : « Comment es-tu venu ici ? » Le jeune homme raconta ses aventures. Elle lui dit : « Si tu pouvais ouvrir la chambre où se trouve le mouton, nous serions sauvés. Sinon ils nous tueront ». Aussitôt le jeune homme s'élança et alla à la chambre où se trouvait le mouton. Malgré tous ses efforts, il ne put l'ouvrir. La jeune fille tira de sa tête un peigne et le donna a u jeune homme. Elle prit d'un coffre une poignée de diamants et les lui mit dans la poche. Enfin elle prit elle-même de l'eau avec une petite bouteille et dit : « Maintenant fuyons, sans quoi notre temps se perd, les vieillards nous couperont la tête ». Tous deux, le jeune homme et la jeune fille, descendirent à l'écurie. Le jeune homme s'assit sur un cheval blanc, fit asseoir la jeune fille devant lui et ils passèrent la porte.

À peine avaient-ils passé la porte que les vieillards, entrant dans la chambre de la jeune fille et ne voyant ni la jeune fille ni le jeune homme, comprirent qu'ils s'étaient enfuis e t s e lancèrent à leur poursuite. Le cheval du jeune homme volait comme le vent. La jeune fille regarda en arrière et dit au jeune homme : « Jette vite le peigne ! » I l jeta le peigne et une grande montagne surgit derrière e u x . Ils firent courir le cheval. Pendant que l e s vieillards franchissaient l a montagne, (les jeunes gens) firent pas mal de chemin. La jeune fille regarda en arrière et dit de nouveau au jeune homme : « Répands vite les diamants, ils nous atteignent ! » Le jeune homme répandit alors les diamants et un grand terrain pierreux apparut derrière eux. Les vieillards restèrent en arrière. De nouveau (les jeunes gens) firent courir leur cheval et allèrent un bon morceau de chemin. Quand les vieillards, ayant franchi le terrain pierreux, furent près de les atteindre la jeune fille versa l'eau qu'elle avait et une grande mer apparut. Tandis que les vieillards franchissaient la mer : « Nous sommes sauvés ! » dit la jeune fille et elle lui fit tourner le cheval et retourner (dans l a direction) d'où ils venaient. « Où

allons-nous ? » demanda le jeune homme. « Il y a de grandes mers
devant nous. Le cheval que nous montons a peur, parce qu'il est le
cheval des vieillards ; il ne peut aller de ce côté-ci ». Ils retournèrent
et vinrent au pays des vieillards.

Ce pays était rempli d'hommes de pierre. Sans en toucher aucun avec
leur cheval, (les jeunes gens) entrèrent dans le palais aux quarante
chambres. La jeune fille dit : « Dans la chambre des vieillards il y a
une poignée de terre enveloppée dans un linge. Si nous pouvions
l'enlever, nous sauverions tous ces hommes de pierre ». Le jeune
homme et la jeune fille s'approchèrent de la chambre des vieillards.
Près de la porte une vieille femme était couchée. La jeune fille dit au
jeune homme : « Attends dehors, moi j'entrerai et volerai le linge.
Comme je suis une fille, (la vieille) ne sentira pas mon odeur ». Elle
entra sur la pointe (m. à m. les doigts) des pieds. Tout doucement elle
s'approcha d'un petit coffre de diamant et, à peine eut-elle pris le
linge où était enveloppée la terre, la vieille qui était couchée poussa
un grand cri. Aussitôt la jeune fille dénoua le linge et lança sur la
vieille un peu de terre. La vieille s'écroula à l'endroit où elle était et
mourut. Ensuite (la jeune fille) sortit et rejoignit le jeune homme.
Elle lui dit : « Maintenant, répandons cette terre sur les hommes de
pierre, tous se ranimeront ». Ils firent ainsi et, par milliers, tous les
hommes de pierre se ranimèrent. Tous les divs qui étaient dans le
pays se dispersèrent, cherchant tous un chemin pour fuir. Aucun ne
put fuir. Ils les tuèrent tous. Les hommes dirent au jeune homme.
« Tu nous as ranimés. Maintenant nous te ferons roi ici et nous
serons tes soldats. Nous ne pouvons aller nulle part ailleurs, nous ne
savons même pas s'il nous reste quelqu'un au monde : qui sait
depuis combien de temps nous étions ici pétrifiés ». La jeune fille et
le jeune homme acceptèrent et, de ce jour, le jeune homme s'assit sur
le trône. Il épousa la jeune fille et ils firent une noce de quarante
jours et de quarante nuits.

Quelques années plus tard, un sultan qu'on ne connaissait pas dans
ce pays l'enveloppa avec ses soldats. On avait nommé le sultan du
pays des divs « Tueur des Divs », ce nom avait été entendu partout ;

aussi tous (les sultans) avaient peur, disant : « S'il en a l'idée un jour, nous aussi il nous attaquera et ils (= lui et ses soldats) nous raviront nos trônes ; c'est pourquoi unissons-nous et enlevons-le de là ! » Il y avait maintenant, assiégeant le pays, les sultans de sept états. Le Tueur des Divs (leur) fit dire : « Que veulent-ils ? Pourquoi sont-ils venus ? » Ils répondirent : « Ou bien qu'il sorte de ce pays, ou nous lui ferons la guerre ! » Le Tueur des Divs assembla ce qu'il avait de soldats et résista. Trois jours et trois nuits ils se frappèrent. À la fin les sultans furent vaincus et ne purent s'enfuir. On amena au Tueur des Divs les sultans prisonniers. Parmi eux se trouvait son père, qui l'avait chassé de sa maison. Le jeune homme le reconnut et dit : « Un jour tu m'as chassé de ton palais et mis dehors. Tu disais que je ne deviendrais rien. Maintenant, vois-tu, moi aussi je suis devenu sultan. Mais je ne te ferai rien ». Il coupa la tête aux autres sultans et relâcha celui-là. Il amena sa mère et ses frères et les fit asseoir près de lui. Il dit à son grand frère : « Mon tour n'est pas encore venu ; le sultanat est à toi ». Et il le fit asseoir sur le trône.

Conté par Niazi Ban à Istanbul en 1930-1931.

24.
Aventures

Un jour, mon frère et moi nous travaillions dans le champ (proche de la maison). J'étais devant, près des bœufs et mon frère tenait le soc. Il faisait très chaud. J'étais inondé de sueur. Est-ce que mon frère ne me frappa pas au visage avec le mince et long bâton qu'il tenait à la main, en disant : « Je frappe le bœuf ! »·....?
J'étais fatigué, essoufflé. Ce coup me fit tourner la tête, mes yeux s'obscurcirent. Aussitôt, me retournant, je lançai contre mon frère ce qui me tomba sous la main. Il tomba. Je regardai : le sang coulait de sa jambe comme une rivière. J'eus peur et je m'enfuis. Je vins à la

maison, pendis à mon épaule le fusil court de mon frère, attachai à
ma ceinture trois cartouchières et bondis hors de la porte.
En courant je me dirigeai vers la montagne. Combien de temps je
marchai, je ne sais. À un moment je fus fatigué. Je m'assis sur un
sentier de chacal. Peu après un son vint à mon oreille ; cela
ressemblait au son du violon. Le son s'approchait. Bientôt vint un
homme qui portait suspendu à l'épaule un grand tambour et qui
jouait du violon. Il me donna le salut : « Jeune homme, me dit-il,
pourquoi es-tu venu ici ? Moi je vais à la noce. Allons. viens avec
moi, tu verras de jolies filles ! » Moi, de mon côté, je cherchais cela.
J'avais fui de la maison. Où pouvais-je aller, si cet homme n'était pas
venu à moi comme le Hizir ? J'allai donc en compagnie de l'homme.
Il me dit : « Le tambour est léger, pends-le à ton épaule : il me sera
plus facile de jouer du violon ». Je pendis le tambour à mon épaule.
Quelques instants plus tard les cartouchières attachées à ma ceinture
me firent mal, je ne pouvais marcher. Je dis à l'homme : « Continue.
Après avoir attaché comme il faut ces cartouchières je te rejoindrai. »
L'homme s'en alla. Je rattachai les cartouchières et continuai ma
route. J'arrivai à une bifurcation et restai perplexe : « Par où mon
compagnon est-il passé ? » Un des chemins montait vers la
montagne ; l'autre, une grand e route, descendait. « Il a pris
évidemment la grande route », me dis-je, et je continuai par là.
Le soir vint. Je ne voyais personne. Il n'y avait pas de maison. Il n'y
avait qu'un moulin dans une vallée. Il faisait nuit et le ciel était
rempli d'étoiles. J'eus peur et entrai dans le moulin. Je m'introduisis
dans l'endroit où l'on verse le maïs et je m'y blottis. Le sommeil me
vint et je m'endormis. Un grand bruit m'éveilla : le monde
s'écroulait. Des choses frappaient contre les planches du moulin. De
peur, je ne respirai pas. Des heures passèrent ainsi. À un moment
j'entendis de l'extérieur des bruits de clochettes et des voix
d'hommes. Je repris un peu de courage mais je ne pouvais émettre un
son. La porte du moulin s'ouvrit et la lumière entra dedans. Aussitôt
je sautai de l'endroit où j'étais. Un berger se tenait sur la porte du
moulin. La plaine était couverte de moutons. Un ours (sortant du

moulin) s'élança et se mêla aux moutons. D'abord je m e troublai puis, retrouvant mes sens, je dis au berger : « Qui t'a dit d'ouvrir la porte ? J'étais en train de dresser ici l'ours . Je l'avais acheté cinquante pièces d'or. Maintenant, ramène-moi vite l'ours ! » Le berger pâlit et se mit à me supplier : « Non, non, ne me fais rien ! Je suis un berger. Où trouverais-je cinquante pièces d'or ? E n une année, mon gain a été de dix pièces d'or. Que je te les donne ! » Et il me mit dans la main dix pièces d'or. J'avais faim : ils me donnèrent aussi un bon repa s e t j e poursuivis ma route . J e réfléchissais : qu'était-ce que cette aventure ? Ensuite je compris : l'ours était entré dans l e moulin pour manger la farine ; la porte s'étant refermée, il était resté dedans. En s'approchant de la farine, il avait donné de la patte dans le tambour que j'avais laissé (à terre). Le bruit du tambour l'avait surpris et, jusqu'à ce que le berger ouvrît la porte, il avait tourné à l'intérieur du moulin.

Je marchais, méditant sur ces choses. Je ne voyais toujours ni maison n i homme . A u bord d'un champ s e dressait une cabane surélevée *(kalivi)*. Mon ventre était rassasié mais j'avais sommeil. Je montai sur la cabane. Elle était remplie d'herbes. Je me fis une place dans les herbes et m'y couchai. Quand je m'éveillai, j'entendis parler. Je fis un trou dans les herbes e t regardai (sans être vu) : un garçon et une fille montaient à la cabane. L a jeune fille tenait à la main une cruche d'eau, le garçon un paquet de nourriture. Ils firent la table (= un endroit plat) sur les herbes et se mirent à manger. Le garçon disait à la fille : « La première fois que je t'ai vue aller à l'eau, je t'ai aimée. Depuis, chaque jour, je te suis. Te souviens-tu du jour où je t'ai prise ? » Et disant : « Hey gidi ! ô jours !…, il brandit le bâton qu'il tenait. Comme il allait battre les herbes qui enveloppaient mon visage, je poussai un grand cri et bondis (du sein) des herbes. Le garçon et la fille se troublèrent, sautèrent à bas de la cabane et se sauvèrent sans regarder en arrière. Leur nourriture m'était restée : je m'assis et me rassasiai le ventre.

Quand je regardai dehors, (je vis que) le soir était revenu. Je sortis de l a cabane et me mis en route. Montant sur une colline, un village m'apparut au loin. Des lumières y brillaient. J'entrai dans le village. J'entrai dans une maison que je rencontrai. Il n'y avait personne. Quand je regardai, (je vis que) par une seconde porte une femme venait. J'eus peur : « Maintenant on va croire que je suis entré pour voler quelque chose et on m'arrêtera... » Je grimpai par l'échelle appuyée à la grosse poutre (au-dessus de l'ouverture du toit) et je me cachai. La femme ferma les portes et mit des *beureks* au feu. Peu après on frappa à la porte. La femme ouvrit, un homme entra et la prit dans ses bras. La femme servit les beureks, mit sur la table une poule bien ronde et ils commencèrent à manger. Ils avaient mangé la moitié de la poule quand on frappa de nouveau à la porte. La femme enferma l'homme ·dans le coffre (à grain), cacha la poule et les beureks, éteignit la lampe et, peu après, se trouva devant la porte en geignant (comme si elle sortait de son lit). Quand elle ouvrit, elle était en toilette de nuit. L'homme qui entra était le mari de la femme. Il lui dit : « N'as-tu pas à manger ? J'ai faim ». La femme mit la table et servit une demi-poule. Le chat s'approcha, saisit une patte de la poule et courut derrière le coffre. Il bondit : « Que j'arrache la viande au chat ! » dit-il, – et il vit l'adultère assis dans le coffre. Il le saisit par l'épaule : « Qui es-tu ? Que cherches-tu ici ? » Ils commencèrent, l'homme et lui, à se battre. Je ne pus supporter (ce spectacle). Il y avait sur la poutre du toit beaucoup de selles. J'en pris une et je la lançai sur la tête des gens d'en bas. Une courroie m'accrocha la tête et je tombai sur eux avec la selle. Je séparai les deux hommes. Nous jetâmes l'adultère (= l'homme) à la porte et je me mis à causer avec le maître de maison. Je lui racontai mes aventures et, m'en retournant, revins à ma maison.

Il s'agit, me dit Niazi, d'un récit qui se fait toujours à la première personne, que chacun enjolive à sa façon, et qui est très populaire au Lazistan depuis la grande guerre.

Conté par Niazi Ban à Istanbul en 1930-1931.

25.
Les djinns au moulin

Une femme avait deux filles. L'une d'elles était sa propre fille, la seconde était née d'une autre mère. Elle aimait beaucoup sa propre fille, la seconde point du tout. Sa propre fille n'était pas belle du tout, la seconde était très belle. Elle couvrait sa fille d'oripeaux et la menait dans les noces ; à la seconde, elle faisait faire le travail de la maison. Un jour elle donna à la (seconde) un sac de maïs et l'envoya au moulin : « Si tu mets le pied à la maison avant que ce maïs soit moulu, je te jetterai dehors sans une bouchée de pain ». La jeune fille mit le sac sur son dos et alla au moulin. La conduite d'eau y était à sec, la meule était sortie de son axe de fer. Jusqu'au milieu de l'après-midi elle travailla à amener l'eau et à réparer l'axe. Ce ne fut qu'au milieu de l'après-midi qu'elle put commencer à moudre. Son travail n'était pas à moitié que, regardant par la porte, elle vit les étoiles briller au ciel. « Que faire ? se dit-elle. Le soir est venu, je ne pourrai rentrer cette nuit à la maison ». Elle ferma la porte du moulin et s'assit près du panier de farine.

À quelque temps de là elle entendit au loin des bruits de clochettes qui s'approchaient du moulin. Bientôt ils s'arrêtèrent devant la porte, qui s'ouvrit d'elle-même. Aussitôt les djinns entrèrent en foule. Chacun d'eux tenait un tambour et le battait. Ils tournaient dans le moulin en dansant et en faisant de la musique.

Effrayée, la jeune fille ne pouvait proférer un son. Les djinns la saisirent et la firent (commencer à) danser. Elle était sans force. En regardant l'un des djinns elle vit un sac où se trouvait un pied humain. Alors elle se rappela ce que sa mère défunte lui avait dit dans son enfance : « Quand les djinns rencontrent quelqu'un au moulin, ils le font danser et [juste avant] le chant du coq, ils le mettent en pièces. » La jeune fille se dit : « Si (= pourvu que) un coq chante et que je sois sauvée ! » Les djinns lui dirent : « Es-tu fatiguée ? Le moment de te reposer n'est pas encore venu ». Elle comprit qu'ils la mettraient en pièces un peu plus tard. Elle leur dit :

« Écoutez-moi, j e v o u s raconterai une histoire ! » – « Raconte ! »
dirent les djinns. La jeune fille n'avait rien dans s a mémoire qu'elle
pût leur conter. Elle disait (= pensait) seulement : « Qu'un peu de
temps passe et que le coq chante ! » – Cependant le maïs avait fini de
s e moudre e t la pierre, tournant à vide, faisait un grand bruit : les
djinns ni la fille n'entendaient ce qu'ils disaient. Un certain temps
passa ainsi. Puis un des djinns dit à la jeune fille : « Ton maïs est fini,
coupe l'eau, le moulin se démolit ». Un autre djinn sortit pour couper
l'eau, – mais le matin était venu et les coqs chantèrent. À peine la
lumière fut-elle entrée par la porte du moulin, les djinns disparurent.
Un sac était resté (oublié par) les djinns ; il était rempli de vêtements
de nouvelle mariée. La jeune fille le mit sur son dos avec la farine et
l'apporta à la maison. Quand elle vit ce sac, la mère de la plus grande
fille le lui arracha des mains : « O ù l'as-tu trouvé ? » dit-elle. La
jeune fille répondit. « Cette nuit, une foule d'hommes que je ne
connais pas sont venus au moulin, apportant des mets gras et des
mets sucrés ; ils m'en ont fait manger et eux-mêmes ont mangé, et
quand je suis partie ils m'ont donné ceci ». La nuit suivante, la plus
grande fille et sa mère allèrent toutes deux au moulin. Le lendemain,
les gens qui s'en furent au moulin trouvèrent la mère et la fille mises
en pièces.

Conté par Niazi Ban à Istanbul en 1930-1931.
AT 480

26.
T'embel-Memet

Dans une maison vivaient un mari et s a femme. Tout le monde
appelait le mari « l e Paresseux Mehmed (Tembel Memet) ». Il était
en effet paresseux : jamais il n'était sorti de sa maison ; il passait tout
son temps assis devant le foyer à tisonner la cendre avec le crochet.
Sa femme faisait le travail dans la maison et au dehors. Un jour elle

perdit patience et, l'ayant empoigné, elle le jeta dehors avec un coup de pied : « Eh, impudent, paresseux ! lui dit-elle, tu devais être mon mari et c'est moi qui suis le tien ; depuis que tu m'as épousée, je te soigne comme un enfant. Va-t'en ! ne parais plus devant mes yeux ; je ne te laisserai pas mettre le pied dans cette maison avant que tu n'aies travaillé et gagné de l'argent ». Elle lui donna deux œufs, deux fromages et un morceau de pain noir et ferma la porte. Memet qui n'avait jamais levé le derrière de sa chaise, ne s'attendait pas à cette aventure. Il revint, supplia longuement sa femme, mais ne put lui faire rouvrir la porte. « Que faire ? se dit-il Cela était sans doute écrit sur ma tête ». Et il se mit en route.

Après quelque temps de marche, il arriva devant une grande rivière. De l'autre côté il vit un div géant qui riait, les lèvres largement ouvertes. Il serrait dans sa main des pierres qu'il ramassait à terre et les brisait menu comme farine. Il dit à Memet : « Je ne puis passer l'eau. Si le cœur t'en dit, viens sur cette rive-ci et je te réduirai en poudre comme les pierres que voici ». Memet réfléchit un peu, tira un œuf de son sac et, le montrant au div, dit : « Tu mets les pierres en farine ? Moi j'en tirerai de l'eau ! » Il pressa l'œuf et fit couler le blanc et le jaune. Le div eut peur. Memet, remarquant son trouble : « Viens vite ici, dit-il, et fais-moi traverser la rivière ! Sinon j'irai t'écraser la tête ! » Effrayé, le div vint pour faire traverser Memet. Memet lui dit : « Accroupis-toi ! » et lui monta sur la nuque. En traversant l'eau, le div dit à Memet : « Pour un homme de ta force tu ne pèses·pas lourd. Je te porterais sur mon petit doigt ! » Memet se mit à rire : « Imbécile, je me tiens au ciel avec une main ; si je le lâchais, tu t'enfoncerais dans l'eau ». Le div dit : « Sans lâcher complètement le ciel, lâche-le un peu ». Alors Memet tirant une alène la lui appuya sur la nuque. Le div poussa un grand cri : « Non, non ! ne lâche pas complètement le ciel ! Tiens-le, tiens-le ! » dit-il. Après avoir passé la rivière, le div prit cinq ou six sacs de peau et les remplit d'eau. Memel de son côté souffla dans son sac et le remplit d'air. Le div prit ses sacs et dit à Memet : « Allons chez moi ! » En route, Memel dit : « J'ai soif » et, portant à sa bouche le sac rempli d'air, il le vida. Le div, à ce spectacle, se troubla : chez les divs, cinq personnes ont peine à boire un sac d'eau, et Memet en vidait un d'un seul trait !

Quand ils arrivèrent à la maison, quatre autres divs étaient assis autour du foyer. Le div leur dit tout doucement : « Ne soufflez mot, voici un homme très fort ; il nous mettrait tous en pièces ! » Les divs ne soufflèrent mot. Mais un peu plus tard ils dirent à Memet : « Nous allons à la forêt chercher du bois, viens avec nous ». Memet prit une grande corde et accompagna les divs. Les divs arrachaient de grands arbres avec la racine, et les chargeaient sur leurs épaules. Memet donna à tenir à un div le bout de sa corde et dit : « Passons cette corde autour de la forêt. Pourquoi emportez-vous ainsi sur vos épaules les arbres un à un, comme des enfants ? J'entourerai de cette corde cinq cents arbres, je les déracinerai et les emporterai d'un coup ! » Les divs, pris de peur, le supplièrent : « Non, ne fais pas cela, nous n'avons pas besoin de tant de bois ! » – « C'est votre affaire ! » répondit Memel et il s'arrêta.

De retour à la maison, les divs mirent au feu une grande plaque de terre et commencèrent à pétrir de la farine. Quand la plaque fut rouge, ils dirent à Memet : « Tire la plaque du feu ; nous, nous allons chercher la pâte ». La plaque était si grande que Memet ne pouvait la bouger. Il prit son crochet et dit : « Je vais la tirer ». Mais la plaque se retourna et Memet resta pris dessous. Quand les divs revinrent et ne virent pas Memet, ils dirent : « Où est-il allé ? » Mais quand ils soulevèrent la plaque, Memel, trempé de sueur, se redressa et respira un grand coup. Les divs demandèrent : « Pourquoi t'es-tu installé sous la plaque brûlante ? » Memet, en colère, répondit : « Ne pouvez-vous patienter ? J'avais mal aux reins, je me faisais un peu transpirer. Pourquoi avez-vous enlevé la plaque ? » Les divs dirent : « Nous ne savions pas que tu faisais cela. Nous ne recommencerons pas ».

Quand le pain noir fut cuit, ils mirent la table et commencèrent à manger. Le div donna un pot à Memet et lui dit : « Dehors, dans une outre enfoncée en terre, il y a du vin. Remplis ce pot et apporte-le ».

Le pot qu'ils avaient donné à Memet était déjà lourd à porter vide : rempli, il n'eût pu le bouger. Memel laissa le pot et se leva pour sortir. « Où vas-tu ? » demandèrent-ils. – « J'apporterai l'outre telle quelle », répondit Memet. – « Non, dirent-ils, elle est enterrée dans le sol, nous la remplissons une fois l'an. Laisse, nous apporterons le vin nous-mêmes ». Memet, cette fois encore, était sauvé.

Le lendemain, quatre des cinq divs allèrent travailler. Le dernier resta à la maison avec Memet. Memet lui fit fabriquer un cercueil et lui dit : « Entre dedans, essayons comment il est ». Quand le div fut entré, Memet dit : « Que je mette le couvercle, voyons si tu pourras l'ouvrir ! » Memet cloua le couvercle avec de grands clous. Malgré tous ses efforts, le div ne put ouvrir. Alors Memet fut tout joyeux et, frappant de la main sur le cercueil : « As-tu vu comme je t'ai pris ? dit-il au div. Maintenant je vais te tuer ici même ». Avec une scie, il fit un trou à hauteur de la bouche et se mit en devoir de cracher sur le div. Mais à ce moment le div aspira fortement et la tête de Memet se trouva prise dans le trou. Il eut beau s'agiter : il ne put retirer sa tête. Le div mourut dans le cercueil et Memet resta là, la tête prise.

Conté par Niazi Ban à Istanbul en 1930-1931.

27.
Le prince et la fille du vizir

Il y avait une fois un sultan qui n'avait pas d'enfant. Son palais, son trésor étaient comblés de tout ce qu'il y a de précieux. Quand il eut passé cinquante ans, il se prit à réfléchir : « Jusqu'à présent je suis resté sur mon trône, sans céder à mes rivaux. Maintenant me voici vieux et je n'ai pas d'enfant. Si je meurs, aux mains de qui laisserai-je mon trône ? »

Un jour qu'il était encore dans ces pensées, sa femme s'approcha et lui demanda : « Pourquoi penses-tu ? » – « N'ai-je pas lieu de penser ? répondit-il. Me voici vieux. Combien d'années me reste-t-il à vivre ?

E t nous n'avons pas d'enfant à qui transmettre mon trône ». La femme lui dit : « Ne te mets pas en peine : Dieu est grand. S'il est dans notre destin d'avoir un enfant, il nous le donnera ». Cette même nuit la femme d u sultan e u t u n songe. Elle marchait seule sur un chemin bor d é d e fleurs des d e u x côtés ; nul ne l'accompagnait. Elle arriva à un lac, sur lequel volaient des oiseaux blancs. Tandis qu'elle les regardait, un de ces oiseaux, e n volant, devint le soleil ; u n autre vint se poser sur sa tête puis vola dans la direction du soleil ; ses ailes brûlèrent et il tomba en vacillant vers le lac. Aussitôt, le soleil redevint un oiseau et, saisissant l'oiseau qui, les ailes brûlées, tombait vers le lac, i l l e sauva. – Quand elle s'éveilla, la femme du sultan était toute en sueur. Jusqu'au matin, sans pouvoir se rendormir, elle réfléchit sur ce rêve. Quand le sultan fut éveillé elle lui raconta le rêve qu'elle avait eu et dit : « En vérité, qu'est-ce ? » Le sultan assembla tous les devins et astrologues de son palais. Un astrologue de quatre-vingts ans dit : « Un fils te naîtra. Il aimera une jeune fille. Par suite d e cet amour, il perdra son trône et suivra la jeune fille : reviendra-t-il plus tard s u r le trône ? o n peut l'espérer, mais ce point est un peu douteux ». Le sultan se réjouit fort de ce qu'un fils devait lui naître. Mais pour avoir dit que c e fils perdrait son trône, il fit jeter l'astrologue au cachot. Un an passa : le sultan avait oublié l'astrologue.

Un jour un derviche s'arrêta devant la porte du palais et s e mit à réciter des prières. Quand il eut fini, i l s e dit à lui-même : « Voici quarante-deux ans que (je voyage de telle sorte qu') il ne reste pas de lieu que je n'aie parcouru, de pays que je n'aie vu. Or je n'ai vu nulle part de lieu pareil à celui-ci. En tous pays les palais sont, jour et nuit, pleins de bruits joyeux. Ici l'on ne peut se douter qu'il y a un palais. Qu'est-il donc arrivé au sultan de ce palais ? Quel est son souci ? Depuis quarante-deux ans, à tous les hommes affligés que j'ai rencontrés sur m o n chemin, j'ai enseigné un remède, à tous j'ai réconforté l e cœur. En regardant d a n s leurs yeux, j'ai compris aussitôt le souci des hommes. Ici, personne n'habite donc ? » La femme du vizir avait entendu ces propos. Elle courut aussitôt en

informer son mari. À son tour, le vizir informa l e sultan. Celui-ci
ordonna : « Vite sans perdre de temps, amenez-moi ce derviche ! »
On amena le derviche au sultan. À peine eut-il regardé le sultan, le
derviche dit : « Tu es en souci parce que tu n'as pas d'enfant ? Il y a
remède à ton mal. Mais il n'y a pas d'autre sultan comme toi ! » Le
sultan dit : « J'ai vieilli ; je n'ai point de peine personnelle ; je n'ai
présentement d'autre souci que d'un enfant ». Le derviche tira de son
sac une pomme rouge et la coupa en quatre. Il dit au sultan : « Mange
l'un de ces morceaux, fais manger le second à t a femme, mets le
troisième dans la bouche de ton cheval et jette le quatrième dans un
lac ». À peine eut-il achevé ces mots, le derviche disparut.

Le sultan s'apprêtait à le couvrir de présents ; cette disparition subite
le rendit perplexe : « Où donc est-il allé ? Ne le verrai-je plus ? » Le
vizir lui dit : « C'est Dieu qui l'a envoyé, fais ce qu'il t'a dit ». Le
sultan donna à s a femme un des morceaux d e la pomme, lui-même
en mangea un autre, il mit le troisième dans la bouche de son cheval.
Mais tandis qu'il allait pour jeter le quatrième dans un lac, il pensa :
« Puisque, par cette pomme, des enfants naissent aux hommes, je
vais faire manger ce morceau à mon vizir ; lui non plus n'a pas
d'enfant ». Il s'en retourna du lac o ù i l allait e t v int à sa maison.
Coupant par le milieu le morceau de pomme, il le fit manger par
moitié au vizir et à la femme du vizir. Neuf mois neuf jours et neuf
heures plus tard, un fils naquit au sultan, une fille au vizir, un poulain
au cheval. À partir de c e jour, les portes du palais s'ouvrirent ; on
égorgea cinq cents moutons e t chameaux, on dressa dans les jardins
de grandes tentes et l'on s e mit à cuire des mets dans de vastes
chaudrons ; pendant quarante jours et quarante nuits o n fit la fête.
Dès sa naissance, le sultan fit faire pour son fils un trône et chaque
jour, il l'y faisait installer dans les bras de s a mère à son côté. Il
disait : « Je ne souhaite rien au monde, pourvu que je sache que mon
fils s'assiéra sur mon trône ! »

Le jeune prince atteignit ainsi ses quatorze ans. Quelque effort que fit
le sultan pour instruire s o n fils, il n e réussit point : chaque jour,
monté sur son cheval, le jeune homme passait son temps à la chasse.

De son côté, la fille du vizir grandissait. Un jour que le fils du sultan s'apprêtait pour la chasse, il vit la fille du vizir, assise à sa fenêtre ; elle le regardait et tandis que, sautant sur son cheval, il le faisait galoper, elle agitait son mouchoir. Ce jour-là, le fils du sultan ne pensa qu'à elle et ne put tuer un seul cerf. Tandis qu'ils étaient en route (lui et son compagnon), les chiens poursuivaient un cerf. Le fils du sultan, poussant son cheval, coupa le chemin au cerf. Épaulant son fusil, il s'apprêtait à tirer quand le cerf leva ses jambes de devant. Le prince eut pitié, ne tira pas. mais s'élançant, prit l'animal dans ses bras, l'installa devant lui sur son cheval et l'apporta à la maison. Quand il descendit de cheval, dans la cour, la fille du vizir était encore à la fenêtre. Le prince présenta à la jeune fille le cerf qu'il tenait dans ses mains et le lui donna : « Voici ce que je t'ai apporté », dit-il. Elle caressa l'animal et se mit à lui parler : « Joli cerf, dit-elle, comment es-tu tombé dans mes mains ? Que fera maintenant ta mère ? » Quand le fils du sultan fut sorti de la chambre, le cerf dit à la jeune fille : « Voici trois mois que je suis en route à cause de toi. C'est ma mère qui m'a envoyé. Une nuit, ma mère a vu en songe que le fils du sultan t'aime beaucoup. Or nous unissons, à travers ce monde, les garçons et les filles qui s'aiment. Arrache à présent de mon oreille un poil, glisse-le dans un mets que mangera le prince ». Cette même nuit, le cerf disparut. Ne pouvant le trouver, la jeune fille courut chercher le fils du sultan : « As-tu vu le cerf ? Il était dans ma chambre et a disparu ». Le fils du sultan répondit : « Ne t'inquiète pas : il est évidemment ici ; où pourrait-il être allé ? »

Cette même nuit aussi, le sultan tomba malade. Il se coucha pour mourir et appela son fils : « Mon enfant, dit-il, je ne peux plus m'asseoir sur mon trône. Cette nuit peut-être, je vais mourir. Sois intelligent. Si ton intelligence ne te suffit pas, demande conseil à ton vizir. Depuis combien d'années n'est-il pas mêlé aux affaires du trône ! Mon enfant, ne me fais pas rougir : chacun honore mon nom ». Le sultan ne put guère en dire davantage et mourut. Le prince fit asseoir le vizir sur le trône de son père et dit : « Mon souci est grand maintenant. Je te laisse ce trône pour trois mois. Après trois mois, je reviendrai ». Et il s'en alla. Il sauta sur son cheval et, sans se retourner une fois, franchit les collines. Savez-vous pourquoi il en fut ainsi ? Que n'arrive-t-il pas aux hommes en ce monde ! Si, cette nuit-là, le prince avait mangé le poil du cerf, ces choses ne se seraient point passées. Mais pendant le jour qui s'écoula après que le poil du cerf eut été arraché, le prince oublia l'amour de (= son amour pour) la fille du vizir. Ce ne fut qu'après qu'il eut franchi sept collines qu'il se souvint et retrouva la raison. Il pensa : « Qu'ai-je fait ? Où vais-je ? » Sa tête et son corps étaient en feu. Son cheval était las et lui-même avait faim et soif. Il descendit de cheval, s'assit sous un arbre et se mit à réfléchir. Combien de temps resta-t-il en cet état, nul ne le sait. À un moment, il passa sa main sur son visage en soupirant : « Of ! ». Aussitôt surgit devant lui un vieillard dont la longue barbe blanche touchait la terre : « Que veux-tu de moi ? » Le prince, effrayé de cette apparition inattendue, répondit : « Je ne veux rien de toi ». – « Alors pourquoi m'as-tu appelé ? » reprit le vieillard. – « Je ne t'ai pas appelé ». – « Comment tu ne m'as pas appelé ? Mon nom est Of. Quoi que tu veuilles maintenant, dis-le moi, que je le fasse. Dieu a écrit beaucoup de choses pour ta tête, seulement il était dans ton destin que je te rencontrasse ». Le garçon répondit : « M'asseoir sur mon trône et épouser la fille du vizir, voilà ce que je veux· ». Le vieillard prit une poignée de terre, la répandit sur sa main et dit au garçon : « Regarde : que vois-tu dans ma main ? » Le garçon répondit : « Sous un grand chaudron, un feu brûle. L'eau bout. Autour du chaudron se pressent des hommes que je ne connais pas ». Le vieillard enveloppa dans un linge la poignée de terre et la donna au fils du sultan en lui disant : « En ce monde, que l'homme intelligent fasse lui-même son affaire. Celui qui fait faire son affaire par un autre, – il n'y a point de différence entre une vache et lui. Si tu peux jeter ce paquet de terre dans le chaudron qui bout dans la maison d'un div, face à la neuvième colline, tu seras sauvé de toutes tes difficultés. Sinon, tu ne pourras ni t'asseoir sur ton trône, ni épouser la fille du vizir ». Le jeune homme prit le paquet de terre et fit galoper son cheval vers la neuvième colline.

Comme il débouchait de la neuvième colline, un petit de cerf surgit devant lui : c'était celui qu'il avait apporté en présent à la fille du vizir. Il le reconnut, descendit de cheval et tendit les mains pour le saisir, mais l'animal lui dit : « Non ! Que veux-tu me faire ? Une fois déjà, je devais te servir, mais cela échoua. Maintenant, je sais où tu vas. Tu vas dans un lieu terrible. L'homme qui va là ne peut revenir. Si tu fais ce que je te dirai, peut-être pourras-tu revenir sain et sauf ». Le garçon dit : « Dis ce que tu as à m'apprendre. Comment est la chose ? » Le jeune cerf reprit : « Au pied de la colline passe une rivière. Suis-la sans traverser les ponts que tu rencontreras. Il y a un div à chaque pont. Si tu ne les regardes pas, ils ne te verront pas. Compte. Après soixante ponts, passe par le pont que tu rencontreras : le div qui est assis là est endormi. En passant par ce pont, trempe ton pied dans l'eau de la rivière. Après avoir passé le pont, ne regarde pas les divs que tu rencontreras. Le chaudron est pendu à la grosse poutre d'une grande maison. S'il y a là, assis, un div mâle, n'entre pas. Si c'est une div femme, entre et jette la terre dans le chaudron ». À peine eut-il dit ces mots, le jeune cerf disparut.

Le fils du sultan, accomplissant de point en point les instructions du jeune cerf, jeta la terre dans le chaudron. (Au retour), en arrivant au pont, il oublia de se mouiller le pied. Comme il traversait le pont d'un pied sec, le div s'éveilla. À peine eut-il vu le prince avançant sur le pont, le div souleva une massue de cinq cents oques qui était posée près de lui et la lança contre le prince. Celui-ci, rapide comme un oiseau, tira un javelot et le lança contre le div. Le javelot s'enfonça dans le cou du div. Mais au bruit de la massue, les divs postés à tous les autres ponts vinrent pour frapper le prince. Celui-ci était resté sur le pont, d'aucun côté il ne pouvait fuir. Il lançait les javelots qu'il avait avec lui, mais la provision s'épuisa. Il comprit que les voies du salut lui étaient fermées. « À présent, se dit-il, je ne pourrai ni m'asseoir sur mon trône ni épouser la fille du vizir ». Comme il était dans cette pensée, il entendit des lamentations qui montaient de la maison où il avait jeté la terre. Aussitôt les soixante divs qui venaient pour le tuer firent volte-face et coururent à la maison où bouillait le chaudron. Le jeune homme était sauvé. Comme il redescendait de l'autre côté de la colline, le jeune cerf apparut et lui dit : « Tu ne t'es pas seulement sauvé toi-même, tu nous as sauvés aussi : ce qu'il y avait dans le linge, c'était l'âme des divs : elle a bouilli et ils sont morts ». Quand le jeune homme atteignit le lieu où il avait rencontré le vieillard, ce dernier de nouveau était là. Passant la main sur le visage du jeune homme, il lui dit : « Ton père n'avait pas d'enfant. Je lui ai donné une pomme et un fils lui est né ; la fille du vizir est née aussi de cette pomme. Cette jeune fille est ton lot (*kismet*). À présent, je te mènerai jusqu'à ton trône. Ferme les yeux ».

Le jeune homme ferma les yeux. Quand il les ouvrit, il se trouvait dans la cour de son château et le vieillard avait disparu. Dans la cour étaient assemblés les hommes de tous le pays. Le vizir s'approcha du jeune homme, saisit le cheval de sa propre main et dit : « Aujourd'hui exactement s'achève le troisième mois. Tous, nous t'attendons ». Ce jour-là, le jeune homme s'assit sur son trône et épousa la fille du vizir.

Conté par Niazi Ban à Istanbul en 1930-1931.

28.
Of

Un sultan avait un fils ; Ce fils n'avait aucune ardeur à s'instruire, il ne voulait que jouer et courir. Un vieillard pauvre avait également un fils ; celui-ci voulait beaucoup s'instruire, mais il n'avait personne pour l'instruire. Un jour que ce jeune homme, cheminant sur une route, était plongé dans ces pensées, il se frappa le visage en soupirant « Of ! » Aussitôt un vieillard parut et dit : « Que veux-tu ? » Le jeune homme dit : « Qui es-tu ? » – « Je m'appelle Of, répondit le vieillard. Pourquoi m'as-tu appelé ? » Le jeune homme dit : « Je ne t'ai pas appelé, mais ce que je veux, c'est m'instruire et devenir un grand savant. » Le vieillard dit : « Je suis un homme très instruit et savant. Si tu viens avec moi, je t'enseignerai tout ce que tu voudras ». Le jeune accepta et alla avec le vieillard.

Pendant trois ans il resta près du vieillard. Pendant ces trois ans il apprit beaucoup de choses. Quand il lui avait enseigné quelque chose, le vieillard demandait au jeune homme : « As-tu pu l'apprendre ? » Le jeune homme, même s'il l'avait appris, disait : « Je ne l'ai pas appris » ; parce qu'on lui avait dit : « Quand le vieillard t'interrogera, réponds : je ne l'ai pas appris ! sans quoi il t'égorgera ». C'est pourquoi jamais le jeune homme ne disait : « Je l'ai appris ». En trois ans le jeune homme eut appris toute chose. Un jour il se changea en pigeon et s'envola hors de la maison du vieillard.

Quand il vit que le jeune homme avait fui, le vieillard à son tour se métamorphosa en faucon et se lança à sa poursuite. Comme il allait atteindre le pigeon, celui-ci (= le jeune homme) entra en volant d.ms le palais d'un sultan et se posa sur la main du sultan. Ce sultan était l'enfant qui (naguère) ne voulait pas s'instruire et voulait toujours jouer et courir. Quand le pigeon se fut assis sur sa main, le faucon lui aussi entra et redevint homme. Il dit au sultan : « Le pigeon est le fils d'un pauvre homme qui vivait quand tu étais enfant. Je l'ai instruit, je lui ai appris beaucoup de choses. Maintenant il s'est enfui de moi, rends-le moi ! » Le sultan allait donner le pigeon, mais celui-ci devint blé et se répandit dans la pièce. Alors l'homme se changea en coq et se mit à ramasser les grains de blé avec son bec. Il ne resta qu'un grain, caché sous le pied du sultan. Quand le coq eut achevé les (autres) grains, ce dernier grain devint chacal et mangea le coq.

AT 325.

29.
La fille-roi

Il y avait jadis une vieille, qui avait un fils. Ils étaient très pauvres. Un jour le fils dit à sa mère : « Je vais aller à l'étranger gagner de l'argent » et il se mit en route. Là où il alla, le voyant loqueteux, personne ne (songeait à) regarder (son visage). Il était très beau, mais comme il n'avait pa s d'habits (convenable s), personne ne s'apercevait de sa beauté. Un jour il entra dans une ville et s'arrêta devant la boutique d'un *helvadji*. Il dit au vieillard : « Baba, prends-moi, je travaillerai avec toi ». Le vieillard répondit : « Mon enfant, c'est à peine si je puis vendre par jour dix piastres de helva. Avec cet argent, moi et ma vieille nous subsistons ». L'enfant supplia avec insistance. « Que je demande à ma vieille ! » dit enfin le vieillard. Le soir, quand il rentra chez lui, il dit à la vieille : « Il supplie beaucoup. Que pouvons-nous faire ? » La vieille dit : « Ce que nous mangeons à deux suffira à un troisième. S'il supplie tellement, amène-le ». Le lendemain, le vieillard installa le jeune homme près de lui dans la boutique. Le jeune homme lui dit : « Donne-moi un peu de helva. Je le vendrai sur le chemin avec un plateau ». Le vieillard lui en donna. Ce jour-là, le jeune homme vendit pour cinquante piastres de helva. Chaque jour pendant une semaine il vendit ainsi et ils ornèrent la boutique. Le vieillard fit un beau vêtement pour le jeune homme. Le vieillard faisait un helva excellent.
Un jour un homme riche de ce pays vint à la boutique et acheta du helva. Il en fut très content et dit à tout le monde : « Personne ne fait un pareil helva. Allez-y, prenez-en tous là. » À partir de ce jour, tout le monde se mit à aller chez ce vieillard. Peu après, on se mit, de bouche en bouche, à parler de la beauté du jeune homme. La fille du sultan, elle aussi, entendit cette nouvelle ; un jour, avec ses demoiselles d'honneur, elle monta en voiture et vint voir le fils du helvadji. Aussitôt le jeune homme apporta à la jeune fille du helva sur un plateau Elle en prit, donna cinquante pièces d'or e t dit : « Apporte chaque jour du helva à ma maison ». À partir de ce jour,

chaque jour, le jeune homme apporta du helva à la fille du sultan et chaque fois il recevait en bakchichs cent pièces d'or. Un jour la jeune fille lui dit : « Je t'aime ; c'est pour cela que chaque jour je te prends du helva. Mon père ne permettra pas que je t'épouse ; c'est pourquoi chaque jour je te donnerai cent ou deux cents pièces d'or ; cache-les ; un jour, nous fuirons ».

Le sultan apprit cette nouvelle et dit : « Je ne veux pas d'une fille capable d'aimer le fils d'un helvadji ! » Il appela ses vizirs et leur dit : « Pendez vite cette fille ! » Les vizirs mirent la jeune fille dans une caisse et l'emportèrent à la ville pour la vendre. En route un des vizirs informa la jeune fille. Celle-ci lui dit : « Prévenez vite le fils du helvadji pour qu'il m'achète avec la caisse ». Le sultan croyait qu'on avait pendu sa fille, mais les vizirs avaient agi ainsi par pitié. Le fils du helvadji acheta la caisse pour une pièce d'or. Deux ou trois jours plus tard, il remit une caisse pleine d'or ainsi que la caisse où se trouvait la jeune fille à des muletiers en partance pour le village de sa mère. Il leur dit : « Portez cela à ma mère ; quant à moi, dans deux mois, je viendrai moi-même ». Les muletiers portèrent les deux caisses à la maison du jeune homme et appelèrent sa mère : « Prends cela de nous, ton fils t'envoie deux caisses ». La vieille demanda : « Qu'est-ce qu'il y a dans le(s) caisse(s) ? » Les muletiers répondirent : « Nous ne savons pas ». La vieille dit : « Je meurs de faim. Il faut que ce soit du pain. Sinon, que ferai-je de cette caisse ? » Les muletiers laissèrent le(s) caisse(s) et partirent.

La vieille dit : « Que je regarde une fois ! ». Mais quand elle mit la main à la caisse, elle la trouva si lourde qu'elle ne pouvait la bouger. Alors la jeune fille sortit de sa caisse sans être vue et dit à la vieille : « Tu ne peux pas lever cela, attends que je t'aide ! » La vieille dit : « Mon fils aurait dû m'envoyer du pain ; que ferai-je d'une femme ? » Et elle se mit à bougonner toute seule. Quand la jeune fille entra dans la pièce, tout était sale. Elle prit un balai et balaya bien. Puis elle dit à la vieille : « Va-t'en à la ville, achète-nous deux lits ». La vieille répondit : « Je n'ai pas assez d'argent pour acheter une bouchée de pain : avec quoi achèterai-je de(s) lit(s) ? » La jeune

Georges Dumézil

fille donna à la vieille cinquante pièces d'or et l'envoya à la ville. La vieille acheta de(s) lit(s), de la nourriture et revint. Le lendemain était un vendredi. La jeune fille dit à la vieille : « Est-ce qu'il n'y a pas une maison à loue r quelque part dans ces parages ? » La vieille répondit : « Maudit argent, où l e prendre ? Avec quoi achèterons-nous une maison ? » La jeune fille tira trois mille livres turques et les donna à l a vieille. Arrivée à l a ville, la vieille trouva les notables d u lieu assemblés dans la cour de la mosquée. Elle alla vers eux et dit : « Peut-on trouver aujourd'hui quelque part une maison à vendre ? » Ils rirent et dirent à la vieille : « Tu as gagné tant d'argent à mendier que tu cherches une maison ? » Parmi les notables assis là se trouvait le propriétaire de trois palais. Plaisantant lui aussi, il dit : « Grand-mère, tu cherches une maison ? Veux-tu que je te donne un de mes palais ? » La vieille répondit : « À quel prix ? » Le bey répliqua : « Pour trois cents pièces d'or ». La vieille dit : « Qu'avez-vous ? Pourquoi me raillez-vous ? Je vous parle sérieusement ». Le bey dit : « Moi aussi je parle sérieusement. Apporte trois cents livres et si je ne te donne pas le palais, – alors dis-moi (que je plaisante) ! ». La vieille dit à ceux qui étaient assis là : « Vous êtes témoins ? » Et, donnant à l'imam de la mosquée les trois mille pièces d'or qui étaient dans sa poche elle lui dit : « Sur cet argent donne lui trois cents livres et rends-moi le reste ». L'imam donna trois cents livres au bey qui, ne pouvant reprendre sa parole, donna le palais à la vieille. Le lendemain la vieille et la jeune fille s'installèrent dans le palais et en ornèrent tous les coins.

Un jour que, du haut du minaret, l'imam faisait l'appel à la prière, il vit dans le palais la fille du sultan et tomba amoureux. À partir de ce jour, bien avant midi, l'imam montait au minaret et attendait dans l'espoir de voir la jeune fille. La jeune fille, voyant ainsi l'imam monter au minaret avant l'heure comprit qu'il l'aimait. Aussitôt elle fit venir deux hamals et leur fit creuser une fosse dans la cour de son palais. Au-dessus de la fosse elle fit disposer des branchages et, par-dessus les branchages, étendre u n tapis ; s ur le tapis elle fit placer u n e chaise. P u i s, par ses servantes, elle fit porter à l'imam ce

63

message : « Que l'imam vienne chez moi en hôte un jour ». L'imam se dit : « Elle m'aime aussi ». Il se para et se rendit au palais. Les servantes lui montrèrent la chaise placée sur le tapis et dirent : « Assieds-toi ! » À peine assis sur la chaise, il s'enfonça dans la fosse. Aussitôt les servantes s'élancèrent sur lui et l'attachèrent. Après l'avoir bien rossé et l'avoir rasé d'un côté, elles le jetèrent à la porte. Quand l'imam se trouva dehors, il était juste midi ; les fidèles assemblés pour la prière cherchaient leur imam. Mais après être resté chez lui, l'imam ne ressortit plus jusqu'à ce que sa barbe eût repoussé.

Fort irrite de ce qu'avait fait la jeune fille, l'imam se dit : « Que moi aussi je lui joue un tour ! » Il s'informa de l'adresse du fils du helvadji et lui écrivit une lettre disant : « Ta femme est devenue catin ». Dès qu'il eut reçu la lettre le jeune homme se dit : « J'ai épousé cette fille parce que je l'aimais. Pourquoi m'a-t-elle fait cela ? » Il prit son poignard et vint dans sa maison. Dans la cour il rencontra sa mère. Tandis qu'ils causaient, les servantes le virent et portèrent aussitôt la nouvelle à la jeune fille : « Ton mari est venu ! » La jeune fille dit : « Que je l'accueille ! » Quand elle déboucha de la porte, le jeune homme tira son pistolet et fit feu sur elle. Elle s'effondra en disant : « Je suis touchée ! » Il tira son poignard de sa ceinture et allait le lui plonger dans le cœur quand les servantes et la mère le saisirent et dirent : « Qu'as-tu ? que fais-tu ? Nous avons fait ceci et cela à l'imam. Peut-être à son tour t'a-t-il écrit quelque chose. La jeune fille est innocente ! » Aussitôt le jeune homme comprit. Il se mit à chercher un docteur. On n'en trouva nulle part. Il n'y en avait un que dans un endroit éloigné. Il dit : « Si vous ne m'apportez pas la malade, moi je ne peux venir. Apportez-la ici, que je la soigne ». Le jeune homme apporta la malade au docteur et la lui laissa. Comme le docteur habitait loin, le jeune homme ne pouvait venir chaque jour. Le docteur soigna la jeune fille. Un jour il lui dit : « Je t'aime, sois à moi. » Elle répondit : « Ma blessure n'est pas encore guérie. Donne-moi trois jours de délai, – après quoi... ». En cachette elle fit faire une caisse par un ouvrier et la fit apporter dans sa chambre. La maison du docteur était au bord de la mer. Un jour que le docteur était absent, elle mit la caisse sur la fenêtre, s'assit dedans, ébranla la caisse et la lança dans la mer.

Avec la caisse elle arriva à un certain lieu. Trois hommes prenaient du poisson. Quand ils virent la fille avec la caisse, ils la tirèrent, et tous trois tombèrent amoureux d'elle. Ils se mirent à discuter pour savoir qui l'aurait. L'un disait : « Elle est à moi ! », l'autre : « Elle est à moi ! » et ils commencèrent à se battre. À ce moment survint un gendarme à cheval : « Qu'avez-vous ? Que faites-vous ? » dit-il. Ils répondirent : « Nous avons tiré cette jeune fille de la mer et tous trois nous l'aimons. Nous n'arrivons pas à l'attribuer ». Le gendarme dit : « Allez à l'arbre que vous voyez, en face. Revenez en courant. La fille appartiendra à celui qui viendra (le plus) vite ! » Tandis que les hommes allaient à l'arbre indiqué, le gendarme fit asseoir la jeune fille en croupe et se sauva.

Après deux heures de route ils arrivèrent à une fontaine. Le gendarme dit à la fille : « Sois à moi ! » – « Bon ! répondit-elle. Seulement mon père aussi était gendarme, et je désire vivement revêtir l'uniforme de gendarme. Passe-moi ton vêtement, – après quoi... ». Le gendarme revêtit la jeune fille de son uniforme, lui attacha ses armes et lui-même revêtit les habits de la jeune fille. Elle ajouta : « Que je monte aussi sur ton cheval ! » Quand elle fut montée, elle fit galoper l'animal et se sauva. Après deux jours, elle arriva à une ville. La coutume de cette ville, quand son sultan était mort, était la suivante : on avait un certain oiseau, qu'on faisait s'envoler ; celui sur la tête de qui l'oiseau se posait ils le faisaient sultan. Or ce jour-là était justement celui où l'on faisait voler l'oiseau.

La jeune fille, sous ses vêtements de gendarme, se mêla à la foule. L'oiseau se posa sur sa tête. On la fit sultan. Quand elle se fut assise sur le trône, elle commença à s'inquiéter : « Comment faire pour retrouver mon mari ? »

Sur la route de ce lieu elle fit faire une grande fontaine. Un jour elle appela un photographe et lui dit : « Je t'amènerai une jeune fille. Tu feras d'elle un portrait si beau qu'il sera tout pareil à elle-même. Si tu ne réussis pas, je te ferai couper la tête. » Il répondit : « Si je ne réussis pas, j'accepte mon châtiment ». La jeune fille revêtit en secret ses vêtements féminins et fit faire son portrait. Quand ce fut fini, elle le fit suspendre à la fontaine ; elle plaça à la fontaine une sentinelle et lui dit : « Quiconque, regardant ce portrait, dira *Ah !* – arrête-le et amène-le moi ! »

Revenons maintenant à son mari. Il alla trouver le docteur et demanda : « Où est ma femme ? » Le docteur répondit : « J'ai soigné et guéri sa blessure. Un jour elle a disparu d'elle-même. Je ne sais où elle est allée ». Un jour, le jeune homme arriva au lieu où la jeune fille était sultan. Tandis qu'il buvait à la fontaine, il vit le portrait suspendu. En le regardant, il fit : « Ah ! » La sentinelle l'arrêta et le mit en prison.

Venons à l'imam. Après son aventure, il ne pouvait garder son office d'imam. Aussi se promenait-il de village en village. Un jour sa route tomba sur cette fontaine. Quand il vit, sur la fontaine, le portrait de la jeune fille, il fit : « Ah ! » La sentinelle l'arrêta et le mit en prison. On lui donna à manger de quoi ne pas le laisser mourir de faim.

Venons au gendarme. Lui aussi, quand on le vit sous des vêtements de fille, on le chassa (de sa fonction) et lui aussi errait pour chercher un travail. Sa route tomba sur cette fontaine. Lui aussi. à peine eut-il dit : « Ah ! », la sentinelle l'arrêta et le mit en prison.

Deux ou trois jours plus tard, le docteur, à son tour, alors qu'il venait soigner un malade dans cette ville, vit le portrait de la jeune fille sur la fontaine et fit : « Ah ! » Comme les autres, on le mit en prison.

Venons aux trois pêcheurs. Cette année-là, il n'y avait pas de poisson. Tandis qu'ils venaient dans cette ville pour y chercher du travail, ils burent de l'eau à cette fontaine, virent le portrait de la jeune fille et tous trois ensemble firent : « Ah ! » La sentinelle les arrêta eux aussi et les mit en prison. Le sultan appela le gardien (de la prison) et lui dit : « Donnez-leur bonne nourriture et bon lit ! »

Ce même jour il convoqua ses vizirs et dit au gardien : « Amenez-moi l'homme que vous avez arrêté en premier ! » Quand l'homme

Georges Dumézil

fut amené, il lui dit : « Pourquoi as-tu fait : Ah ! en regardant le portrait suspendu à la fontaine ? » Le jeune homme raconta au sultan tout ce qui lui était arrivé. Le sultan le fit asseoir sur une chaise et dit au gardien : « Amenez le second ! » On l'amena. Le sultan lui demanda : « Pourquoi as-tu fait : Ah ! Dis-le moi ou je te fais pendre ! » L'imam dit : « Comme je faisais l'appel de la prière sur le minaret, j'ai vu une jeune fille, je l'ai aimée. La jeune fille m'a joué un tour, elle m'a fait tomber dans une fosse et m'a rasé une moitié de la barbe. Je ne pouvais continuer à être imam dans ce pays-là. Ma route est tombée ici. En buvant de l'eau, j'ai vu un portrait qui ressemblait à cette fille-là : voilà pourquoi j'ai fait : Ah ! ». Aussitôt la jeune fille fit appeler le bourreau et lui dit : « Coupe vite la tête à cet homme ! » Et ils coupèrent la tête à l'imam. Le sultan réclama au gardien le troisième prisonnier. Celui-ci aussi déclara : « j'étais gendarme, je me promenais dans le village. À un endroit il y avait trois hommes qui ne pouvaient s'accorder à propos d'une jeune fille. J'ai enlevé la fille et je me suis sauvé. Mais la fille m'a joué : elle m'a pris mon vêtement et mes armes et s'est sauvée en m'abandonnant. Quand on me vit ainsi (vêtu en fille), on me chassa de la gendarmerie. Le portrait suspendu à la fontaine ressemblait à cette fille-là ; voilà pourquoi j'ai fait : Ah ! » À celui-là aussi le sultan fit couper la tête. Ensuite il fit appeler par le gardien le quatrième prisonnier. À celui-là aussi il demanda : « Pourquoi as-tu fait : Ah ! » Il répondit : « J'étais docteur. On m'apporta, pour que je la soignasse, une fille blessée. L'ayant soignée je l'aimai. Je lui dis : Sois à moi ! Mais elle disparut de la chambre. J'ai rapproché de cette fille-là le portrait : voilà pourquoi j'ai fait : Ah ! » À celui-là aussi le sultan fit couper la tête. On appela les trois hommes qui avaient été arrêtés en cinquième. On leur posa la même question qu'aux précédents. Ils répondirent : « Comme nous allions au bord de la mer pour pêcher le poisson, nous vîmes une caisse ; pensant qu'il y avait des objets dedans, nous l'ouvrîmes, une jeune fille sortit. Nous ne pûmes décider à qui elle appartiendrait. Un gendarme passait, il nous

67

enleva la fille et se sauva. Nous avons rapproché de cette fille-là le portrait, voilà pourquoi nous avons fait : Ah ! »
Le sultan demanda aux vizirs : « Qu'avez-vous compris de ce jugement ? » Les vizirs répondirent : « Nous n'avons rien pu comprendre ». Le sultan dit : « Très bien. Qu'avez-vous compris (à ceci) que j'ai fait couper ces têtes ? » Les vizirs répondirent encore qu'ils n'avaient rien pu comprendre. Alors le sultan alla dans sa chambre, y revêtit ses habits de jeune fille et revint s'asseoir sur son trône. De nouveau il demanda aux vizirs : « À l'instant j'étais sultan ; maintenant je suis devenu fille. Qu'avez-vous compris à cela ? » Les vizirs répondirent encore qu'ils n'avaient rien pu comprendre. Alors la jeune fille leur raconta toutes ses aventures et dit : « Celui-ci, qui est assis, est mon mari. Ces trois hommes-ci m'ont sauvée de la mort ». Elle fit son mari sultan, les trois pêcheurs vizirs. Elle-même fut femme du sultan.

Conté par Niazi Ban à Istanbul en 1930-1931.

30.
Le prince dans le monde souterrain

Conte, conte, *xaxuta(?)*, les feuilles de laurier-cerise sont répandues (à terre)…
Un sultan avait planté dans son jardin un grand pommier. Chaque année, quand les pommes étaient mûres, un div géant venait et, en une nuit, mangeait les pommes mûres. Le sultan avait trois fils. Une année, le plus âgé dit à son père : « Chaque année, un div mange nos pommes ; pas une fois nous n'avons pu les récolter ; nous ne savons même pas comment elles sont faites. Cette année, avec ta permission, que je me poste sous le pommier et que je tue le voleur ! » Le sultan ne donna pas la permission à son fils aîné : « Que feras-tu ? Iras-tu perdre ta tête pour des pommes ? » dit-il. Son fils ne l'écouta pas. « J'irai absolument ! » dit-il, et il alla. Les pommes étaient en train

de mûrir. Le fils aîné, son poignard en main, attendait. Une nuit, terre et ciel tremblèrent. Le jeune homme se troubla : « Que s'est-il passé ? Qu'y a-t-il ? » Il regarda à droite et à gauche : un div géant s'approcha du pommier, s'accrocha à l'arbre avec ses deux pieds et se mit à récolter les pommes. Le fils du sultan, de peur, abandonna son poignard et c'est à peine s'il put revenir à la maison. Le lendemain, quand on regarda, les pommes avaient été, cette fois encore, récoltées. Le fils aîné ne dit rien. Il affirma n'avoir pas vu le div cette nuit-là.

L'année suivante, quand le temps des pommes mûres approcha, le second fils alla prier son père : « Qu'est-ce donc ? dit-il. Cette année, que j'aille guetter et tuer le voleur ! » À lui non plus le père ne donna pas la permission, mais le jeune homme ne l'écouta pas et alla guetter. Pendant la nuit, il lui arriva ce qui était arrivé à son aîné : dans un bruit pareil à un tremblement du ciel (= tonnerre) le div s'approcha du pommier et se mit à les manger. Le second fils, lui aussi, jeta son poignard et s'enfuit. Pas plus que son aîné, il n'avait pu faire quoi que ce fût.

La troisième année, le plus jeune fils alla prier le sultan : « Qu'est-ce donc ? dit-il. Tu as laissé aller mes frères, pourquoi ne me laisses-tu pas aller ? Quoi qu'il arrive, je guetterai, moi aussi, cette année ! » Le sultan répondit : « Tu es jeune, tu n'es pas en état d'affronter les divs. Grandis encore un peu, – après quoi... »

Mais rien ne persuada le plus jeune fils. « J'irai absolument ! » dit-il et il reçut la permission de son père. Cette nuit-là, le plus jeune fils ceignit épée et poignard et se posta sous le pommier. Quand le sommeil lui vint, il s'entailla le petit doigt et guetta le div. Pendant la nuit, avec un bruit de tonnerre, le div s'approcha du pommier et se mit à manger les pommes. Sans bouger, le plus jeune fils tira tout doucement son poignard du fourreau et s'approcha du div. Au moment où le div enfournait d'un coup dans sa bouche toute une poignée de pommes, le jeune homme brandit vivement son poignard et le plongea dans le cœur du div. Le div poussa un grand cri. Comme collé aux branches du pommier il les écrasa (en les étreignant). Le jeune homme put lui donner un second coup et lui brisa les reins. En hurlant, le div se mit à fuir. Le jeune homme ne le laissa pas mais suivit les traces du sang. Après une bonne marche, le sang le conduisit à un puits et cessa brusquement. Le prince regarda dans le puits et vit qu'il était très profond. Il s'en retourna à la maison.

Il raconta à ses frères toute son aventure : « Allons, dit-il, en route pour le puits ! Que l'un de nous descende avec une corde ! » Les trois frères prirent une longue corde et vinrent au puits. D'abord le frère aîné dit : « C'est moi qui descendrai ! » Il attacha la corde à sa ceinture et dit à ses frères : « Descendez-moi jusqu'à ce que je crie : Feu ! ; quand je crierai : Feu ! tirez aussitôt de toutes vos forces ! » Les frères attachèrent la corde et la laissèrent descendre dans le puits. La corde était descendue plus qu'à moitié quand le frère aîné cria : « Feu ! » Aussitôt ils tirèrent la corde et le firent sortir. Ensuite le second frère dit : « Je veux descendre ! » et il attacha lui-même la corde à sa ceinture. Lui aussi, quand la corde fut à moitié, cria : « Feu ! » et ils le retirèrent. Le plus jeune frère restait en troisième. « Quoi que je dise, dit-il, continuez à me faire descendre ! » et, fixant la corde à sa ceinture, il descendit dans le puits. Les deux frères le firent descendre jusqu'à ce que la corde fût à bout. À ce moment, le cadet la lâcha et sauta.

L'intérieur du puits était noir comme la nuit, aucun lieu ne s'y laissait voir. Mais en s'élançant le jeune homme tomba dans une cour éclairée. Il aperçut sur le sol des gouttes de sang. Suivant ces gouttes, il arriva à une grande porte. Quand il l'ouvrit, un grand bassin apparut avec, partout, des hommes de marbre et des fruits sans pareils au monde. En s'approchant un peu, il vit encore la porte d'une chambre. Dès qu'il l'ouvrit, il se troubla : une jeune fille était assise, faisant de la dentelle. Elle était tellement belle que, de sa vie, il n'en avait vu d'aussi belle. D'abord elle ne le vit pas. Quand il se fut un peu approché, elle sursauta et se jeta dans ses bras : « Qui es-tu ? dit-elle. Pourquoi es-tu venu ici ? Si le div te voit, il te mettra en pièces ! » Le garçon sourit : « N'aie pas peur ! dit-il, le div ne pourra rien me faire. Je suis venu pour le tuer. Montre-moi maintenant où couche le div· : je couperai d'un coup ses sept têtes ! »·La jeune fille se mit à pleurer à chaudes larmes et supplia le garçon : « Quoi qu'il arrive, n'approche pas de lui : tu ne pourras rien lui faire, ne te fais pas tuer pour rien ». À ce moment, le div s'éveilla et sentit l'odeur de l'homme. Quand il entra dans la chambre de la jeune fille, le garçon s'y trouvait. Le div poussa un cri : « Est-ce toi le garçon qui m'a frappé de son poignard ? Maintenant, je vais te mettre en pièces, vois ! » Le garçon ne répondit rien ; il appuya seulement un peu plus fort sa main sur son poignard. Alors le div sortit et partit. La jeune fille se mit à pleurer, disant au garçon : « Maintenant, que ferons-nous ? Il nous mangera tous les deux, il est allé s'aiguiser les dents. Où qu'il soit, il va venir tout de suite ! » Le garçon répéta : « N'aie pas peur, il ne pourra rien nous faire. Toi, seulement, ne me lâche pas. » Jusqu'à ce que le div eût aiguisé ses dents, le garçon et la fille causèrent. « Comment es-tu venue ici ? dit-il. Qui t'a amenée ? » Elle raconta par le détail ses aventures : « J'étais fille d'un sultan, dit-elle. Une nuit, le div m'a enlevée, amenée ici et enfermée. Voilà trois ans que je suis ici captive ». Tandis qu'ils causaient, le div venait, ayant fini de s'aiguiser les dents... Quand il s'approcha de la porte de la chambre, la jeune fille avait perdu toute couleur et frissonnait de peur. Elle tenait le garçon. Il ne disait rien. « Nous ne pouvons lui échapper, disait-elle. De toute façon, il nous mangera ». La chambre avait une grande porte de fer. En s'ouvrant et en se refermant, elle faisait trembler toute, la maison. Comme le div, mettant la main à la porte, allait l'ouvrir, le garçon s'approcha et dit au div : « Ne te donne pas cette peine. De toute façon, tu nous mangeras. Que je t'ouvre donc la porte et, toi, entre tranquillement et mange-nous à ton aise ! » et, d'une main il entrebâilla la porte ; il tenait son autre main derrière, cachant son poignard. Le div dit : « Si tu veux me faire une politesse, fais-la (complètement) : je ne peux pas entrer par cette porte entrebâillée ! » Le garçon répondit : « Je n'ai pu l'ouvrir que jusqu'à ce point : je n'ai pas plus de force ! » Le div sourit et poussa la porte de la main. Mais quand il eut passé la tête, le garçon referma la porte de toutes ses forces. Le div resta pris dans la porte, la tête dedans, le tronc dehors. Il ne pouvait remuer. Le garçon s'appuyait à la porte et riait : « Alors tu voulais nous manger tous deux, n'est-ce pas ? Maintenant je vais faire tomber tes dents aiguisées : vois ! » Le div se raidissait, les veines de son cou se gonflaient et sa sueur perlait. Avec son poignard, le garçon lui arracha les yeux. Le div criait et suppliait tellement que la jeune fille, ne pouvant supporter ce spectacle, dit : « Laissons-le ! » Mais le garçon répondit : « Jusqu'à ce que nous lui ayons coupé la tête, nous ne serons pas sauvés, il nous mangera encore ! » Et il coupa la tête. De joie la jeune fille se suspendit au cou du garçon : « Nous avons échappé à une grande mort ! » dit-elle. Le garçon dit : « Nous nous sommes beaucoup attardés. En haut, mes frères nous attendent. Allons, sans quoi ils partiront et nous resterons ici ». Il emmena la jeune fille avec lui, lui fit ramasser et mettre en ballot ses hardes et ils vinrent en bas du puits.

Les frères qui attendaient en haut firent descendre jusqu'au fond du puits un gros câble. Le garçon dit à la fille : « Que j'attache le câble à ta ceinture, qu'ils te tirent la première ! Après, vous me retirerez ! » La fille n'accepta pas : « Quand tes frères me verront, dit-elle, ils te laisseront ici dans le puits. Sors le premier. Après, tu me retireras ». Le garçon répondit : « Comment ne me tireraient-ils pas ? Mes frères m'aiment beaucoup, ils ne m'abandonneront pas ! Sors d'abord, je sortirai ensuite. Je ne peux pas te laisser ici. » La jeune fille comprit qu'il n'y avait pas moyen de faire autrement. Alors elle arracha deux de ses cheveux et les donna au garçon : « S'ils ne te retirent pas, dit-elle ; frotte l'un sur l'autre ces deux cheveux. Deux moutons paraîtront : l'un blanc, l'autre noir. Saute sur le blanc, il te fera sortir dans le monde d'en haut. Mais si tu montes sur le noir tu t'enfonceras d'un étage dans le monde d'en bas ». Elle attacha le câble à sa ceinture. Le garçon cria à ses frères : « Tirez ! » Ils tirèrent et remontèrent ce qu'ils croyaient être leur frère. Quand une beauté comme ils n'en avaient jamais vue surgit devant eux, ils se troublèrent. La jeune fille leur conta tout ce qui lui était arrivé et dit :

« Maintenant laissons descendre la corde ; lui aussi, retirons-le ! »
Les frères s'entre-regardèrent et chuchotèrent : « Si nous le retirons,
la jeune fille nous échappera. Laissons-le. Que la jeune fille soit à
nous ! » dirent-ils et ils ne retirèrent pas leur cadet. Celui-ci attendit
jusqu'au soir, pensant que la corde allait descendre. Comme elle ne
descendait pas, il comprit qu'ils l'avaient abandonné.

Alors il tira de sa poche les deux cheveux que la jeune fille lui avait
donnés et les frotta l'un sur l'autre ; aussitôt deux moutons, un blanc
et un noir, vinrent en courant. Le jeune homme s'élança, mais les
lieux étaient sombres, son regard ne distinguait rien et, voulant
monter sur le blanc, il monta sur le noir : il tomba d'un étage dans le
monde d'en bas, (il vit que) partout des hommes ensanglantés
gisaient et gémissaient. Il s'approcha de l'un d'eux et lui demanda :
« Qu'avez-vous ? Pourquoi êtes-vous tous ici ? » – « Nous ne savons
pas nous-mêmes. Un div irrité est venu et nous a mis en cet état ». Le
jeune homme demanda : « Où est le div ? » L'homme répondit : « Au
pied de ce village coule une rivière ; en ce moment, il (= le div) est
assis devant. En face il y a une cabane où habite une vieille femme :
elle t'informera plus exactement ». Le jeune homme alla à la cabane
et dit à la vieille : « Ma grand-mère, je viens d'un long voyage, je
suis fatigué, j'ai faim, il faut que je passe cette nuit dans ta maison ».
La vieille refusa : « Je n'ai ni place ni nourriture ». Le jeune homme
tira de sa poche une poignée d'or et la montra à la vieille dont les
yeux brillèrent : « Comment non, mon petit ? J'ai un lit, j'ai à
manger », dit-elle et elle le reçut dans sa maison. Elle fit à manger et
servit. Avec la nourriture, la vieille ne donna pas d'eau et la
nourriture avait une odeur bizarre. Le jeune homme demanda :
« Pourquoi la nourriture sent-elle ? pourquoi ne m'as-tu pas donné
d'eau ? » La vieille répondit : « Eh, mon enfant, d'où viens-tu ? Ne
sais-tu pas que nous n'avons pas d'eau ? » Le jeune homme s'étonna :
Comment y avait-il un pays sans eau ? Il demanda à la vieille :
« Alors avec quoi faites-vous cuire la nourriture ? » La vieille
répondit : « Avec de l'urine de cheval. Une rivière coule bien dans
notre pays, mais un div la dessèche ; il ne la laisse (couler) qu'une

fois dans l'année ; ce jour-là, il mange une jeune fille fixée (d'avance) et nous donne de l'eau. Demain, c'est le tour de la fille du sultan ; il la mangera et nous donnera de l'eau. » Le jeune homme ne mangea pas la nourriture et dit à la vieille : « Maintenant je vais dormir. Demain réveille-moi tôt et conduis-moi à l'endroit où le div viendra pour manger la jeune fille ». Et il s'endormit.

Le lendemain la vieille l'éveilla : « Allons, c'est le moment. Le div est descendu pour manger la jeune fille ! » Le jeune homme sauta aussitôt (du lit), se vêtit, ceignit son poignard et, avec la vieille, alla au bord de la rivière. Tous les hommes et toutes les femmes du pays, cruches et chaudrons en main, attendaient la venue de l'eau. La fille du sultan elle aussi, avec, sur la tête, un plateau de baklavas, attendait le div. Tout doucement le jeune homme s'approcha d'elle et lui dit : « Qu'as-tu sur la tête ? » Les yeux en larmes elle répondit : « Des baklavas. Quand le div m'aura mangée, il mangera aussi cela ». Le jeune homme dit : « N'y a-t-il pas moyen qu'il me mange à ta place ? » Elle répondit : « Pourquoi faut-il qu'il te mange ? C'est moi qui suis le lot du div, Dieu a écrit cela sur ma tête. » L.e jeune homme dit : « Quand le div viendra, reste derrière moi, je me tiendrai devant ». Tandis qu'ils causaient, on entendit les pleurs des enfants et la voix des femmes. La jeune fille pâlit et dit au jeune homme : « Voici le div ! » Le jeune homme se plaça devant elle : « N'aie pas peur, dit-il. Tiens moi fermement ! » Le div vint, soufflant comme le vent, et s'arrêta devant les deux jeunes gens. Montrant ses dents aiguisées, il dit : « L'abondance vous est donc venue cette année, que vous m'ameniez deux victimes ? En échange, moi aussi je vous donnerai plus d'eau ! » Le jeune homme, tenant par la main la jeune fille, s'approchait du div. Les gens venus pour la provision d'eau oublièrent·l'eau et, regardant le div et la princesse, disaient : « Que se passera-t-il ? » Le div, lentement, s'approcha des jeunes gens puis, prenant sa respiration, il les tira à lui. Le jeune homme, appuyant fortement son pied à la terre, résistait. Le div, s'approchant, dit : « Je vous lancerai tous deux dans ma bouche comme une bouchée ! » et il ouvrit une bouche grande comme un panier. Les spectateurs frissonnaient de peur. Mais au moment où le div, tirant la langue, allait les happer, il se passa quelque chose : le div s'effondra, le garçon et la fille se mêlèrent (= ne se distinguèrent plus), on entendit un bruit comme un tremblement de la terre et du ciel, comme un tonnerre. Les gens venus pour l'eau se mêlèrent (= la foule s'agita confusément). Peu après, (on vit que) la jeune fille, ses baklavas sur la tête, restait debout à sa place, pâle comme une morte. Le jeune homme avait disparu. Le div, frappé, gisait à terre. On porta la nouvelle au sultan : « Un inconnu a tué le div, ta fille a été sauvée ». Voyant sa fille saine et sauve, le sultan, fou de joie, ne sut que faire. Il prit sa fille et l'amena chez lui. Aussitôt il envoya en tous lieux des crieurs et il leur fit proclamer : « Que celui, quel qu'il soit, qui a frappé le div, vienne me trouver ; quoi qu'il veuille, je le lui donnerai. Mon trône, mes trésors, ma fille, que tout soit à lui ! Un garçon aussi fort, assez courageux pour tuer un div, sera mon gendre ! »

Le lendemain, cinq cents hommes se pressaient devant le palais. Chacun d'eux disait : « C'est moi qui ai tué le div ! » Le sultan dit à sa fille : « Sors et reconnais l'homme qui t'a sauvée ». La jeune fille se tint sur la porte et il fit passer devant elle, un par un, les cinq cents hommes. Quand le cinq centième fut passé elle alla trouver son père et dit : « L'homme qui m'a sauvée n'est pas parmi ceux-ci ». Le lendemain encore, son père envoya les crieurs : « Que tous les hommes s'assemblent ici demain ! Qu'il n'en reste pas un seul dans sa maison ! » Le lendemain, par milliers, les hommes s'assemblèrent sur une grande plaine devant le palais. Le sultan donna une pomme à sa fille et la fit asseoir à la fenêtre. Il lui dit : « Tous ces hommes que tu vois, je les ferai passer un à un sous ta fenêtre. Quand celui qui t'a sauvée passera, jette cette pomme rouge que tu tiens dans ta main ! » La jeune fille s'assit à la fenêtre et les hommes commencèrent à défiler, un par un. Du petit-déjeuner jusqu'au soir, le défilé ne cessa pas. On pendit partout des lanternes et les lieux furent aussi clairs qu'en plein jour. Mais cette fois encore la jeune fille dit à son père : « L'homme qui m'a sauvée n'est pas parmi ceux-ci ». Le lendemain, le sultan envoya partout un homme qui demanda : « Est-il resté quelqu'un qui n'ait pas paru devant ma fille ? » Les envoyés rapportèrent au sultan cette nouvelle : personne ne reste, hormis un jeune homme qui couche dans la maison d'une vieille femme au village d'en face ; ce jeune homme travaille dans un moulin ; ce n'est sûrement pas lui qui a tué le div. Le sultan dit : « Quel qu'il soit, amenez-le, que ma fille le voie ! » Le lendemain on amena et l'on mit en présence de la jeune fille un garçon couvert de farine de la tête aux pieds. Dès qu'elle le vit, la jeune fille s'élança et le serra dans ses bras : « Voici celui qui m'a sauvée, dit-elle. Quand il a frappé le div, j'ai trempé ma main dans le sang et je l'ai posée sur son dos ». Et, faisant tourner le jeune homme, elle montra sur son dos cinq doigts sanglants. Aussitôt le sultan envoya le jeune homme au hamam, lui fit passer de beaux vêtements neufs et se le fit amener. Il lui dit : « Quoi que tu veuilles, dis-le : tout est à toi ». Le jeune homme répondit : « Je ne souhaite rien, hormis ta santé. Si tu en as le pouvoir, fais-moi sortir dans le monde d'en haut. Je suis le fils d'un sultan de là-bas. Je suis tombé ici, mais ces lieux ne me plaisent pas, je veux aller dans mon pays ». Le sultan dit : « Puisque tel est, ton désir, ne t'inquiète pas. J'enverrai partout des messagers et je trouverai quelqu'un qui puisse te faire sortir ». Le jeune homme resta trois ans chez le sultan. Pendant ces trois ans, on ne trouva personne qui pût le faire sortir dans le monde d'en haut.

Un jour le jeune homme, s'ennuyant fort, alla trouver le sultan et lui dit : « Grand sultan, jusqu'à présent j'ai mangé ta nourriture et bu ton eau, tu m'as très bien soigné ; tu ne m'as laissé manquer de rien. En échange, je n'ai rien pu te faire. Je ne puis rester davantage, je m'ennuie. Je circulerai un peu. Si je puis trouver un chemin et si je puis sortir, alors je sortirai. Sinon, que faire ? C est que telle sera ma destinée ». Il lui baisa la main, embrassa la jeune fille et se mit en route. Pendant deux ou trois mois, il erra de village en village. Par un jour chaud, il s'approcha du pied d'un grand charme et dit : « Que je dorme un peu ! » Il mit sa tête sur une pierre et ferma les yeux. Mais, entendant du côté du ciel un cri d'oiseaux effrayés, il sursauta : un grand serpent montait à l'arbre. Sur les branches d'en haut, installés dans le nid, des oiseaux criaient. Le jeune homme comprit que le serpent montait pour manger les petits des oiseaux ; d'un coup de poignard, il le tua sur l'arbre, et se rendormit. Peu après la mère des oiseaux vint en volant. Voyant un homme couché sous l'arbre, elle se jeta sur lui. Mais comme elle ouvrait son bec (menaçant), les petits se mirent à crier : « Ne le mange pas, ne lui fais pas de mal ! Il nous a sauvés ! Il a tué le serpent qui venait pour nous manger ». Voyant sous elle le serpent frappé, la mère oiseau ouvrit ses ailes comme un parasol et couvrit le jeune homme, disant : « Que le soleil ne frappe pas sa tête ! » Quand le jeune homme s'éveilla et vit les ailes de l'oiseau couvrant sa tête, il sauta et tira son poignard. L'oiseau dit : « N'aie pas peur ! Je ne te ferai pas de mal. Tu as tué le serpent et sauvé mes enfants. Chaque année ce serpent venait et mangeait mes enfants dans le nid. Maintenant, dis-moi : que veux-tu de moi pour ce bienfait ? » Le jeune homme dit : « Je ne veux rien d'autre que sortir dans le monde d'en haut. Si tu peux le faire (= me faire sortir), cela vaut un monde pour moi ». L'oiseau parut un peu réfléchir puis dit au jeune homme : « J'ai quatre-vingt-dix ans. Je suis vieux. Dans ma jeunesse, je montais et redescendais deux fois en un jour. Mais combien d'années y a-t-il que je ne suis point monté ! Ma force est tombée. Que faire ? Je tâcherai de monter pour toi. Seulement prépare un batman[6] de viande et deux batman d'eau ». Aussitôt le jeune homme apporta la viande et l'eau demandées par l'oiseau. L'oiseau le fit asseoir sur son dos et dit : « Quand je dirai : *ga !*, donne-moi de la viande. Quand je dirai *gi !* donne-moi de l'eau ». Et il s'envola dans le ciel. À la moitié du chemin, le jeune homme avait épuisé la viande. Quand l'oiseau cria : ga !, il se coupa de la chair au mollet et la mit dans le bec de l'oiseau. Un peu plus tard ils débouchèrent dans le monde d'en haut. L'oiseau fit asseoir le jeune homme sur la terre et tira de son bec une poignée de viande. « Qu'est-ce ? demanda le jeune homme. Où as-tu trouvé cette

6   Un batman = 6 oques, soit environ 7 kg, 700.

viande ? » L'oiseau répondit : « Quand tu me l'as mise dans le bec, j'ai compris à l'odeur que c'était de ta chair et je ne l'ai pas avalée. Tire la jambe (de ton vêtement) ». Et il recolla la chair au mollet, C'est pourquoi la jambe de notre mollet est molle et comme collée. Au moment où ils se séparèrent, l'oiseau donna au garçon une de ses ailes et dit : « Quand tu auras un ennui au monde, tire cette aile et frotte les plumes l'une à l'autre. Un nègre apparaîtra, – une lèvre vers le ciel, une lèvre vers la terre. Quoi que tu lui ordonnes, il te le fera aussitôt ».

Le jeune homme mit l'aile dans sa poche et entra dans une grande ville. C'était le lieu où vivaient son père et ses frères. Jusqu'à ce moment, ses frères n'avaient pas pu attribuer à l'un d'eux la jeune fille qu'ils avaient tirée du puits. La jeune fille leur avait dit : « J'épouserai celui qui m'apportera un vêtement de noce si fin qu'il pourra se plier dans une noisette ». Les fils du sultan avaient assemblé tous les tailleurs du pays et leur avaient commandé un vêtement qui pût tenir dans une noisette. Ils leur avaient donné un mois de délai. Après un mois, s'ils n'avaient pu le faire, ils avaient dit qu'ils leur couperaient la tête. En passant devant la boutique d'un tailleur le jeune homme vit la fille du tailleur en larmes. Il entra et lui demanda : « Pourquoi pleures-tu ? » La jeune fille expliqua : « (Il se passe) ceci et cela... Le mois s'achève cette nuit. Demain ils couperont la tête de mon père. Comment peut-il y avoir un vêtement qui tienne dans une noisette ? » Le jeune homme la consola : « N'aie pas peur ! C'est moi qui vous ferai ce vêtement. Seulement apporte-moi une oque de noix et une oque de noisettes ». Bien qu'elle n'espérât rien, la jeune fille apporta les noisettes et les noix. Le jeune homme les prit et entra dans une chambre : « Que personne n'entre ! » recommanda-t-il à la jeune fille. Après deux o u trois heures, la jeune fille s'approcha de la chambre et écouta : « Que fait-il donc ? » Le jeune homme, brisant les noisettes et les noix, les mangeait sans interruption. Voyant cela, la jeune fille se remit à pleurer. Le lendemain, le jeune homme avait préparé réellement un vêtement qui tenait dans une noisette. Voyant cela, la jeune fille,

joyeuse, courut trouver son père et ils firent parvenir le vêtement au fils du sultan (qui l'avait commandé). Quand le fils du sultan apporta cette noisette à la jeune fille (celle qui avait été tirée du puits), elle ne dit rien ; elle avait compris que le jeune homme qui l'avait sauvée du div était venu : « Personne au monde, se dit-elle, ne peut faire une telle chose. »
Le lendemain les fils du sultan se préparaient pour la noce. Cinquante cavaliers étaient prêts à jouer en sautant par-dessus les fossés creusés sur une grande plaine. Le jeune homme frotta l'une contre l'autre (deux plumes de) l'aile et dit au nègre (qui apparut) : « Amène-moi un cheval tel qu'il saute d'un bond par-dessus quinze fossés ». Aussitôt le nègre amena un cheval blanc. Quand on commença les jeux, il se mêla aux cinquante cavaliers. Les (autres) chevaux ne pouvaient (même) pas sauter par-dessus un fossé. Ce jeune homme faisant courir vivement son cheval, sauta d'un bond par-dessus quinze fossés. Tout le monde s'étonna. Le sultan dit : « Qui est ce jeune homme ? Amenez-le moi ». Le jeune homme s'arrêta, à cheval, devant le sultan et dit : « Mon père, je suis ton enfant. » Il raconta tout le détail de ses aventures. Le sultan embrassa avec joie son enfant perdu. Pendant quarante jours et quarante nuits à partir de ce jour on fit la noce du jeune homme et de la jeune fille. Les deux amants qui ne s'étaient pas vus pendant cinq ans devinrent mari et femme.

Conté par Niazi Ban à Istanbul en 1930-1931.

31.
Le revenant

Un kadi, un mufti et un kaymakam aimaient la même femme. Chacun la poursuivait de ses assiduités sans savoir l'existence des autres. Un jour elle raconta à son mari que ces trois hommes l'aimaient. Il fit creuser dans sa maison une fosse et dit à sa femme :

« Cette nuit, pour une heure, donne avis au kadi de venir ici ; pour deux heures, au mufti ; pour trois heures, au kaymakam », Et lui-même se cacha hors de la maison.

À une heure, le kadi frappa à la porte : lui et la femme s'assirent. À deux heures, le mufti frappa à la porte et la femme dit au kadi : « Voici mon mari. Où te cacher maintenant ? » Affectant un grand trouble, elle ouvrit la fosse et fit asseoir le kadi tout en bas de l'échelle. Puis elle ouvrit la porte au mufti et resta assise avec lui jusqu'à trois heures. À trois heures, on frappa à la porte. Elle dit : « Que faire maintenant ? Voici mon mari. Où te cacher ? » Elle l'installa aussi dans la fosse, sur l'échelle au bas de laquelle elle avait mis le kadi. Puis elle resta assise jusqu'à quatre heures avec le kaymakam. À quatre heures, son mari frappa à la porte. Affectant le trouble : « Que faire ? dit-elle. Voici mon mari. Où te cacher ? » Et elle l'installa lui aussi dans la fosse. Son mari entra. « Comment les tuer ? » dit-il. Ils délibérèrent. « Versons-leur dessus un chaudron d'eau bouillante ! » dit la femme. Ils firent ainsi et les tuèrent tous trois.

Ils retirèrent les cadavres, les enveloppèrent dans des suaires et les cachèrent dans des chambres (séparées). Le lendemain ils firent venir un porteur et la femme lui dit : « Ma mère est morte. Chaque nuit elle se transforme en revenant (= turc *hortlak*) et vient à la maison. J'ai beau la faire emporter, elle revient toujours. Si tu réussis à l'ensevelir de telle sorte qu'elle ne revienne plus, je te promets cinq belles livres d'or ! » Le porteur alla creuser une tombe, puis vint à la maison. Ils lui montrèrent le kadi enveloppé dans son suaire. Il le prit et l'enterra. Mais quand il vint se faire payer, la femme lui dit : « Tu l'as mal enterrée : regarde, elle est revenue ! » En colère, le porteur dit : « J'enfoncerai dans sa tombe un coin de bois solide. Nous verrons bien si elle sort ! » Et il alla enterrer le mufti. Quand il vint se faire payer, la femme lui dit : « Elle est encore revenue. Tu avais donc mal enfoncé le coin ? » Il saisit alors le corps du kaymakam et dit : « Je vais l'emmener dans un endroit tel qu'elle disparaîtra même de l'autre monde ! » Il l'emporta sur un grand pont. Juste au moment où il le jetait, l'imam de la mosquée, qui était venu à la rivière pour nager, nageait sous ce pont. Le cadavre lui tomba sur la tête. Il eut peur, sortit de la rivière nu comme il était et se mit à courir. Le porteur le vit et dit : « Voilà encore le revenant qui s'est ranimé et qui retourne à la maison ! » Il le rattrapa, lui enfonça un sac qu'il tenait à la main, le ligota et le jeta du pont dans la rivière. L'imam eut beau s'agiter : il ne put ouvrir le sac, suffoqua et coula. « Me voilà sauvé ! » dit alors le porteur. Il alla trouver la femme et reçut les cinq livres d'or.

Conté par Niazi Ban à Istanbul en 1930-1931.

32.
Les hommes-loups

Les hommes-loups habitaient en masse sur une grande montagne. Personne n'y pénétrait. Un jour, allant en voyage, des hommes restèrent pour passer la nuit dans la montagne des hommes-loups. Ils allumèrent un grand feu sur la montagne et s'assirent autour. Les voyant, un homme-loup s'approcha doucement et, lui aussi, se mit devant le feu. Tout ce que les hommes faisaient, lui aussi le faisait. L'un d'eux tira un morceau de bois enflammé et (fit semblant de) se le passer sur le corps. L'homme-loup tira lui aussi un grand morceau de bois et, comme avait fait l'homme, le frotta sur son corps. À peine l'eut-il frotté, sa chair toute couverte de poils s'enflamma et se mit à brûler. Il commença à crier. Les hommes-loups qui étaient au loin dans les vallées et sur les collines l'entendirent et demandèrent : « Qu'y-y-y a-t-il ? Qui-i-i l'a fait ? » Il répondit : « Nu-u-ul ne l'a fait. C'est mo-o-oi qui me le suis fait ! » Ils reprirent : « Si c'est to-o-oi qui te l'es fait, c'est bie-e-en ! » – L'homme-loup qui avait pris feu brûla. Le lendemain, quand ses camarades le virent brûlé, ils dirent : « Ce qui lui est arrivé nous arrivera à nous aussi ! » Et, à partir de cette nuit, tous s'enfuirent.

Conté par Niazi Ban à Istanbul en 1930-1931.

33.
Le mariage

Au Lazistan il est très difficile de se marier. Des garçons sont amoureux de jeunes filles qu'ils ont vues dans les équipes ou dans les noces et qui leur ont plu. Ils écrivent pour elles de grandes chansons. On apprend partout que la fille et le garçon s'aiment et, avec l'aide de celui-là ou de celui-ci, ils se prennent (= le garçon enlève la fille). Il est très difficile de se marier autrement au Lazistan.

Aux garçons qui doivent se marier, les femmes trouvent une jeune fille ; elles promettent et donnent (aux garçons) la fille qui leur plaît. Pour prendre la fille, d'abord deux femmes vont à sa maison. La fille leur cuit le café de sa propre main, le leur apporte et reste devant elles sans rien dire. Quoi que lui demandent les femmes, elle ne répond pas, ne bouge absolument pas et reste là sans prendre son souffle. Telle est la coutume au Lazistan : on n'estime pas bonnes les filles qui parlent, dont les joues ne rougissent pas de honte. « Une pareille fille ne peut être notre fiancée ; nous voulons une fille pareille à un ange », disent-ils. Si la fille plaît aux femmes venues au nom du garçon, l'affaire est comme conclue. Ensuite on envoie à la fille une bague, deux ou trois pièces de cinq livres (or), un voile de fiancée, un tcharchaf et en outre deux ou trois pièces de vêtement de soie enveloppées dans un châle. Alors l'affaire est finie. Il ne reste qu'à amener la fille. Mais jusqu'alors le garçon n'a pas vu la fille. Est-elle belle ou laide, longue ou courte, grosse ou maigre, – il ne peut le savoir.

Une fois devenu le « nouveau gendre », le garçon va parfois à la maison de la fille. Quand il va à la maison de la fille, il dit chez lui à sa mère et à son père : « J'irai dans le voisinage » et se sauve (sans être vu). Cette nuit-là, il s'arme de la tête aux pieds et deux heures après le coucher du soleil il s'approche en cachette de la maison de la fille. La nuit où doit venir le gendre, la maison de la fille est toute préparée et deux ou trois filles sont avec la fiancée. On reçoit le gendre dans une pièce. D'abord les autres femmes s'asseyent près de lui. Puis la belle-mère (= la mère de la fiancée) lui sert des noisettes grillées, de la confiture de raisin (*sujuk*), des fruits séchés et s'assied aussi près de lui. Le gendre ne mange rien mais reste assis, tout honteux. Pas mal de temps après, les femmes et la belle-mère sortent. Quand elles sont sorties, les jeunes filles qui se tiennent des deux côtés (de la fiancée) amènent la fiancée dans la pièce et la placent devant le gendre. La fiancée est voilée. Les jeunes filles soulèvent un peu le voile de son visage et le montrent au gendre. Si le gendre est un habitué de la maison, on laisse la fiancée seule (avec lui), les autres filles sortent et regardent par la fente de la porte. Le gendre découvre le visage de la jeune fille et lui parle ; elle ne répond rien. Jusqu'au matin, la fille et le garçon restent seuls dans la chambre. Au matin, le gendre se glisse en cachette et se sauve.

Au moment où le garçon et la fille font leur noce, on orne les deux maisons. Cinquante garçons s'apprêtent à amener la fille à la maison du garçon. Dans la maison de la fille aussi, les femmes qui accompagneront la fiancée et les hommes de (la famille de) la jeune fille se préparent. En premier lieu, les hommes du garçon (= les cinquante garçons) viennent prendre la fiancée. Quand ils approchent de la maison, ils se mettent à chanter et à tirer des coups de fusil. La maison (= la famille) de la jeune fille mène les hôtes dans une pièce et les fait asseoir. Garçons et filles se prenant par le bras commencent à danser. Ils ne restent guère assis. Quand la fiancée est prête, cinq ou six filles, la tenant par le bras, la mènent dans la. cour, on commence à jouer du tambour, du *kemenje*, du *zorna*. Ils vont ainsi (tous), avec chants et musique, jusqu'à la maison du gendre. Juste comme ils arrivent devant la maison, les femmes répandent par poignées de l'argent sur la tête de la fiancée. Puis on introduit la fiancée près des femmes. Les garçons entrent dans les diverses pièces et jusqu'au matin dansent et chantent. Parfois aussi on fait danser le gendre. Pendant la nuit, on amène.la fiancée à la chambre du gendre et on les laisse. Après cela, ils sont mari et femme.

Conté par Niazi Ban à Istanbul en 1930-1931.

34.
Une histoire de mariage

Ma grand-mère, âgée de soixante-dix ans, était sans cesse occupée à penser, assise nuit et jour près du foyer. Quand elle trouvait quelqu'un pour l'écouter, elle commençait des histoires de sa jeunesse. À ce moment j'avais douze ans. Je désirais tellement les histoires de grand-mère que, dès que je la voyais, je m'approchais : « Grand-mère, il faut que tu me le dises encore une fois ! » Alors grand-mère, caressant de sa main ridée mon visage, disait : « Que puis-je te dire, mon petit ? Ces jours ont passé, pourquoi m'en souviendrais-je encore ? » Je ne la laissais pas : « Sûrement tu me le diras ! » disais-je et je m'accrochais à son cou. Un jour grand-mère racontait son mariage :

« Nous étions trente filles dans une équipe (de travail agricole). C'était en été par un jour fleuri. Tout brûlait sous le soleil. Couvertes du voile ordinaire (*yazma*) ou du tulle des fiancées (*kaz*), rangées en ligne d'équipe, nous chantions. Midi passa ainsi. Des jeunes gens du village de Sidere entendirent notre équipe. Quinze jeunes gens, en ordre, se dissimulèrent ; quand ils furent près de nous, tous ensemble firent partir chacun une fois leurs pistolets.

« Ils s'arrêtèrent près de l'équipe. Ils prirent les pioches des jeunes filles et commencèrent à piocher en chantant pour nous. Nous ne les laissâmes pas : « Piocher ne convient pas aux garçons. Ils peuvent seulement se promener. Maintenant nous ne voulons pas d'aide. Qu'ils chantent sur notre mariage ! » répondîmes-nous. Ils chantèrent pour nous : « Nous sommes restés garçons, les filles se cachent toutes de nous. On ne trouve pas de fiancée pour se marier... » Nous chantâmes ainsi jusqu'au soir. J'étais à côté de Ahmet de Sidere. Ahmet me chantait tout doucement. J'avais alors seize ans, lui dix-huit. Quand l'équipe se dispersa, Ahmet me dit : « De qui es-tu la fille ? Je te prendrai (en mariage) ». Après ce jour, où qu'allât l'équipe, il surgissait devant moi. Ahmet tourna ainsi autour de moi pendant tout un an et demi. On avait entendu partout qu'Ahmet m'aimait.

« Mon père et ma mère avaient l'intention de me donner (en mariage) au fils de mon oncle. Mais moi aussi j'aimais Ahmet. Je l'aimais tellement que je disais : « Si Ahmet ne me prend pas je perdrai ma tête (= je me tuerai) ». Un soir que j'attachais les vaches dans l'étable Ahmet surgit de la mangeoire. D'abord je ne le reconnus pas, j'eus peur. Mais lui aussitôt s'élança et, m e serrant dans ses bras : « N'aie pas peur ! dit-il ; je suis venu ici pour te voir. Combien de temps y a-t-il que t u n e m 'es pas apparue et que je m'inquiète ! J'ai entendu qu'on te donnera en mariage. Peu s'en faut que je ne sois devenu fou. Depuis un mois que je te cherche, nulle part je n'ai p u t e voir ». Tandis qu'Ahmet disait cela, je pensais m'évanouir : comment irais-je avec un autre ? Ahmet me mit le bras autour du cou et embrassa mes yeux en larmes : « Que ferons-nous ? Si je t'enlève, viendras-tu. Avec moi ? » dit-il. – « Comment ne voudrais-je pas ? dis-je. Fuyons tout de suite, sans nous laisser voir de personne. Emmène-moi où tu voudras. Je n'irai avec (= n'épouserai) personne autre que toi... »

Grand-Mère s'arrêta un peu, poussa un profond soupir et reprit :

« Ah, mon petit ! Voilà comme nous nous aimions, Ahmet et moi ! Mais Dieu n'avait pas écrit cela pour nous. Mon père nous surprit tous deux dans l'étable et il jeta Ahmet dehors avec un coup de pied. Depuis lors je n'ai pu voir Ahmet une seule fois. Le jour même, il partit, dit-on, pour Batoum. En s 'en allant, i l m'avait laissé un message par l'intermédiaire des jeunes filles : « Je n'oublierai pas Zéliha. Que faire ? Elle n'était pas mon lot, sans doute : son père l'avait promise à un autre, il la lui donnera. Quant à moi je ne puis rester à Pilarget (nom du village). Qu'elle m'oublie : elle n'a pas de bien par moi (=je ne lui fais aucun bien). À partir de maintenant, – le ciel sur moi, la terre sous moi ! Je pleurerai en disant : « Mon âme... Zéliha... ».

Conté par Niazi Ban à Istanbul en 1930-1931.

35.
La maladie et la mort

Quand il y a un malade couché dans la maison, on ne fait aucun bruit. Les yeux en larmes, tous font doucement le travail. Dans la chambre du malade, les enfants et leurs mères se tiennent du côté de la tête (= au chevet) et tous regardent aux yeux du mourant. Si le malade gémit, tous se mettent à essuyer leurs larmes et à pleurer. Si le malade est gravement atteint, on appelle aussitôt un hodja et on lui fait lire le *Yasin* (= sourate des malades). Le hodja s'assied près du lit et, murmurant (avec lui-même) se met à lire et à souffler (turc : *nefes öflemek*). Quand il envoie son souffle tiède sur le malade, celui-ci bouge un peu : les enfants et leurs mères se rassurent (en disant) : « Par cet envoi de souffle quelque chose se produira ». Quand le hodja a fini de lire, il souffle encore une ou deux fois et dit : « N'ayez pas peur, il ne lui arrivera rien ; dans un ou deux jours, il sera guéri ». Puis il s'en va et la femme lui met une ou deux livres dans la poche.

Si, dans la maison sans voix et sans souffle, la mort se produit, tous se mettent à pleurer et à hurler. Ceux qui se mettent à hurler pleurent jusqu'à ce que leur force soit tombée, jusqu'à ce que leur voix soit entièrement desséchée. Tout le monde comprend que ces hurlements et ces pleurs sont pour une mort, et ils s'assemblent. La femme qui vient à la maison mortuaire, en entrant par la porte, pousse elle aussi un cri rauque. On ne garde pas longtemps le mort dans la maison. Aussitôt on se met à clouer un cercueil et à chercher un suaire. On amène un hodja et on fait laver le cadavre. Le jour même on le porte à la mosquée et, après le namaz, on l'enterre.

Conté par Niazi Ban à Istanbul en 1930-1931.

36.
Le vêtement des Lazes

Au Lazistan, on enveloppe aussitôt de linges le nouveau-né. Pendant quarante jours il reste couché avec sa mère. Certaines femmes, après deux ou trois jours, le font coucher dans un berceau. On orne le berceau du petit enfant avec de fausses perles vertes (= bleues ?). On lui fait une petite couverture et un tissu frangé (turc *atki*) de soie. En couchant au berceau le tendre (m. à m. : mou) enfant, on met (m. à m. : enveloppe) par-dessous un matelas de coton et des linges, on serre entre (ou sous ?) ses pieds un coussin et l'on met aussi un coussin sous sa tête. On lie ses bras au corps, on l'attache de façon qu'il ne puisse pas bouger. On met dans sa bouche une tétine et l'on commence à le bercer.

Quand l'enfant a deux ans et commence à marcher on lui fait revêtir une chemise de flanelle et des bas de laine.

Au Lazistan, filles et garçons commencent à travailler à douze ou treize ans. Les filles vont au travail pieds nus, avec un voile (*vazma*) enveloppant la tête et avec un *peštamal* attaché (à la taille). Les jours de pluie et de neige, elles chaussent des sandales (turc *čarik*). Les filles de quinze à seize ans circulent la tête couverte d'un linge (turc *peštamal*) de soie, vêtues d'un *forka* (vêtement qui va du col aux pieds) d'indienne fleurie, chaussées de souliers. Jadis les jeunes gens revêtaient un *zipka* (caleçons) de châle ; leur tête était enveloppée d'un *bašlik ;* ils portaient un gilet de lame avec beaucoup de soutache. Les jeunes gens d'aujourd'hui ont laissé ces vêtements et s'habillent comme les jeunes gens de Batoum. Ils chaussent des « *aziatski* » (bottes de bon cuir) et revêtent culotte ou pantalon et veste de chasse.

Les vieilles femmes circulent vêtues d'un *hirka* (vêtement boutonné devant) serré à la taille par un *otkap'u* (grande ceinture de laine à bords frangés), et la tête enveloppée dans un voile (*yazma*) noir. Les filles promises à un garçon mettent à leur taille une ceinture dorée.

Les vieillards de quarante ans enveloppent (jusqu'à) leurs oreilles dans une longue chose faite de coton ; ils revêtent un gilet ouvrant sur le côté et mettent dans les poches du gilet leur tabatière et leur mouchoir. Ils revêtent un grand paletot comme nous en connaissons. Parfois les vieillards attachent à leur taille une ceinture. Pour qu'il leur soit plus facile de se laver les pieds (avant les cinq namaz quotidiens), ils chaussent des *mest* (chaussures sans envers) et des caoutchoucs.

Conté par Niazi Ban à Istanbul en 1930-1931.

37.
La mesure du monde

Un jour, alors que Nassrettin Hodja allait au marché, des gens lui dirent : « Hodja, tu sais absolument tout, ceci, voyons, pourras-tu le dire ? » Le hodja : « Très bien, dites-le moi », dit-il. « Hodja, (de) combien de mètres le monde est-il (long) ? » demandèrent-ils. Alors le hodja, après y avoir réfléchi un moment – on portait (« ils faisaient passer ») un cercueil par le chemin –, montra ce cercueil et dit : « Moi, je n'ai pas encore pu le mesurer, l'homme qui passe vient juste de le mesurer et s'en va, demandez-le à lui ».

Conté par Osman Şenal en 1965-1967

38.
L'excuse

Un jour, un voisin de Nassrettin Hodja vient à la maison du hodja et (lui) demande (« cherche ») une corde. Le hodja : « J'ai versé de la farine sur la corde, c'est pourquoi je ne pourrai pas te la donner », dit-il. « As-tu l'esprit dérangé, hodja ? Est-ce que la farine se verse sur une corde ? » Alors le hodja dit : « Quand tu n'as pas envie de donner (la corde), la farine et n'importe quoi (« tout ») se verse dessus ».

Conté par Osman Şenal en 1965-1967

39.
La vitesse du son

Nassrettin Hodja, un jour, récite (« crie, appelle ») l'ezan (=appel à la prière) et, en même temps, marche (« va ») vite. Les hommes qu'il rencontre s'étonnent : « Pourquoi donc le hodja fait-il ainsi ? » dirent-ils. L'un d'eux (*ar-co* : seulement des êtres humains) dit au hodja : « Hodja, pourquoi cours-tu tout en appelant à la prière ? » Alors le hodja s'arrêta et dit : « Je poursuis ma voix (« langue ») pour voir jusqu'où elle va » (« disant : 'voyons, jusqu'où va ma langue ?' je (la) poursuis) ».

Conté par Osman Şenal en 1965-1967

40.
L'ours et les deux bergers

Deux bergers, tandis qu'ils allaient au pâturage d'été, rencontrèrent un grand ours. L'ours mit sous lui l'un d'eux, (et) tandis qu'il le frappait, celui qui était à côté de lui monta à un bouleau. L'ours roua bien de coups son camarade, jusqu'à ce qu'il rendît l'âme. Et son camarade (=le c. de la victime) le regardait de l'arbre. L'ours appliqua l'oreille sur le côté de (*ele-*) son camarade et écouta. Puis après cela il le laissa (et) s'en alla. Quand l'ours se fut éloigné (« allé ») à quelque distance, l'homme descendit de l'arbre tout doucement, regardant autour de lui. Il alla auprès de son camarade. Il lui dit : « Eh, Mustafa, qu'est-ce que t'a dit l'ours ? »

Conté par Osman Şenal en 1965-1967

41.
Querelle d'amis

Deux camarades étaient assis à côté de la mer. Tandis qu'ils bavardaient de choses et d'autres, au milieu de la mer ils virent passer deux petits oiseaux de mer. L'un des oiseaux passait très près au-dessus de la mer. Ces deux camarades virent cet oiseau. L'un d'eux dit : « L'aile de l'oiseau touche la mer ». L'autre : « Elle ne la touche pas ». Celui-là : « Elle la touche ». Celui-ci : « Elle ne la touche pas ». Ils commencèrent à se disputer, ils se mirent tout en pièces. Après cela le(s) gendarmes les prirent, les emmenèrent au karakol. Après avoir, là aussi, reçu (« mangé ») une bonne volée de (coups de) bâton, l'un s'en alla d'un côté, l'autre de l'autre.

Conté par Osman Şenal en 1965-1967

42.
Erreur d'appréciation

Au Lazistan, il y avait un village de montagne où il y a(vait) beaucoup de brouillard. Chaque jour, toute l'année, il y avait du brouillard. Les paysans réfléchissaient pour trouver un remède à cela. Ils croyaient que ce brouillard était la mer. Un jour tous les villageois se réunirent et dirent : « Faisons une grande mahonne (bateau) et faisons la flotter sur la mer ». Ils réfléchirent, réfléchirent (et) décidèrent de faire une grande mahonne. Ils firent comme ça, comme ci, et fabriquèrent une grande mahonne. Un jour beaucoup de brouillard s'était formé. Tous les villageois se réunirent sur la montagne et rangèrent (leurs affaires) dans la grande mahonne qu'ils avaient faite. Après avoir fait asseoir dans la mahonne les enfants (et) les femmes, ils se mirent à pousser la mahonne, ceux qui étaient assis dans la mahonne, eux aussi, commencèrent à ramer. « *Hey isa isa !* »

dirent-ils. Ils poussèrent la mahonne par le bout et la roulèrent du haut du rocher. Femmes et enfants périrent tous.

Conté par Osman Şenal en 1965-1967

43.
Combat inégal

Un homme de Dutxe va au marché. Il circule quelque temps dans le marché. Quand le soir tomba, il descendit au bord de la mer et remplit une outre de *kap'č'ya* [petits anchois, t. « hamsa »]. Il le suspendit à son dos et reprit la route de [son] village. Quand il eut cheminé quelque temps, il fut fatigué. « Que je me repose un peu », dit-il. Il suspendit son outre en haut (à un arbre) (et) s'endormit dessous. Après avoir dormi quelque temps, il s'éveilla. Quand il regarda, – les *kap'č'ya* sortent de l'extrémité de l'outre ! Le Dutxuri prit alors son pistolet et dit : « Si vous êtes des hommes, venez donc un par un ! »

Conté par Osman Şenal en 1965-1967

44.
Le lionceau

Il y avait (une fois) un sultan. Il était passionné pour la chasse aux oiseaux (et) avait beaucoup de chasseurs. Un jour, son meilleur chasseur tomba malade et mourut. La femme qu'il laissa était enceinte. Au moment de mourir, le chasseur écrivit un testament. Dans ce testament, il était écrit : « Quand vous irez à la chasse, franchissez six collines, mais ne montez pas sur la septième. » Le chasseur donna ce testament à sa femme et lui dit : « S'il t'est né un garçon, donne-le lui. » Trois mois plus tard, la femme mit au monde un garçon. Quand l'enfant eut onze ans, un jour, il prit le fusil de son père et alla à la chasse. Sur la montagne, il tua un oiseau et l'apporta au sultan. Le sultan lui donna dix paras en cadeau. Le sultan demanda à l'enfant : « De qui es-tu le fils ? » Les viziers dirent au sultan : « C'est le fils de ton meilleur chasseur. » Alors le sultan fit de lui son chasseur, avec une mensualité de dix paras supérieure à celle de son père (et) le garçon commença à chasser.

Le sultan avait un enfant qu'il aimait. Cet enfant vivait au milieu des lions et des tigres. Le sultan avait appris son existence et, sans le voir, l'avait aimé. Il avait envoyé ses plus grands champions pour amener l'enfant, mais aucun n'avait pu l'amener. Dès que l'(autre) garçon eut été inscrit comme chasseur, les pachas auraient dû lui recommander : « Il y a un enfant (qui vit) au milieu des lions et des tigres. Si tu le vois, garde-toi de le dire au sultan ! » — Mais ils avaient oublié. Quand le garçon alla à la chasse, il franchit six collines (et), au milieu de l'après-midi, il approcha de la septième. Ayant regardé le testament de son père, (il y avait lu) : « Franchis six collines, ne t'approche pas de la septième. » Cela intrigua le garçon. « Que j'y monte une fois et que je voie ce que c'est ! », dit-il ; il arriva au pied de la colline et commença à monter. C'est seulement à l'aube qu'il put atteindre le sommet et, sur le sommet, il fit son repas. L'autre côté de la colline était marécage et jonchaie. Le garçon (se) dit : « C'est pour cela que mon père m'a laissé le testament, on ne peut chasser ici. » Le garçon était fatigué et s'endormit là. Quand il s'éveilla, il était midi et, au milieu de la plaine, par millions, des lions et des tigres entourèrent une grande pierre plate. Un garçon nu vint et s'assit sur la pierre. (Ce) garçon dormit pendant deux heures, puis ils descendirent tous en direction de la jonchaie. Le chasseur fut très intrigué par ce garçon et s'en retourna. Il (re)vint à la maison. Le sultan, pensant que le garçon lui apporterait du gibier, resta trois jours à jeûner. Il ne mangea rien du tout et attendit le garçon. Quand le garçon (re)vint chez le sultan, celui-ci lui dit : « Voici trois jours que je t'attends sans manger. Si tu n'as rien tué, tu aurais dû m'apporter du gibier que tu avais tué ces derniers temps et je l'aurais mangé. » Le garçon : « Est-ce de ta faim que je m'occupais ? Si tu

92

savais seulement ce que j'ai vu !» dit-il. Le sultan dit : « Qu'as-tu vu ? Ne serait-ce pas le garçon nu que tu as vu ?» Le garçon lui dit tout ce qu'il a(vait) vu. Aussitôt le sultan appela les pachas et leur dit : « Le garçon nu ne peut être sauvé que par l'homme qui l'a vu. Prenez vite des soldats et allez à (la) sept(ième) colline. Amenez-moi le garçon nu !» Les pachas lui dirent : « Ce n'est pas possible ainsi. Dis au garçon (ton chasseur) : 'Ou bien tu m'amèneras ce garçon nu, ou, sinon, je te couperai la tête.' Vois alors avec quel zèle il te l'amènera !» Le sultan appela le garçon et lui dit : « Ou bien tu m'amèneras ce garçon, ou, sinon, je te ferai couper la tête !» Le garçon demanda au sultan un délai de trois jours et sortit de la maison. Pendant trois jours il pensa : « Comment puis-je attraper ce garçon ?» Et, le troisième jour, il (re)vint chez le sultan. Il lui dit : « Donne-moi quatre-vingts tambours et quatre-vingts trompettes. Que chaque tambour soit de taille à contenir deux hommes.» Telle fut sa commande. Le sultan prépara ces (objets). Il lui donna trois mille champions, quatre-vingts tambours et quatre-vingts trompettes et, en outre, un cercueil attaché avec de grandes chaînes. Le garçon prit ces (gens et ces choses) avec lui et, cette nuit-là, ils vinrent à la septième colline. Ils placèrent les quatre-vingts tambours autour de la plaine. Un joueur de tambour et un joueur de trompette entrèrent sous chaque tambour : ainsi cent soixante hommes se cachèrent. Le garçon leur dit : « Quand moi, du haut de la colline, je vous donnerai le signal, à ce moment commencez à jouer du tambour et de la trompette. Celui d'entre vous qui fuira, aussitôt je lui couperai la tête.» Sur ces mots, avec les trois mille champions, le garçon s'éloigna et se cacha. Quand ce fut midi, de nouveau les lions et les tigres entourèrent la grande pierre plate, puis le garçon vint et se coucha sur la pierre. Ils (le garçon et les fauves) ne prirent pas garde que des hommes étaient assis dans les tambours. Après une heure et demie, le garçon chasseur cria du haut de la colline et donna le signal aux joueurs de tambour. Les joueurs de tambour commencèrent à battre, les joueurs de trompette à sonner. Les lions et les tigres eurent peur et s'enfuirent. Le garçon nu se leva et se jeta sur les joueurs de tambour et sur les joueurs de trompette. Alors les trois mille hommes sortirent de la montagne et entourèrent le garçon. Celui-ci n'avait pas d'épée. Il se mit à frapper avec la main et, avec la main, mit hors de combat la moitié des trois mille hommes. Puis il fut fatigué, s'effondra et s'évanouit. Alors ils le lièrent avec les chaînes de fer et le mirent dans le cercueil de fer. Ils l'amenèrent ainsi au sultan. Le sultan fit ouvrir son trésor et distribua de l'argent aux pauvres. Il dit au garçon chasseur : « Ce (garçon) est sauvage, apprivoise-le. » Le garçon chasseur, nuit et jour, apprenait à parler au garçon sauvage. Pendant trois jours, il ne lui donna pas de nourriture. Le quatrième jour, il lui donna un peu de viande crue, (puis,) pendant trois jours encore, il le laissa ainsi (sans nourriture). Après (ces) trois jours, il cuisit de la viande et la lui fit manger, (puis,) de nouveau, pendant neuf jours, il le laissa à ce régime. C'est seulement alors qu'il put lui apprendre (les mots) : « Va, viens. » Le garçon chasseur pensa : « S'il a de l'intelligence, il ne fuira pas ; s'il n'en a pas, il fuira ; que je fasse un essai ! » Et il lui délia les mains. Le garçon ne s'enfuit pas. Quand il vit des hommes, il fut content. On le mena au hamam et on lui donna un bon bain. On le peigna joliment et on lui fit revêtir un vêtement d'homme. Le garçon (chasseur) envoya la nouvelle au sultan (et) lui dit : « Le garçon s'est apprivoisé, il ne s'enfuit pas. » De nouveau le sultan fit ouvrir son trésor et fit distribuer des pièces de monnaie aux pauvres. Le sultan adopta ce garçon (et,) comme il avait grandi avec les lions, il le nomma « Lionceau ». Le sultan avait un fils. Il le donna pour compagnon au Lionceau et l(es) envoya à l'école. L'école de ce lieu était sous terre : c'était, ainsi, sans voir le monde qu'on (y) étudiait. En un an, le garçon (sauvage) termina toutes les leçons et, quand il fut sorti de l'école, il alla trouver le sultan. « Père, lui dit-il, si vous faites la guerre à quelqu'un, avez-vous une épée et une massue ? » Le sultan lui donna la clef du trésor et lui dit : « Va, Lionceau, regarde (autour de toi). Il y a sept portes. Ouvres-en six (et) entre, (mais) n'ouvre pas la septième. » Le fils du sultan accompagna le garçon, ils allèrent, ouvrirent les portes et regardèrent les massues. Comme ils s'en retournaient, le fils du sultan se mit à pleurer : « Je t'en prie, ouvrons la septième porte. » Le Lionceau lui dit : « Comment est-ce possible ? Notre père nous a dit : 'Ne l'ouvrez pas', ne l'ouvrons pas. » Mais le garçon sauvage ne put résister aux larmes de son frère. Ils ouvrirent aussi la septième porte, et il dit à (son frère) : « Toi, va et regarde ; moi, je ne peux pas regarder. » Et il sortit dehors. Le fils (du sultan) entra. Une heure s'écoula. Comme il n'était pas (res)sorti, le Lionceau (se dit) : « Qu'est-il devenu ? », entra à l'intérieur et le trouva évanoui. Alors il apporta de l'eau, la lui versa sur la tête et le ranima. « Que t'est-il arrivé ? Pourquoi t'es-tu évanoui ? », lui demanda-t-il, et le garçon lui dit : « Pourquoi ne regardes-tu pas autour de toi ? Ne vois-tu pas quel beau portrait est suspendu (là) ? C'est en le voyant que je me suis évanoui. » Le Lionceau le gronda : « Est-ce qu'un homme s'évanouit pour ceci ? » Puis ils fermèrent la porte à clef et (res)sortirent. À partir de ce moment, le fils du sultan fut amoureux ·du portrait. « Y a-t-il vraiment une personne aussi belle ? », se disait-il, et il tomba dans la mélancolie. Il en devint malade. On lui amena des docteurs, on lui fit des médicaments, absolument rien n'y fit. Personne ne put comprendre ce qui lui était arrivé. Le Lionceau le comprit et le dit au sultan. Le sultan dit au Lionceau : « Cette jeune fille, moi aussi je l'ai aimée. » Le Lionceau lui demanda : « Y a-t-il (vraiment) au monde une personne aussi belle ? » Le sultan : « Que signifie (cet) 'y a-t-il' ? Cette jeune fille est toujours vivante, elle est la sœur des Divs. » Le Lionceau dit au sultan : « Si je vais et si j'amène cette jeune fille, qu'arrivera-t-il ? Toi et ton fils, vous êtes tombés amoureux d'elle, lequel de vous la prendra ? » Le sultan dit : « Quel sens y a-t-il pour moi à l'aimer, Lionceau ? J'ai maintenant cent ans. C'est dans ma jeunesse que j'étais tombé amoureux d'elle. Plût à Dieu que tu eusses pu l'amener (alors) ! Elle a trente-neuf frères. Tous sont des Divs grands et forts. » Le Lionceau demanda au sultan : « Toi, tu as vieilli. Est-ce que, eux, ils n'ont pas vieilli (aussi) ? » Le sultan lui (répon)dit : « Nous, c'est tout au plus pendant trois cents ans que nous tenons bon. Eux vivent trois mille ans. À présent, cette jeune fille n'a toujours l'air d'avoir que quinze ans. » Le Lionceau : « S'il en est ainsi, j'irai et je l'amènerai sans tarder », dit-il, et il commença à se préparer. Le sultan dit au garçon : « Je t'aimais. Maintenant, tu t'enfuis de moi, que ferai-je ? » Le Lionceau lui dit : « Je ne laisse(rai) pas mon frère dans l'inquiétude, je le sauverai. Ne t'inquiète pas, je (re)viendrai vite. » Le sultan fut consolé par ces paroles et lui donna la permission. On montra au Lionceau des chevaux pour qu'il les montât. Lui, il les essayait en leur passant la main sur les reins. Tous les chevaux sur lesquels il passa la main vacillèrent et se couchèrent. Une vieille femme emmena le Lionceau à un (certain) cheval et le lui montra. Quand il· passa la main sur ce cheval, celui-ci ne broncha pas et resta ferme comme fer. Le Lionceau monta ce cheval, trouva un bon cheval pour son frère et ils se mirent en route. Ils allèrent trois jours sans se reposer et arrivèrent devant une montagne. Sur cette montagne, il y avait un palais. « Qui habite à l'intérieur ? » (se) dit-il et il s'approcha. Une grande vieille femme était assise, le sein droit jeté sur l'épaule gauche et le sein gauche sur l'épaule droite. Alors le Lionceau alla et lui baisa les seins. À son frère aussi il les fit baiser. Ensuite il lui demanda : « Grand-mère, pourquoi es-tu assise ici ? » La vieille femme lui (répon)dit : « Je suis la mère des Divs. Mes sept fils sont allés aujourd'hui chercher du bois, ce soir ils (re)viendront. » Quand ce fut le milieu de l'après-midi, elle dit aux garçons : « Maintenant, mes fils vont rentrer. S'ils vous trouvent, ils vous mangeront comme des cerfs. Cachez-vous maintenant dans le coffre. » Et tous deux s'(y) cachèrent. Le lionceau rit en lui-même. Peu après, les Divs, avec de grands charmes posés sur (l'épaule), (re)vinrent à la maison. Aussitôt ils sentirent l'odeur d'homme et se mirent à chercher. Leur mère dit : « Dans la montagne, vous avez mangé de la chair d'homme et vous ne m'en avez pas apporté. C'est cette odeur que vous sentez. » (Mais) eux : « Non, mère, dirent-ils, nous n'avons rien mangé. C'est d'ici que vient l'odeur. » Et ils (re)commencèrent à chercher. Alors la vieille femme dit à ses fils : « Ceux qui sont venus sont vos frères. » Les Divs : « Non, mère, nous sommes sept frères, nous n'avons pas un frère de plus », lui dirent-ils. La vieille (reprit) :

« Avant d'épouser votre père, j'avais un autre mari. De lui, j'ai eu deux enfants. » Alors les Divs lui demandèrent : « Où sont-ils ? D'où sont-ils venus ? » Leur mère : « Ils sont à l'intérieur du coffre », dit-elle. Et les Divs ouvrirent le coffre. En premier, ils tirèrent le fils du sultan. Quand vint le tour du Lionceau, les sept frères ne purent le tirer. Alors le Lionceau : « Vous ne pouvez pas me tirer, que je sorte moi-même ! », dit-il. Et il sortit du coffre. Les Divs montrèrent à leur mère le fils du sultan : « Mère, celui-ci n'est pas notre frère ; c'est seulement celui qui est fort qui est notre frère. » Alors le Lionceau dit aux Divs : « Aucun de nous deux n'est votre frère. Nous avons bu le sein de votre mère, et (c'est ainsi que) nous sommes devenus (vos) frères. » À partir de ce moment, ils furent frères, et (les Divs) leur demandèrent : « Pourquoi êtes-vous venus ici ? » Le Lionceau leur (répon)dit : « Le roi des Divs d'ici a une fille. Nous sommes venus la prendre. Je la donnerai à mon frère. » Les Divs lui dirent : « Nous sommes installés ici à la première ligne (de garde). Tous les hommes qui sont venus jusqu'à nous, nous les avons tous tués, ils n'ont pu traverser notre ligne. Après nous, il y a encore trente-neuf lignes. » Le Lionceau : « Advienne que pourra, j'irai là-bas. Vous, enseignez-moi seulement le chemin », leur dit-il. Les Divs lui dirent : « Nous sommes devenus frères, maintenant. Vous ne pourrez pas (en) revenir, n'(y) allez pas, vous ne pourrez rien faire. » N'ayant pu faire revenir le Lionceau sur sa parole : « Viens, dirent-ils, essayons une fois nos forces ! » Le Lionceau leur demanda : « Viendrez-vous tous les sept à la fois ? » Les Divs lui dirent en riant : « Comment sera(it)-ce possible à sept ? » Le Lionceau appuya un pied sur le sol et leur dit : « Si, à vous sept à la fois, vous faites glisser mon pied du sol, je reviendrai (sur mon projet), ou, sinon, vous m'enseignerez le chemin. » Les Divs rirent et lui dirent : « Bon ! » Tous les sept à la fois l'attaquèrent par le pied, (mais) il s'agissait bien de le faire glisser ! Ils ne purent même pas l'ébranler. Alors les Divs : « Peut-être pourras-tu franchir les lignes de garde, mais tu ne pourras pas prendre la fille du sultan. Si, nous aussi, nous (y) allons, ils nous reconnaîtront », dirent-ils, et ils se mirent à parler. Le Lionceau :

« Enseignez-moi le chemin, ne pensez à rien d'autre », leur dit-il. Et ils se mirent en route. À la première ligne (de garde), il y avait sept Divs, quatorze à la seconde, vingt-huit à la troisième. (Les deux jeunes gens et les Divs) franchirent trente-neuf lignes et, quand ils approchèrent de la quarantième, il fit nuit. Les Divs le supplièrent : « Retournons maintenant, ne nous faisons pas tuer ! » Le Lionceau n'accepta pas. Alors ils lui enseignèrent le chemin et lui dirent : « En haut, en face de la colline, il y a un coq. Quand il vous verra, il chantera. Les sultans l'entendront, tous les trente-neuf frères sortiront sur le balcon. Ils vous aspireront avec leur souille et vous feront mourir. » Après lui avoir enseigné le chemin, ils s'en retournèrent. Les deux frères s'approchèrent du palais du sultan. Quand le coq eut chanté, les trente-neuf frères sortirent sur le balcon et, ayant vu les deux hommes, commencèrent à aspirer. Comme le fils du sultan s'envolait comme un oiseau, le Lionceau l'attrapa de la main et, lentement, ils s'approchèrent d'un arbre qui se dressait devant le palais. La coutume des Divs (était celle-ci) : ils faisaient la un (concours de) championnat avec qui s'approchait de cet arbre. Leur sœur (ne) devait sortir dehors (que) si ses frères étaient vaincus. (Mais) le Lionceau ne tira (même) pas son épée. Cassant à l'arbre une branche, c'est avec elle qu'il vainquit les trente-neuf Divs. La jeune fille (pensa) : « Il a vaincu mes frères avec une branche. Si je sors, il tirera l'épée. » Et elle s'effraya. Les Divs eurent peur du garçon et le traitèrent en frère. Ils l'invitèrent à la maison et lui firent manger des nourritures. Ensuite : « De tous ceux qui ont voulu venir ici, aucun n'a pu venir. Comment, toi, es-tu venu ? », lui demandèrent-ils. Le Lionceau leur dit : « Vous avez une sœur. Je la donnerai à mon frère. C'est pour la prendre que je suis venu. » Alors les Divs amenèrent la jeune fille, la donnèrent au fils du sultan, firent de grandes noces et les installèrent tous deux côte à côte dans une chambre. Ils dirent au Lionceau : « Nous ferons ici une fête pendant quarante jours et quarante nuits, pendant quarante jours et quarante nuits nous ne ferons que danser. »

Les autres sultans qui voulaient prendre la jeune fille furent jaloux de (l'heureux prétendant) et écrivirent aux Divs une lettre : « N'avez-vous pas honte ? Un garçon est venu, il vous a tous faits prisonniers et il vous a pris votre sœur. » Alors les Divs pensèrent : « Comment perdre ce garçon ? » Là, dans une montagne, il y avait un grand cerf. Quiconque allait là n'en revenait pas. Les Divs dirent au Lionceau : « Allons une fois chasser et donnons-nous le spectacle de ta chasse. » Le Lionceau et les trente-neuf Divs allèrent à la chasse. Ils arrivèrent à un carrefour. Deux (des) chemin(s) étaient grands et bons, un seul était resserré (fermé) et épineux. Le Lionceau (pensa) : « Si je vais à un bon chemin, ils diront que j'ai eu peur », et il dit aux Divs : « J'irai à ce chemin épineux. Quand nous reviendrons, retrouvons-nous ici. » Le Lionceau prit cette route. Il arriva au pied d'une grande colline qui paraissait de feu. Sur la colline, il n'y avait que des arbres secs. Du milieu montait une fumée. Le Lionceau (pensa) : « Peut-être y a-t-il là une pièce de gibier » et, quand il s'approcha, – c'était un cerf qui ressemblait à une colline. Les arbres secs étaient ses cornes et la fumée était son souffle. Le cerf vit le Lionceau. Celui-ci (pensa) : « Si j'ai à fuir, je ne peux pas fuir à cheval », descendit de cheval et, tirant son épée, s'approcha du cerf. Après s'être avancé jusqu'à portée d'épée, il abattit son épée de toute sa force sur la tête du cerf et lui coupa la tête, comme (on coupe) un concombre. Il prit la tête du cerf, monta à cheval et (re)vint au carrefour. Il y déposa la tête et monta sur les bois. En arrivant, les Divs virent un bouquet d'arbres au carrefour. Un des Divs était boiteux. Celui-là dit : « Il n'y avait pas là de bouquet d'arbres. Ce sont les bois du cerf. Vous avez joué un tour au Lionceau. Mais c'est lui qui a coupé la tête du cerf. Maintenant, quand nous nous en irons, je lui dirai tout ce que vous lui avez fait ! » Les Divs dirent : « Ne le lui dis pas ! » Et lui promirent tous les biens de leur père. Quand les Divs s'approchèrent du Lionceau, il leur dit : « Cette tête, c'est moi qui l'ai apportée jusqu'ici, dorénavant, portez-la, vous ! » Les trente-neuf Divs empoignèrent chacun un bois, mais ils ne purent la bouger. Le Lionceau prit la tête, et ils (re)vinrent au palais.

Les autres sultans, de nouveau, écrivirent une lettre aux Divs. Alors les Divs dirent : « Il y a encore une autre colline magique. Envoyons-le là une fois. Si cette fois encore nous n'avons rien pu faire, nous ne lui faisons plus rien ! » Quand il fit jour, les Divs dirent au Lionceau : « Aujourd'hui encore, allons à la chasse. » Et ils se mirent en route. De nouveau, ils arrivèrent à un carrefour. De nouveau, le Lionceau prit le chemin par où personne n'avait passé. Il franchit des collines rouges sans rien rencontrer. Sur une colline, il y avait un fossé. Le cheval s'approcha du fossé, (mais) tourna. Il s'approcha de nouveau et de nouveau tourna. La troisième fois, le Lionceau, le frappant du fouet, lui fit franchir le fossé, (mais tandis que) les pieds de devant du cheval dépassaient le fossé, ses pieds de derrière restèrent dedans, et aussitôt le cheval devint pierre. Le Lionceau lui aussi devint pierre au-dessous de la ceinture. La massue qui était suspendue à son épaule resta comme elle était (non pétrifiée). Un moment, le Lionceau se ·mit à pleurer : « Maintenant, les Divs vont manger mon frère... » (se) disait-il. Il y avait une fois une belle jeune fille et on l'enfouit là... Des quatre côtés, on creusa un fossé. (Tout) homme qui venait pour prendre la jeune fille devenait pierre. Après quelque temps, le Lionceau retrouva ses esprits, regarda ici et là, vit une pierre, et, sur la pierre, était écrit (ceci) : « L'homme qui viendra ici et sera pétrifié, s'il peut briser cette pierre-ci, son ensorcellement cessera et l'homme sera sauvé. » Le Lionceau tira sa massue et fit effort pour la brandir, (mais) parce qu'il était pierre au-dessous de la ceinture, il ne put bouger, ni la lancer. Il se reposa un peu, brandit sa massue et la lança contre la pierre. La massue tomba trop loin, mais roula sur la pente, et quand elle eut frappé la pierre, la pierre se brisa et l'ensorcellement cessa. Le Lionceau fut sauvé, la jeune fille enfouie aussi se ranima, les champions qui étaient venus pour prendre la jeune fille et qui étaient devenus pierres redevinrent hommes. Les champions, de nouveau, se mirent à se quereller à propos de la jeune fille, disant, celui-là : « (Elle est) à moi ! », celui-ci : « (Elle est) à moi ! » (Mais) le Lionceau fit asseoir la jeune fille sur son cheval et partit. « Un (des) champions dit : « Nous étions pierres ici, cet homme est venu, nous a sauvés. Pourquoi nous querellons-nous ? Qu'il soit notre sultan et que la jeune fille soit à lui ! » Le Lionceau s'approcha d'eux et leur dit : « Je ne suis pas venu ici pour cette jeune fille. Si vous la voulez, combattons, vous tous d'un côté, moi de l'autre. Celui qui pourra me vaincre, que la jeune fille soit à lui ! » Les champions n'acceptèrent pas : « Tu es notre sultan », dirent-ils. Et ils lui baisèrent la main. Ils étaient dix mille. Ils se rassemblèrent tous et vinrent au carrefour. Les Divs aussi (y) étaient venus et ils s'y rejoignirent tous. Les Divs promirent : « Nous ne jou(er)ons plus de mauvais tour au Lionceau ! » Ils envoyèrent leur plus jeune frère en avant à la maison et lui recommandèrent : « Qu'on prépare vite de la nourriture pour dix mille hommes ! »

Laissons-les sur le chemin du retour et, nous, (re)venons au fils du sultan et à la jeune fille. Après qu'ils se furent amusés dans la chambre, la jeune fille s'endormit. Un dragon aimait la jeune fille. Par magie, les Divs avaient transformé le dragon en homme et l'avaient suspendu dans une chambre par des fils minces. La jeune fille ne donnait à personne la clef de cette chambre (et) la cachait dans ses cheveux. Quand elle fut endormie, le fils du sultan trouva la clef et, (se disant :) « De quelle chambre est-ce donc la clef ? », il se mit à l'essayer (dans les diverses serrures). Arrivé à une certaine chambre, il l'ouvrit : il vit un homme, suspendu au plafond, qui gémissait. Il demanda : « Que t'est-il arrivé ? » L'homme suspendu lui (répon)dit : « Les Divs m'ont pris et m'ont suspendu ici. » Tandis que le garçon travaillait à le sauver, le dragon dit : « Tu ne pourras pas me sauver. Sous l'escalier de la chambre, il y a une épée rouillée. Coupe les fils avec cette épée. C'est seulement ainsi que tu peux me sauver. » Le garçon prit l'épée, l'apporta dans la chambre et coupa les fils. Aussitôt l'homme (re)devint dragon. Il donna un coup de queue au garçon et le fit s'évanouir. Il prit la jeune fille et l'emporta sept étages sous la terre. Quand les Divs entendirent que le dragon avait enlevé la jeune fille, ils se mirent à pleurer. Venons-en au plus jeune frère des Divs. Quand il fut venu au palais pour préparer la

nourriture, il entendit pleurer et demanda : « Que s'est-il passé ? »
Les Divs lui ayant dit qu'on avait enlevé la jeune fille, lui aussi se
mit à pleurer. Quand les (autres) Divs et le Lionceau arrivèrent, eux
aussi entendirent pleurer dans le palais. Ils y entrèrent en courant, et
on dit au Lionceau qu'on leur avait enlevé la jeune fille. Le Lionceau
fut très affligé et dit aux Divs : « Il faut absolument que je trouve ce
dragon. Je vous laisse mon frère, mes soldats et cette autre jeune
fille. Ne leur faites rien pendant quarante jours. Je vais risquer ma vie
pour votre sœur. Si je ne suis pas (re)venu avant quarante et un jours,
mangez-les si vous voulez ou, si vous voulez, laissez-les. » Les Divs
lui dirent : « Si (le dragon) était sur la terre, il ne nous échapperait
pas. (Mais) il est sous la terre et nous ne pouvons rien faire ; toi non
plus tu ne peux rien faire, retourne ! » Le Lionceau ne les écouta pas
et se mit en route. Un jour il s'approcha d'une grande colline rouge.
Jusqu'à ce moment, trente-sept jours s'étaient écoulés. Il pensa : « Si
je retourne, je ne peux plus arriver à temps. Que je monte une fois
sur cette colline, et advienne que pourra ! » Quand il fut monté sur la
colline, trois garçons se frappaient les uns les autres avec des bâtons.
Le Lionceau descendit de cheval, sépara les garçons et demanda :
« D'où êtes-vous venus ici vous frapper les uns les autres ? » Les
garçons dirent : « Notre père est mort : trois objets restent, nous ne
pouvons les partager. Deux d'entre nous mourront, les objets
resteront à l'autre. C'est pour cela que nous nous frappons les uns les
autres. » Le Lionceau demanda : « Quels sont ces trois objets ? » Les
garçons dirent : « Un fès, un bâton et une peau de mouton. » Le
Lionceau dit : « Partagez les trois objets, un à chacun. Pourquoi vous
battez-vous ? » Les garçons dirent : « Ces objets ne se séparent pas
les uns des autres. » Quand le Lionceau demanda : « A quoi servent
ces objets ? Pourquoi sont-ils inséparables ? » Les garçons lui
(répon)dirent : « Si tu coiffes le fès, personne ne te voit. Si tu tiens le
bâton et si tu t'assieds sur la peau, tu peux aller où tu veux. » Le
Lionceau prit trois bâtons et il les lança au loin, l'un à trois jours de
marche, le second à quatre jours, le troisième à cinq jours. Il dit aux
garçons : « Celui qui (r)apportera (le plus) tôt un bâton, les objets

sont à lui. » Il envoya les garçons pour (r)apporter le(s) bâton(s). Le Lionceau coiffa le fès, prit en main le bâton, s'assit sur la peau, dit : « Que je sois où est le dragon ! » et, en trois minutes, arriva au palais du dragon. La jeune fille, assise sur le balcon, disait : « Lionceau ! » et pleurait. Quand il vit que le dragon n'était pas (là), le Lionceau retira le fès de sa tête. Alors la jeune fille le vit et le reconnut. Le Lionceau lui demanda : « Où est le dragon ? » La jeune fille lui (répon)dit : « Le dragon n'est pas ici. Mais même quand il vient, il garde son âme cachée (en lieu sûr), elle n'est pas en lui. Même si tu le frappes, tu ne peux le faire mourir. » Alors le Lionceau dit à la jeune fille : « Quand le dragon viendra, je coifferai le fès, il ne me verra pas. Toi, pleure beaucoup. Quand il te demandera : 'Pourquoi pleures-tu ?', dis-lui : 'Tu m'as amenée dans un endroit où je n'ai personne. Si je meurs la première, ce n'est rien ; (mais) si tu meurs le premier, que ferai-je seule ici ?' » Quand le dragon vint, la jeune fille se mit à pleurer. Quand le dragon l'interrogea, elle lui (répon)dit comme le Lionceau le lui avait enseigné. Le dragon dit : « Tu ne vi(vra)s pas autant que moi… À quoi reconnaîtrai-je que tu ne dis pas un mensonge ? » La jeune fille dit : « Je ne dis pas de mensonge », et recommença à pleurer. Alors le dragon fut convaincu et apporta son âme. Il apporta trois petits oiseaux, comme des merles, assis dans une coupe d'or. Le dragon dit à la jeune fille : « Il viendra une année où il leur poussera de nouvelles plumes. L'année suivante, ils perdront leurs plumes, c'est alors que je mourrai. » Quand le dragon, ayant pris la coupe, fut pour l'emporter, la jeune fille recommença à pleurer. « Pourquoi pleures-tu ? », lui demanda le dragon. « Je suis tombée amoureuse de ton âme. Laisse-la avec moi pour une heure », dit-elle. Le dragon : « Je vais la laisser, dit-il, mais, si tu y portes la main, je ressentirai de la douleur. » La jeune fille : « Comment porterai-je la main sur ton âme ? dit-elle. Qui ai-je, d'autre que toi ? » Quand le dragon, laissant l'âme, fut parti, le Lionceau retira le fès, saisit l'âme, et la serra. Le dragon cria à la jeune fille : « Pourquoi y portes-tu la main ? J'ai mal ! » Quand il (r)entra dans la chambre, le Lionceau arracha la tête d'un des oisillons. Quand le dragon vit que le Lionceau était là, il se mit à supplier. Le Lionceau ne l'écouta pas et arracha la tête à tous (les oisillons). Il prit la jeune fille et, quand il (re)vint à la colline où les trois garçons se battaient, ceux-ci aussi commencèrent à arriver l'un après l'autre et apportèrent les bâtons au Lionceau. Le Lionceau leur dit : « Ceci ne peut être partagé autrement : je donnerai un (des objets) à chacun de vous. » À ces mots, les garçons lui dirent : « Les trois objets, nous t'en avons fait cadeau. C'est Dieu qui nous a envoyés, nous sommes tous les trois des anges », et ils disparurent. Le Lionceau installa son cheval et la jeune fille sur la peau. Le trente-septième jour, ils arrivèrent au palais des Divs. Ils restèrent là trois jours et, quand quarante jours exactement se furent écoulés, ils (re)vinrent à la maison du sultan. Le fils du sultan prit (en mariage) la sœur des Divs, et lui-même (le Lionceau) prit la jeune fille, plus belle que l'autre, qui avait été par magie enfouie dans la terre, et ils firent là des noces de quarante jours aussi.

Conté par Niyazi Ban à Istanbul en 1930
AT 516 + divers motifs empruntés à AT707 et AT 302.

45.
L'enfant du blé

Il y avait une fois une femme et un mari. Le mari coupait du bois et le vendait. La femme faisait le travail de la maison. Avec son mari, ils étaient très bien. Ils n'avaient qu'une tristesse, c'est qu'ils n'avaient jamais d'enfant. Un soir, la femme ne dormit pas. Jusqu'au matin, tout le temps, elle pria Dieu : « De grâce, donne-moi, à moi aussi, un enfant. » D'autre part, elle pleurait, et ainsi elle s'endormit. En songe, un vieillard barbu, de haute taille, vint. « Pourquoi pleures-tu, ma fille ? », lui demanda-t-il. La femme : « Oncle, jamais je n'ai d'enfant, c'est pour cela que je pleure », lui dit-elle. Le vieillard barbu : « C'est facile, lui dit-il. En te couchant avec ton mari, videz sous vous un sac de blé. De tous ces grains de blé vous naîtront des enfants. » Et il disparut. La femme retint bien cela. La nuit suivante, quand ils furent pour se coucher, elle et son mari, ils vidèrent sous leur lit un sac de blé. Au matin, de tous ces grains de blé, des enfants naquirent. Il y avait peut-être des enfants par milliers ! Ils se réunirent tous autour de l'homme. « Père, père, père… », disent-ils. Quand l'homme s'éveilla, il fut tout alarmé. Alors qu'il demandait un enfant, il lui en était né par milliers. De leur vacarme, sa tête fut comme criblée. Il saisit vivement un fouet et il écrasa (de coups) les enfants, aussi nombreux que des fourmis. « Je ne veux pas d'enfants comme vous », dit-il. Deux enfants s'étaient cachés, de peur. L'un d'eux s'était enfoui dans la cendre. « Père, je suis dans la cendre », criait-il. L'homme l'écrasa, lui aussi. Le second était monté au-dessus du plafond. Lui aussi criait : « Père, je suis au-dessus du plafond. » L'homme l'aurait écrasé, lui aussi. Seulement, il ne put monter au-dessus du grenier. C'est que l'enfant était de la taille d'un grain de blé. Il était entré dans un trou. Peu après, la colère de l'homme se calma. Il pria l'enfant du blé avec des mots gentils : « Je ne te tue(rai) pas, descends », lui dit-il. L'enfant descendit. L'homme lui prit la main et dit à sa femme : « Celui-ci est notre enfant. » Beaucoup d'années passèrent. L'enfant était comme il était, il ne grandit pas. Un jour, l'homme allait à la montagne pour couper du bois. Il dit à sa femme : « Comment mangerai-je le repas de midi ? Qui me l'apportera ? » L'enfant du blé s'éveilla et dit : « C'est moi qui l'emporterai. » Son père rit : « Toi, enfant grand comme une fourmi, comment m'apporteras-tu la nourriture ? » – « Ce n'est pas ton affaire, père, dit l'enfant, je l'emporterai. » Le père ne le crut pas. Il alla de nouveau à la montagne. Quand ce fut midi, sa mère fit le repas et appela le garçon : « Voici, comment emporteras-tu le repas ? », lui demanda-t-elle. Le garçon lui (répon)dit : « Mère, charge les mets sur un âne, et fais-moi m'asseoir aussi sur le bord de son oreille. » Sa mère fit ainsi. Lui et l'âne, ils se mirent en route. Le garçon était grand comme un grain de blé, mais il avait une voix comme un homme. L'âne (se) disait : « Il est mon maître », et suivait son chemin. En chemin, ils rencontrèrent deux hommes. Les hommes avaient grand faim. Quand ils regardèrent autour d'eux, il y a un âne et il n'a pas de maître ! Quand ils saisirent la nourriture, l'enfant poussa un cri aigu, avec une voix d'homme : « Pourquoi me prenez-vous la nourriture, voleurs ? » Les hommes eurent peur. Ils crurent que l'âne parlait et s'enfuirent. Le garçon alla ainsi auprès de son père. Quand son père regarda autour de lui, vraiment c'est son fils qui lui a apporté le repas ! L'homme se réjouit et embrassa son fils.

Pendant que son père mangeait le repas, l'enfant dit : « Que je me promène un peu ! », et se mit en chemin. Il se perdit dans les herbes. Il ne put aucunement (re)trouver son chemin. Une vache paissait par là. Elle avala le garçon aussi avec les herbes et, comme il n'était pas plus grand qu'une fourmi, il ne lui arriva rien (de fâcheux) dans le ventre (de la vache). La vache, quand ce fut le soir, alla à sa maison. On l'attacha dans l'étable. Pendant que la femme de la maison tirait le lait de la vache, le garçon l'entendit et cria de l'intérieur du ventre : « Sauvez-moi, j'étoufferai ici. » La femme crut que la vache parlait et, de peur, monta à la maison. Elle dit à ·son mari : « Hé homme, la vache parle ! » L'homme regarde sa femme en (se) disant : « Est-elle devenue folle ? » La femme : « Hé, homme, dit-elle, tu n'y crois pas ? Si tu n'y crois pas, descends à l'étable et regarde la vache. » L'homme dit : « Ma femme est vraiment folle. » Mais il descendit vers la vache. La vache est parfaitement normale ! Sa femme aussi était descendue : « Hé femme, dit-il, elle ne dit rien. » Et il alla et passa la main sur le ventre de la vache. Quand le garçon poussa un cri, l'homme sursauta et fit un bond en arrière. « Un djinn est entré dans la vache », (se) dit-il ; il saisit une hache, alla et coupa la tête de la vache. « Sa viande non plus ne se mange pas », dit-il ; il alla et la jeta quelque part sur une pente. L'enfant du blé, par aucun moyen, ne put sortir du ventre. Peu après, les loups vinrent et commencèrent à manger la vache. Le garçon comprit que c'étaient les loups, mais, de peur, il ne put dire un mot. Avec la chair de la vache, les loups avalèrent aussi le garçon. Le garçon (se) dit : « Je ne suis toujours pas sauvé. Est-ce que mon œil verra encore une fois mon père et ma mère ? » Et il pleure. Quand le ventre du loup (qui avait avalé le garçon) fut rassasié, il commença à marcher très lentement en direction de la montagne. Quand le loup passa devant la maison de l'enfant du blé, il s'approcha de l'étable. Le garçon comprit que c'était sa maison et, du ventre, appela très fort son père. Son père avait justement vu le loup. Avec une hache, il s'était mis en embuscade pour le loup. Quand le loup vint devant lui, il lui asséna un grand coup de hache. Le loup s'effondra et, du ventre, le garçon dit à son père : « Père, je suis dans le ventre du loup ! » Avec un couteau, l'homme fendit le ventre du loup. Il (re)tira le garçon. Après cela, le garçon se mit à grandir. C'est peut-être parce qu'il était dans le ventre du loup qu'il en fut ainsi. En trois ans, le garçon grandit et devint un homme énorme.

Conté par Muhsin Erol à Istanbul entre 1960 et 1964
AT 700

46.
C'ip'ut'ina

Il y avait un (certain) C'ip'ut'ina. Il était très pauvre. Il n'avait ni maison ni lieu. Il montait aux arbres des gens et ainsi il se rassasiait le ventre. Un jour, il était encore assis sur un poirier. Un homme des bois le vit. Il se mit à penser : « Comment manger cet homme ? » Il vint sous le poirier. «Comment t'appelles-tu ? », demanda-t-il à C'ip'ut'ina. « Je m'appelle C'ip'ut'ina »,lui (répon)dit-il. L'homme des bois dit : « Mon C'ip'ut'ina, C'ip'ut'ina, mets-toi debout sur une branche sèche, prends dans ta main une branche humide et jette-moi une poire. » Quand C'ip'ut'ina, voulant lui jeter une poire, posa son pied sur une branche sèche comme (l'autre) l'avait dit, la branche cassa et il tomba dessous. L'homme des bois prit C'ip'ut'ina et le fourra dans son outre de peau. Il le suspendit à son dos et se mit à aller à sa maison. En chemin, il fut pris d'une grosse envie. il posa l'outre de côté et dit : « C'ip'ut'ina, surtout ne sors pas de l'outre, je reviendrai tout de suite.» L'homme des bois alla au milieu d'un fourré de rhododendrons. Aussitôt C'ip'ut'ina sortit de l'outre et la remplit de chardons. Quand l'homme des bois (re)vint, il (re)prit l'outre sur son dos et se (re)mit en chemin. Les chardons s'enfoncèrent dans son dos. « C'ip'ut'ina, ne me pince pas le dos », dit-il. Les épines s'enfoncent de nouveau. « C'ip'ut'ina, je te dis de ne pas me pincer », dit-il. Il alla à sa maison, posa l'outre, et, quand il l'ouvrit, elle est pleine de chardons ! « J'ai laissé fuir C'ip'ut'ina », (se) dit-il et il revint sous le poirier. C'ip'ut'ina est encore assis sur le poirier. L'homme des bois : « C'ip'ut'ina, mets-toi sur une branche humide et prends dans la main une branche sèche. Jette-moi une poire », lui dit-il. C'ip'ut'ina avait le pied sur une branche humide et, voulant prendre dans sa main une branche sèche, il tomba. L'homme des bois le fourra de nouveau dans son outre et se mit à l'emporter. En chemin, de nouveau, il fut pris d'une grosse envie. « C'ip'ut'ina, il faut que je fasse mes besoins, surtout ne sors pas, je reviendrai tout de suite », dit-il, et il déposa l'outre. Lui-même entra dans un fourré de rhododendrons. C'ip'ut'ina de nouveau sortit de l'outre. Il ramassa des pierres et remplit l'outre, et lui-même s'enfuit. L'homme des bois (re)vint, (re)prit l'outre sur son dos et se (re)mit en chemin. L'outre était devenue très lourde. « C'ip'ut'ina, ne te fais pas si lourd, que t'est-il arrivé ? », lui dit-il. Peu après, de nouveau : « C'ip'ut'ina, ne sois pas si lourd, sois un peu léger ! », lui dit-il. Il alla chez lui et quand il regarda, c'est rempli de pierres ! « Ah, C'ip'ut'ina, ah ! m'as-tu encore échappé ? », dit-il. Il alla de nouveau au poirier. Maintenant encore, C'ip'ut'ina est perché là. Quand l'homme des bois lui parla comme la première fois, C'ip'ut'ina n'écouta pas. Alors l'homme des bois dit : « Je suis parti ! », et se cacha. C'ip'ut'ina crut qu'il était parti et descendit en bas. Alors l'homme des bois bondit hors (de sa cachette) et attrapa C'ip'ut'ina. Il le mit dans l'outre et se la suspendit (à l'épaule). Disant : « Qu'il me vienne une petite ou une grosse envie, je ne te lâche pas ! » Et il l'emmena à sa maison.

Georges Dumézil

Il l'enferma dans une chambre. Il appela sa femme et lui recommanda bien : « J'ai attrapé un homme ; cette nuit, coupe-lui la tête et fais-moi du *kavurma,* je le mangerai. Seulement il est très rusé, il t'échappera. En lui disant : 'Je vais te baigner', trompe-le et coupe-lui la tête. » C'ip'ut'ina entendit ces (paroles). L'homme des bois partit. Peu après, la femme fit chauffer de l'eau. Elle ouvrit la porte à C'ip'ut'ina. « C'ip'ut'ina, dit-elle, viens que je te baigne, tu t'es sali », lui dit-elle. C'ip'ut'ina dit : « Que je te baigne d'abord, ensuite tu me baigneras. » La femme (pensa) : « Il ne sait pas... » et accepta. « Viens, lave-moi », dit-elle. Prétendant la laver, C'ip'ut'ina coupa la tête de la femme et fit, de la femme, du bon *kavurma.* Ses seins, il les enveloppa de cendre et les attacha aux planches du plafond. Lui-même monta au-dessus des planches. Le soir, quand l'homme des bois (re)vint, il vit le *kavurma* prêt. « Quel bon *kavurma* il est devenu ! Et comme il est savoureux ! Mais où donc est ma femme ? », se dit-il à lui-même. Il appela sa femme. « Femme, où es-tu ? Viens vite, je ne t'attends pas », dit-il, et il commença à manger. Quand il eut un peu mangé, il comprit que c'était de la viande de femme. « Pourvu que ce ne soit pas ma femme ! », dit-il, et il regarda vers le haut. Aux poutres du plafond sont accrochés les seins de sa femme ! Et, au-dessus des poutres, C'ip'ut'ina est assis ! « C'ip'ut'ina, as-tu coupé la tête de ma femme ? », dit-il. « Oui », lui (répon)dit C'ip'ut'ina. L'homme des bois dit : « Mon C'ip'ut'ina, C'ip'ut'ina, comment es-tu monté là ? » C'ip'ut'ina dit : « J'ai mis aiguille sur aiguille, j'ai frappé mon derrière dessus et je suis monté en haut. » L'homme des bois mit aiguille sur aiguille et, quand il frappa son derrière dessus, l'aiguille pénétra et il poussa un grand cri. De nouveau : « Mon C'ip'ut'ina, C'ip'ut'ina, dis-moi vrai, comment es-tu monté là ? », dit-il. C'ip'ut'ina lui (répon)dit : « J'ai bien fait rougir au feu le gril, j'ai appliqué mon derrière dessus, et je suis monté. » L'homme des bois aussi fit bien rougir le gril et, quand il appliqua son derrière dessus, son derrière brûla. Cette fois encore il ne put monter en haut. « Mon C'îp'ut'ina, C'ip'ut'ina, dit-il, je t'en prie, dis-moi vrai, comment es-tu monté là-haut ? » C'ip'ut'ina dit : « J'ai répandu un *ténéké* de cendre par terre au milieu de la maison. J'ai versé dessus un *ténéké* de pétrole. J'ai mis un drap pour couvrir cela. Je me suis assis moi-même dessus. Quand j'ai mis le feu avec une allumette, je suis monté jusqu'en haut avec la flamme. » L'homme des bois fit comme (l'autre) avait dit. Il s'assit sur le drap et, quand il y mit le feu avec une allumette, (le feu) se propagea et il brûla tout entier. La maison et la ·place restèrent à C'ip'ut'ina. C'ip'ut'ina épousa une jeune fille et l'emmena à cette maison.

Conté par Muhsin Erol à Istanbul entre 1960 et 1964
AT 317 et motifs empruntés aux contes AT 1000-1199.

47.
Enesteni

Dans une maison, il y avait trois filles. La plus jeune des filles était très belle. Les aînées la jalousaient. Un jour, leur père allait à Istanbul. Les filles aînées commandèrent ce qu'elles voulaient. La plus jeune lui dit : « Moi, je ne veux rien. » Son père dit : « Pourquoi ne veux-tu (rien) ? Que je t'apporte à toi aussi quelque chose. » La fille : « (Une) seule (chose m'intéresse), Enesteni est à Istanbul. Vois-le une fois, je ne veux rien d'autre. » L'homme alla à Istanbul. Il fit d'abord son affaire. Il acheta les choses pour les filles aînées. Ensuite il chercha Enesteni. Ne l'ayant pas trouvé, il fit crier une annonce. Un jeune garçon vint. « Je suis Enesteni, dit-il, pourquoi me cherches-tu ? » L'homme s'étonna : « Pourquoi ma fille a-t-elle cherché ce garçon ? D'où donc le connaît-elle ? » Ce garçon était un jeune homme [de] péri. Ils étaient amoureux (l'un de l'autre), lui et la fille cadette. (L'homme) dit à Enesteni : « Ma fille te cherche. » Enesteni lui dit : « Donne ces cheveux à ta fille. Quand elle voudra, qu'elle les frotte l'un contre l'autre, alors j'irai. » Il les donna à l'homme.

Quand l'homme fut (re)venu à sa maison, il donna à chacune les choses qu'il lui avait achetées. À la plus jeune aussi il donna les cheveux. Il lui dit : « Quand tu les frotteras l'un contre l'autre, Enesteni viendra. » Ce fut la cadette qui se réjouit le plus. Les aînées se moquèrent d'elle : « Que feras-tu de cheveu(x) ? Comme si c'était quelque chose (de précieux) ! » La cadette, quand il fit soir, ferma à clef sa chambre. Elle frotta les cheveux l'un contre l'autre. Enesteni vint. Il passa son poignard sur la fenêtre, la fenêtre s'ouvrit, il entra. Il avait apporté un coffre. Tout ce qu'il y a de bonnes choses au monde était rangé là. Jusqu'à ce qu'il fît jour, ils s'amusèrent. Quand il fit jour, Enesteni partit. Les aînées furent stupéfaites. « Où a-t-elle trouvé tant de choses ? », dirent-elles. Ainsi, chaque soir, la cadette frotte les cheveux l'un contre l'autre. Enesteni vient, il lui apporte de bonnes choses. Jusqu'au jour ils s'amusent, il repart. Un jour les aînées attendirent. « Qui donc les lui apporte ? », dirent-elles et, le soir, elles virent Enesteni. Elles furent jalouses et elles firent de la magie à la fenêtre. Quand Enesteni vint et passa son poignard sur la fenêtre, le poignard se retourna et frappa Enesteni. « La jeune fille devait-elle me faire cela ? », dit-il, ·et, versant son sang, il s'en alla. Il ne revint plus.

La jeune fille eut de la peine. Elle fit coudre des sandales de fer, en outre elle prit en main une canne de fer. Elle se mit en route pour aller à Istanbul. Quand le soir la prit, elle se coucha au pied d'un aulne. Pendant la nuit, elle eut un rêve. Dans le rêve, Enesteni était gravement malade. Il était couché dans un hôpital. Il agonisait. Alors un vieillard vint. Il dit à la fille cadette : « Tu feras manger à ce malade le cœur d'un oiseau vivant. Alors il guérira. » Quand la jeune fille s'éveilla, le jour était venu. Elle se remit en chemin. En chemin, elle attrapa un oiseau. Quand elle fut arrivée à Istanbul, elle chercha l'hôpital. Elle trouva l'hôpital où Enesteni était couché. Enesteni étant en train de mourir, on ne laissait entrer personne (près de lui). La jeune fille ayant supplié beaucoup, ils la laissèrent entrer. Elle fit manger à Enesteni le cœur de l'oiseau. À l'instant, Enesteni guérit, et il épousa cette jeune fille. Les noces durèrent quarante jours et quarante nuits. Moi aussi j'étais là. Je portais de l'eau avec un crible et je servais les gens.

Conté par Muhsin Erol à Istanbul entre 1960 et 1964
AT 432

48.
Le crâne

Il y avait un vieux et une vieille. Ils étaient très pauvres. Comme le vieux partait pour la ville (m. à m. : le marché), la vieille lui recommanda : « Quand tu reviendras, apporte de la viande, Nous n'en avons pas pour faire à manger. » Le vieux alla à la ville. Quand il eut fait son affaire, il alla chez un boucher. « Donne-moi un peu de viande, dit-il ; nous n'avons rien à la maison pour faire à manger. » Le boucher lui demanda : « Pour combien d'argent, en veux-tu ? » Le vieux (répon)dit : « Je n'ai pas d'argent, donne m'en comme ça. » Le boucher dit : « La viande ne se donne pas sans argent. À moi, personne ne donne de vache sans argent. » Le vieux s'en retourna, mais, comme il s'en allait, le boucher eut pitié et l'appela : « Viens, si tu veux, il y a ici un crâne. Emporte-le, vous en ferez quelque chose. » Le vieux fut très content. Il revint sur ses pas, prit le crâne, et l'emporta à la maison. Lui-même alla à la montagne pour chercher du bois. La vieille mit de l'eau sur le feu dans un chaudron. Elle allait faire cuire le crâne et faire à manger. Quand elle regarda, il n'y avait plus de crâne. Elle chercha, chercha, et le trouva. Le crâne était entré dans un tiroir ! Elle le prit, et comme elle allait le jeter dans le chaudron, le crâne la supplia : « Ne me jette pas dans l'eau ! » – « Si je ne t'y jette pas, dit-elle, nous, qu'est-ce que nous mangerons ? Mon mari est au travail, il a faim. Quand il reviendra, que faut-il qu'il mange ? » Le crâne dit : « Si tu veux de la nourriture, prends-moi cette clef. Va et, avec elle, ouvre le tiroir. Il y a là beaucoup de nourriture, prends-la et mange. » La vieille lui prit la clef. Elle alla et ouvrit le tiroir. En vérité, il était plein de nourriture. Elle prit tout. Elle en mangea elle-même la moitié et laissa l'autre moitié au vieillard. Quand le vieux revint du travail, la vieille lui dit les propriétés du crâne. Le vieux se réjouit et dit : « Vieille, c'est Dieu qui nous l'a donné. » Ainsi, chaque jour, le vieux et la vieille mangent et vivent à l'aise.

Un jour, le crâne dit à la vieille : « J'épouserai la fille du sultan, va, demande-la. » La vieille était vêtue d'une vieille robe et elle n'en avait pas de neuve. Elle dit au crâne : « Comment irai-je ainsi ? » Le crâne : « Voici la clef du tiroir, dit-il, ouvre-le. Il y a là des vêtements comme tu veux, habille-toi et va. » La vieille lui prit la clef et ouvrit le tiroir. Il y avait pour elle des chaussures, des bas, une robe, une coiffure, un manteau. Elle prit tout et s'habilla. Elle alla au palais du sultan. Les hommes du palais crurent cette femme riche et la laissèrent entrer. La vieille alla auprès du sultan. Le sultan lui demanda : « Pourquoi es-tu venue ? Que veux-tu ? » La vieille dit : « Je veux ta fille. Je la donnerai à mon garçon. » Le sultan se fâcha. « Est-ce ainsi, comme on veut une vache, qu'on veut la fille du sultan ? », dit-il en lui-même, mais il n'en exprima rien. Il dit à la vieille : « Je donnerai ma fille à ton fils, mais tu lui feras une robe telle qu'elle tiendra dans une coque de noisette. Si tu ne peux pas la faire, ta tête est perdue. » La vieille dit : « Oui », s'en retourna et (re)vint à la maison. Le crâne dit : « Que s'est-il passé ? Est-ce que le sultan nous donne sa fille ? » La vieille : « Il nous la donne, dit-elle, mais il veut pour sa fille une robe qui tiendra dans une coque de noisette. Où la lui trouverons-nous ? Si nous ne pouvons la trouver, il me coupera la tête. » Le crâne dit : « Prends-moi cette clef et ouvre le tiroir. Il y a une robe comme veut le sultan, prends-la et porte-la lui. » La vieille prit la clef et ouvrit le tiroir. Elle prit la robe qui tenait dans une noisette et alla chez le sultan. Le sultan s'étonna : « Comment peut-il y avoir pareille chose au monde ? », dit-il en lui-même. Il dit à la vieille : « Je te dirai encore deux choses. Si tu peux les faire, je donnerai ma fille à ton fils. D'abord tu feras un palais d'or. Si tu as pu le faire, je te dirai ensuite la deuxième chose. » La vieille revint vite, vite à la maison. Elle dit au crâne ce qu'a(vait) dit le sultan. En l'espace d'une nuit, le crâne fit un palais comme voulait le sultan. La vieille alla de nouveau chez le sultan. Le sultan dit : « Comment avez-vous pu faire ceci en l'espace d'une nuit ? » La vieille (répon)dit : « Nous le faisons, ce n'est pas ton affaire. Nous donneras-tu ta fille ? Dis-le. » Le sultan lui dit : « Je vous demanderai encore une chose. Si vous pouvez me la faire, je vous donnerai ma fille. Entre ce palais que vous avez fait et mon palais, vous ferez un chemin d'or, et en outre une voiture d'or ; après cela ma fille est à vous. » La vieille (re)vint à la maison. Elle dit au crâne les choses qu'avait voulues le sultan. Le crâne les fit, elles aussi. Le sultan donna sa fille.

Le soir, le crâne devint un garçon. Jusqu'au jour ils s'amusèrent. Quand il fit jour, il redevint un crâne. La jeune fille demanda : « Pourquoi deviens-tu ainsi ? » Le crâne lui raconta alors les choses qui lui étaient arrivées : « J'étais le fils d'un sultan. Une sorcière était tombée amoureuse de moi. ' Épouse-moi', me disait-elle. Comme je ne l'épousais pas, elle m'enleva. 'Tu m'épouseras coûte que coûte',me dit-elle. Je ne l'épousai toujours pas. Alors elle me fit un enchantement et je devins ainsi. Depuis lors, la journée, j'ai l'apparence d'un crâne. » La jeune fille demanda : « Comment cet enchantement se détruira-t-il ? » Le crâne : « C'est pour cela que je t'ai épousée. Maintenant, tu iras trouver tes sœurs. Moi, je passerai devant toi, monté sur un cheval rouge. Toi, tu diras : 'Voilà, c'est lui mon mari.' Tes sœurs te diront : 'Tu as trouvé, tu as trouvé, et c'est (seulement) ceci que tu as pu trouver ?' Toi, tu diras : 'Dieu me l'a donné ainsi, qu'y puis-je faire ?' » La jeune fille lui (répon)dit : « Oui. » Quand il fit jour, la jeune fille alla trouver ses sœurs. Le crâne passa devant elle, monté sur un cheval rouge. La jeune fille dit à ses sœurs : « Voilà, c'est lui mon mari. » Ses sœurs dirent : « Tu as trouvé, tu as trouvé, et c'est ceci que tu as pu trouver ? » La jeune fille dit : « Dieu me l'a donné ainsi, qu'y puis-je faire ? Le lendemain, le crâne envoya de nouveau la jeune fille. De nouveau, il lui fit la même recommandation. Le crâne passa devant elles monté sur un cheval noir. La jeune fille dit : « Voilà, c'est lui mon mari. » Ses sœurs dirent : « Tu as trouvé, tu as trouvé, et c'est ceci que tu as pu trouver ? » La jeune fille dit : « Dieu me l'a donné ainsi, qu'y puis-je faire ? » Le troisième jour encore, le crâne l'envoya. Cette fois, il s'assit sur un cheval blanc et de nouveau il passa devant elles. Quand la jeune fille dit : « Voilà, c'est lui mon mari », ses sœurs dirent : « Tu as trouvé, tu as trouvé, et c'est ce crâne que tu as trouvé ? » Ce que le crâne lui avait recommandé sortit de l'esprit de la jeune fille. Quand elle dit : « Ce n'est pas du tout un crâne, c'est un homme véritable », le crâne s'enfonça de sept étages sous (la terre).

La jeune fille dit : « Je trouverai mon mari », et, toute pleurante, le poursuivit. Mais elle ne put descendre sept étages sous (la terre). Elle monta à un arbre, sur une plaine. « Je ne descendrai pas d'ici jusqu'à ce que le crâne vienne », disait-elle. Alors trois colombes vinrent à l'arbre en volant. Deux jouent, la troisième, toute renfrognée, reste perchée. Alors la jeune fille appelle la (troisième) colombe : « Quelle peine as-tu ?, dit-elle. Toi aussi, es-tu peinée comme moi ? » Alors la colombe vint en volant vers la jeune fille et devint le crâne. Il dit à la jeune fille : « Pourquoi as-tu parlé ainsi (à tes sœurs) ? » La jeune fille dit : « (Ta recommandation) m'est sortie de l'esprit et je l'ai dit involontairement », et elle pleura. Le crâne lui dit : « Je te donnerai une lettre. Porte-la à ta grande sœur. Surtout, en chemin, ne la donne à personne. » Et il lui donna la lettre. La jeune fille dit : « Oui », et se mit en chemin. Cette sorcière (qui avait transformé le garçon en crâne) rencontra la jeune fille. « Ta grande sœur est devenue div, dit-elle. Surtout n'y va pas, elle te mangera. Donne-moi (la lettre) et que, moi, je la porte. » La jeune fille lui (répon)dit : « C'est impossible, mon mari m'a recommandé de ne la donner à personne, je la porterai moi-même. » Alors la sorcière transforma en mosquée le cheval sur lequel était assise la jeune fille, et la jeune fille aussi en minaret. Quant à elle-même, elle se transforma en un homme noir. (Cet homme noir) monta au minaret et, pendant qu'il faisait l'appel à la prière, disant : « Dieu est grand… », le crâne vint, pareil à une fumée noire. Il transforma la mosquée en un arbre, la jeune fille en une mer, et lui-même se transforma en un serpent. L'homme noir eut peur (de la mer) et commença à monter à l'arbre. Le serpent se tint devant lui. L'homme noir dit : « Va-t'en de devant (moi), serpent, je me noie, je monterai à l'arbre ! » Le serpent mordit l'homme et le jeta dans la mer. Quand l'homme fut noyé, le sortilège fut détruit et l'arbre (re)devint le cheval, la mer la jeune fille, et le serpent l'homme (qu'il était) véritable(ment).

Conté par Muhsin Erol à Istanbul entre 1960 et 1964
AT 425 A

49.
La chèvre justicière

Il y avait une femme et un mari. Ce mari, d'une autre femme, avait une fille. Et cette fille était mariée. La femme, en l'absence de son mari, introduisait dans la maison un autre homme. Elle faisait les meilleurs mets pour son amant. Un jour, son mari lui dit : « Je t'apporte de très bonnes provisions, pourquoi, toi, ne me fais-tu pas de bonne nourriture ? Où portes-tu ces provisions ? » La femme lui dit : « Ta fille vient secrètement, et elle prend et emporte tout ce qu'elle trouve. Voilà pourquoi je ne peux pas te faire de bonne nourriture. » L'homme se mit en colère et : « Ma fille me laisse affamé. Je vais maintenant lui apprendre ! », dit-il. Et, prenant une hache, il partit pour tuer sa fille. Quand il arriva à la maison, sa fille lui ouvrit la porte en riant : « Mon père, dit-elle, comme tu as bien fait de venir, je m'ennuyais de toi. » Son père, tout en colère, lui dit : « Je suis venu te tuer. » La fille rit de nouveau : « Tu es mon père. Tu peux me tuer si tu veux, tu peux me faire du bien si tu veux. Maintenant tu as faim. Rassasie-toi et, après cela, tu me tueras », lui dit-elle. Elle mit une marmite dans les fers qui sont devant le foyer, et, dessous, elle plaça une chandelle. Son père, de son côté, s'assit pour attendre que la nourriture fût cuite, et il parla avec sa fille. La fille comprit que sa marâtre l'avait chargée d'un(e accusation) mensong(èr)e. Elle savait qu'elle recevait un amant chez elle. Son père demanda à manger. « Pourquoi n'est-ce pas encore cuit ? », dit-il. Il alla et, quand il regarda, cela cuit avec une chandelle ! Il se tourna vers sa fille et dit : « Cela cuit-il avec une chandelle ? qu'est-ce que tu fais ? » Et sa fille : « Si, moi, je vais prendre les provisions chez vous, ceci aussi cuit avec une chandelle ! », dit-elle. Et elle appela une chèvre. Quand la chèvre fut venue, elle lui dit : « Chèvre, ma chèvre, ouvre-toi et répands des mets, je ferai manger de la nourriture à mon père. » La chèvre ouvrit son ventre en deux et fit sortir des mets des meilleures sortes. Son père mangea avec plaisir et : « Quelle bonne chèvre tu as ! Donne-la moi et je ne te tuerai pas », lui dit-il. La fille : « Naturellement (même sans ta menace), je te l'aurais donnée, dit-elle. Elle te dira qui mange tes provisions. » Et elle donna la chèvre à son père.

Quand il revint chez lui, sa femme vint aussitôt à sa rencontre. « Quelle nouvelle ? As-tu tué ta fille ? », lui demanda-t-elle. « Non, dit l'homme, elle m'a donné cette chèvre et m'a convaincu. » – « Misérable, âne, dit la femme, est-ce qu'un homme se laisse convaincre pour une chèvre ? » Elle cria, pleura. L'homme : « Pourquoi pleures-tu ? C'est une très bonne chèvre, elle nous fera manger les mets que nous voudrons », lui dit-il, et il la fit taire. Entre-temps le soir était venu. Il appela la chèvre et lui dit : « Chèvre, ma chèvre, ouvre-toi et fais-nous manger des mets ! » La chèvre produisit des mets et les fit manger. La femme se réjouit. En elle-même : « Avec elle, je ferai manger de la nourriture à mon amant », disait-elle. Après le repas, l'homme alla au café. Aussitôt l'amant entra dans la maison. Pour commencer, il demanda à manger. La femme appela la chèvre et lui dit : « Ma chèvre, chèvre, ouvre-toi et fais-nous manger des mets. » La chèvre ne l'écouta pas. Quand la femme l'appela une seconde fois, la chèvre ne l'écouta pas davantage. Comme elle ne l'écoutait pas une troisième fois, la femme entra dans une grande colère et, à peine pris un bâton, elle donna un grand coup à la chèvre. Le bâton colla à la chèvre, et la femme aussi colla au bâton. Elle se débattit, se débattit, elle ne put se dégager. L'amant ayant voulu l'aider, lui aussi colla à la femme. Peu après, la femme du voisin vint demander une corde. Alors la femme de la maison la supplia : « Que toutes les cordes soient à toi, sauve-moi (d')ici !... » La femme du voisin ayant voulu l'aider, elle aussi colla à elle. Elle gigota, gesticula, elle ne put se dégager. À ce moment, le berger du village passait, ils l'appelèrent : « De grâce, sauve-nous (d')ici ! » Le berger aimait la femme du voisin. Il entra dans la maison et lui dit : « Si tu me laisses t'embrasser une fois, je t'aiderai. » La femme consentit. Le berger, ayant voulu aider la femme, lui colla par les lèvres. Par aucun moyen il ne put se dégager. Cependant, le mari de la femme, au café, se vantait : « J'ai une chèvre comme ceci... » Personne ne le croyait. Alors l'homme envoya un enfant à sa maison : « Va, dit-il, amène-moi ma chèvre. » L'enfant alla à la maison et dit à la chèvre : « Ton maître t'appelle. » La chèvre dit : « Dois-je aller avec mes accessoires ou dois-je aller seule ? Va et demande. » L'enfant alla au café et dit à l'homme comme avait dit la chèvre. L'homme, supposant que le mot « accessoires » signifiait les mets, dit : « Qu'elle vienne avec ses accessoires. » L'enfant alla et dit à la chèvre : « Il t'appelle avec tes accessoires. » La chèvre alla au café en traînant les femmes et les hommes. Les gens furent stupéfaits, ils coupèrent la tête aux femmes et aux hommes. Alors la chèvre dit : « Ma tâche est finie. Maintenant tu sais ce que te faisait ta femme. Je vais retourner chez mon vrai maître. » Et elle s'en alla.

Conté par Muhsin Erol à Istanbul entre 1960 et 1964
AT 571

50.
La fille-chèvre

Une femme ne pouvait pas avoir d'enfant. Elle dit : « Que j'aie un enfant, même si ce doit être une chèvre ! » Peu après, elle eut une fille. En vérité, l'enfant était une chèvre. Se disant : « Dieu me l'a donnée ainsi », elle soigna bien l'enfant et l'éleva. Un jour (que) la femme lavait des vêtements, la chèvre s'approcha. « Mère, tu es fatiguée. Donne-moi, que je lave pour toi », dit-elle. La femme s'étonna. « Ma petite, lui dit-elle, comment peux-tu laver ? » La fille : « Ce n'est pas ton affaire, je laverai pour toi, donne-moi », dit-elle. La femme lui demanda : « Comment laveras-tu ? » La fille dit : « Lie les vêtements dans un baluchon, mets aussi du savon à côté, suspends-moi (cela) à une corne. À la seconde corne, suspends-moi la cuvette. » La femme, comme avait dit la fille, lui pendit les vêtements et le savon à une corne et lui pendit la cuvette à l'autre. La fille-chèvre alla à la rivière. Elle disposa la cuvette et le baluchon ; elle-même, en se débattant, rejeta sa peau d'animal. Quand elle fut sortie de sa peau d'animal, c'était une très belle fille. Elle commença à laver les vêtements.

À ce moment, le fils d'un sultan était à la chasse. Son chemin était tombé à cette rivière. Quand il vit là la fille-chèvre, il devint amoureux d'elle. Il s'assit au bord (de l'eau) et se mit à attendre la jeune fille. Il (se) disait : « De qui donc est-elle la fille ? » La fille-chèvre lava les vêtements, les attacha en baluchon. Elle les suspendit à une (de ses) corne(s) et, à l'autre corne, elle suspendit la cuvette. Quant à elle, elle revêtit la peau d'animal. Elle alla vers sa maison à quatre pattes. Le fils du sultan faisait bien attention à tout. Quand il eut appris (où était) la maison de la jeune fille, il alla trouver son père. « Il y a là-bas une fille-chèvre, je la prendrai, allez, demandez-la », dit-il. Le sultan dit : « Que feras-tu d'une chèvre ? Si tu aimes le lait, que je te prenne une vache. » Le jeune homme : « Non, père, dit-il, je la ferai ma femme. » Le sultan dit : « Ah ça, es-tu devenu fou ? » Est-ce que tu feras une chèvre ta femme ? Ta raison s'est-elle envolée ? » Le garçon dit : « Non, père, ma raison ne s'est pas envolée. Je l'épouserai, je ne comprends rien d'autre. » Le jeune homme avait des sœurs, elles aussi se dressèrent : « Tu es notre frère unique, dirent-elles. N'as-tu pas pu trouver de jeune fille, (que) tu ailles épouser une chèvre ? Nous, dirons-nous 'belle-sœur' à une chèvre ? » Le jeune homme : « Je ne comprends rien (d'autre). Vous m'amènerez cette fille-chèvre », dit-il. Le sultan et ses filles le supplièrent beaucoup, mais rien n'y fit. « Il n'y a rien à faire », dirent-ils, et ils lui amenèrent la fille-chèvre et la firent leur bru. La fille-chèvre, le soir, entre dans la chambre de son mari, rejette sa peau d'animal et se couche près de lui. Ils s'amusent trois ou quatre heures. Ensuite, elle rentre dans la peau et se couche.

Deux mois après, c'étaient les noces de la fille du vizir. Les belles-sœurs de la fille-chèvre y allèrent. Elles commencèrent à pleurer : « Si, nous aussi, nous avions une vraie belle-sœur, nous la prendrions avec nous », dirent-elles. Et elles partirent. Le fils du sultan se mit à la supplier : « Je t'en prie, retire ta peau d'animal et revêts de bons vêtements. Cette nuit, allons aux noces. Je ne peux aller seul, j'ai honte. » La fille-chèvre, d'abord, ne consentit pas. Mais elle ne put résister aux prières de son mari et retira sa peau d'animal. Elle revêtit les plus beaux vêtements de femme. Avec son mari, bras dessus, bras dessous, ils allèrent aux noces. Tout ce qu'il y avait d'yeux dans les noces s'arrêta sur eux. Les sœurs du garçon étaient dans l'étonnement : « Qui donc est avec notre frère ? » La fille-chèvre et le garçon vinrent à la table des belles-sœurs. D'après la conversation de la jeune fille, les belles-sœurs comprirent qu'elle était la fille-chèvre. Alors le garçon leur dit ce qu'il en était : « Elle n'a d'une chèvre que la peau, elle-même est une jeune fille, comme vous voyez. » Peu après, la belle-sœur aînée se leva discrètement et (re)vint à la maison. Elle jeta la peau d'animal de sa belle-sœur au milieu du feu : « Qu'elle ne puisse plus la revêtir et reste comme un être humain », (se) dit-elle. Après les noces, ils (re)vinrent à la maison. La fille-chèvre chercha sa peau. Ne l'ayant pas trouvée, elle se mit à pleurer : « Où est ma peau ? » disait-elle. Sa grande belle-sœur dit : « Qu'en feras-tu ? Je l'ai brûlée. Tu es plus belle comme ceci, reste ainsi. » La fille-chèvre, toute pleurante, dit : « Hélas, as-tu (vraiment) brûlé ma peau ? Si je ne l'ai pas, mon souffle se resserre. Je ne résiste pas douze heures », et elle commença à trembler. La grande belle-sœur s'était repentie, mais il n'y avait rien à faire. La fille-chèvre, toute tremblante, mourut.

Conté par Muhsin Erol à Istanbul entre 1960 et 1964
AT 402

51.
Pantoufle-Rouge

Il y avait une femme dans une maison. Cette femme avait deux filles. Ces filles n'étaient pas du tout belles. Il y avait encore une fille dans cette maison. Cette fille était d'une autre femme. Sa mère et son père étant morts, les gens de cette maison l'avaient prise avec eux. C'était une très belle fille. Les autres filles étaient jalouses d'elle. Partout où il y avait un travail, elles le lui faisaient faire. Elles-mêmes allaient aux noces, aux invitations. Elles se vêtaient des plus beaux habits. Elles ne faisaient rien pour la plus jeune fille. Celle-ci s'asseyait près du foyer et pleurait tout le temps. Un jour, le sultan devait marier son fils. Pour choisir (parmi) toutes les filles du village, il fit une grande invitation. Il envoya des hérauts dans tous les endroits. Les hérauts crièrent la proclamation : « Le fils de notre sultan se mariera. Il choisira une des jeunes filles qui viendront cette nuit au palais. Ne manquez pas de venir ! » Les deux filles de cette maison se préparèrent bien. Elles allèrent à l'invitation.
Pendant ce temps, la plus jeune resta à la maison. « Pourquoi ne m'ont-elles pas emmenée ? », disait-elle en pleurant. Alors il se fit un grand bruit dans la maison. « Qu'est-ce donc ? », dit (la jeune fille) et, quand elle regarda, une femme aux vêtements verts est à l'intérieur ! « Qui es-tu ? Que cherches-tu ici ? », demanda-t-elle. La femme (en) vert lui dit : « Pourquoi pleures-tu. Je suis venue pour m'informer de cela. » La jeune fille dit : « Cette nuit, il y a une

invitation du fils du sultan. Il choisira une des jeunes filles qui iront à l'invitation et épousera cette jeune fille.» Et elle recommença à pleurer. La femme en vert lui dit : « Ne pleure pas, ma petite. Toi aussi, moi, je t'emmènerai là-bas. » La jeune fille : « Comment m'emmèneras-tu ?, dit-elle. Je n'ai pas d'autre robe que ce vêtement déchiré. Que revêtirai-je ? Que mettrai-je à mes pieds ? Et elle pleure. La femme : « Ne t'inquiète pas, lui dit-elle, je te ferai (tout) cela. Simplement, apporte-moi une courge, deux souris et deux noix.» La jeune fille se leva, apporta le(s) noix et la courge et dressa un piège pour les souris. Au bout de peu de temps, deux grandes souris furent prises. Elle les prit aussi et les porta à la femme en vert. La femme tira un fouet de sa poche et, quand elle fouetta les souris, elles devinrent des chevaux. Elle coupa en deux la courge et, quand elle la frappa, elle devint une bonne voiture. Quand elle cassa en deux les noix, elles devinrent (une paire de) jolies pantoufles. De l'intérieur d'une noix aussi elle tira une belle robe. Toutes ces choses avaient la couleur jaune. Quand la femme frappa des mains, un cocher surgit. Elle fit asseoir la jeune fille dans la voiture : « Ma petite, maintenant, va. Seulement, quand il ne restera plus qu'une heure avant qu'il fasse jour, (re)viens à ta maison. Sinon, ces choses redeviendront souris, courge, noix, (et) toi tu resteras là-bas (seule et dépouillée) », lui recommanda-t-elle. Assise dans la voiture, la jeune fille alla au palais. Les gens furent dans l'étonnement. « De qui peut bien être cette belle jeune fille ? », se demandaient-ils l'un à l'autre. Le fils du sultan, lui aussi, était tout le temps empressé auprès de cette jeune fille. Une heure avant le jour, la jeune fille monta en voiture et (re)vint à la maison. Aussitôt la voiture et les chevaux disparurent. Peu après, les autres jeunes filles (re)vinrent. Elles se disaient l'une à l'autre : « De qui était donc cette jeune fille ? Ah, c'était une très belle chose ! Le fils du sultan ne regardait pas d'autre jeune fille qu'elle. Mais il n'a pas pu apprendre de qui elle était la fille. À cause de cela, cette nuit-ci encore, il fera une invitation et, sûrement, il découvrira qui est cette jeune fille. » Quand vint le soir, les deux jeunes filles allèrent encore (à la fête). La plus jeune resta assise à la maison. De nouveau, la femme en vert vint. Cette fois encore, d'une courge elle fit une voiture, de noix elle fit des pantoufles et un vêtement. Seulement, cette fois, tout était vert. La jeune fille alla de nouveau (à la fête). De nouveau, le fils du sultan ne s'éloigna pas d'elle. « De qui es-tu la fille ? Avec qui es-tu venue ? », lui demanda-t-il. Elle ne répondit à aucune question. Simplement, elle lui sourit. Au point du jour, elle revint à sa maison. Le fils du sultan était tombé très amoureux, il devenait fou. Il fit encore une invitation. « Cette fois, quoi qu'il arrive, je ne la lâche pas ! » disait-il. Cette fois encore, chaque jeune fille alla (à la fête). La jeune fille aussi, cette fois, y alla avec une voiture rouge, une robe rouge et des pantoufles rouges. Le fils du sultan la tint par la main : « Cette nuit, lui dit-il, je ne te lâche pas. Quoi qu'il doive m'arriver, je t'aime. » La jeune fille, de nouveau, ne prononça pas un mot. Quand il ne resta qu'une heure avant le jour, la jeune fille se leva. Le garçon lui tint la main et ne la lâcha pas. La jeune fille se débattit, se débattit, elle ne put lui faire lâcher prise. « Dans peu de temps, se disait-elle, mes vêtements disparaîtront », elle eut peur, elle pleura. Quand le fils du sultan vit ses larmes, elles lui firent lâcher prise. Aussitôt, la jeune fille s'élança comme une flèche et s'enfuit. Pendant qu'elle descendait l'escalier, les pantoufles quittèrent ses pieds. Quand elle sortit dehors, le temps était passé. La voiture avait disparu. Elle-même, avec ses vieux vêtements, alla à la maison en courant.

Quand le fils du sultan voulut la poursuivre, il vit les pantoufles rouges. Il appela le vizir. « Promène-toi, lui commanda-t-il, la jeune fille au pied de qui ira cette pantoufle, amène-la moi ici. » Le vizir avec (ses) hommes, se promena de maison en maison. La pantoufle n'alla à aucune jeune fille. Quand ils vinrent à la maison de ces (femmes), la femme montra d'abord sa fille aînée. Ils lui essayèrent (la pantoufle), elle ne lui alla pas. (La mère) leur amena sa seconde fille, à elle non plus (la pantoufle) n'alla pas. « As-tu une autre fille ? », lui demandèrent-ils. « Je n'en ai pas », leur dit-elle. En sortant dehors, une jeune fille attira le regard du vizir. Quand il se retourna, une jeune fille sale est assise près du foyer. Il demanda à la femme : « De qui est-elle la fille ? » La femme répondit : « Que feras-tu de celle-là ? Elle ne sort pas hors du foyer. » Le vizir dit : « Amène-la moi aussi, je la regarderai aussi. Le sultan m'a donné ordre ainsi. » La femme lui amena cette jeune fille. Quand ils lui mirent la pantoufle, elle lui alla bien ! Tous furent dans l'étonnement. Le vizir ne pouvait y croire. Il la lui fit chausser une deuxième fois, de nouveau (la pantoufle) lui alla. Il prit (la jeune fille) et l'emmena au fils du sultan. Le fils du sultan lui fit faire des vêtements comme ceux qu'elle portait à l'invitation. Il épousa cette jeune fille, il fit des noces de vingt jours et de vingt nuits.

Conté par Muhsin Erol à Istanbul entre 1960 et 1964
AT 510A

52.
La belle-fille persécutée

Il y avait une fois une femme qui avait deux filles. Une des filles était sa belle-fille. Elle ne traitait pas du tout bien sa belle-fille. 4 Elle la battait tout le temps. Elle lui faisait faire tous les travaux. Elle faisait asseoir sa propre fille près d'elle dans la chambre. Elle lui apportait les meilleurs vêtements. Cette fille était orgueilleuse, personne ne lui plaisait. Elle battait toujours l'autre fille. La femme n'apportait rien du tout à sa belle-fille. Elle la laissait à moitié affamée. Elle ne lui plaisait toujours pas : « Toi, ma calamité, pourquoi es-tu venue au monde ? Si tu pouvais mourir et que je sois délivrée ! », lui disait-elle. Un jour, il faisait un mauvais hiver. La neige était tombée et avait rempli le pays. La femme appela sa belle-fille et lui dit : « Viens, vilaine ! Tu n'es bonne à rien. Ma fille désire des fraises. Va vite, ne (re)viens pas à la maison avant d'avoir trouvé des fraises. » Elle savait bien elle-même qu'en cette saison il ne pouvait y avoir de fraises. Mais elle cherchait un prétexte pour jeter dehors sa belle-fille. La jeune fille dit en pleurant : « Ma mère, où puis-je trouver des fraises maintenant ? » – « Cela ne me regarde pas, dit la femme. Ou tu apporteras des fraises, ou je ne te laisserai pas entrer dans la maison. » Elle lui fit prendre à la main un petit panier et ferma la porte sur elle.

La malheureuse fille se mit en route, tout en larmes. Elle alla, elle alla, le soir tomba. Elle vit une maison pareille aux cabanes d'autrefois. Quand elle frappa à la porte, une vieille femme sortit. La vieille était tellement sale qu'elle était toute (couverte de) poux. La jeune fille fut écœurée, mais ne dit pas un mot. La vieille femme fit entrer la jeune fille. Elle la fit asseoir près du foyer. Elle lui dit : « Ma petite, épouille-moi. » La jeune fille l'épouilla. Il y avait de l'eau chaude. Elle donna un grand bain à la vieille. Elle lui nettoya son lit, elle lui balaya la maison. Quand elle eut lavé partout, elle se coucha. Quand il fit jour, elle se leva tôt. La vieille femme aussi s'était levée. « Je m'en vais », dit la jeune fille, et, comme elle partait : « Qui es-tu ? Que cherches-tu dans cette neige ? », lui demanda la vieille. La jeune fille dit : « Ma belle-mère veut des fraises. Jusqu'à ce que j'apporte des fraises, elle ne me laisse pas rentrer à la maison. » Cette vieille était une femme [de] péri. Elle eut pitié de la jeune fille. Elle lui dit : « Tu es une très bonne fille, tu m'as nettoyé partout. J'ai douze fils. Chaque garçon tient la clef d'un mois. Le mois dont tu veux un fruit, ils tourneront la clef de ce mois et ils te donneront (le fruit). » Elle lui enseigna aussi l'endroit où étaient ses fils. La jeune fille alla, alla et rencontra une maison. Cette maison était celle des douze garçons. Quand elle frappa à la porte, un homme sortit. Quand il lui demanda : « Que cherches-tu ? », la jeune fille lui dit : « Je cherche des fraises. » Ils l'introduisirent dans la maison. « Nous avons l'étage d'en haut à balayer, balaye-le donc pour nous », dirent-ils. La jeune fille saisit le balai et balaya complètement, en une minute. Quand elle (re)descendit, le garçon de Mai se leva et s'approcha d'elle. « Tu es une très bonne fille, lui dit-il ; tu as un bon cœur. Quand tu sortiras dehors, nettoie la neige à l'endroit que tu voudras, tu trouveras des fraises. » Le garçon d'Octobre lui dit : « Quand tu pleureras, que des figues soient suspendues à tes yeux ! » Et celui d'Avril : « Quand tu riras, que des fleurs s'ouvrent sur tes joues ! » La jeune fille sortit et, quand elle nettoya la neige, des fraises apparurent. Elle les cueillit toutes et emplit son panier. Pendant qu'elle revenait à la maison, elle rencontra la vieille de la veille. Elle passa la main sur la tête de la jeune fille et lui dit : « Chaque fois que tu te laveras la tête, que des pièces d'or ·en tombent pour toi ! »

La jeune fille (re)vint à la maison. Sa belle-mère, quand elle vit les fraises, fut dans l'étonnement. La jeune fille aussi était devenue tellement belle qu'elle éblouissait les yeux de la femme. Quand elle riait, des fleurs s'ouvraient sur ses joues. Quand elle pleurait, des figues pendaient (de ses yeux). En plus, de sa tête, il lui tombait des pièces d'or. « Qui t'a rendue ainsi ? », lui demanda la femme. La jeune fille lui dit tout ce qui lui était arrivé. La femme en fut contente. En elle-même, elle (se) disait : « Maintenant, j'enverrai aussi ma fille aux fraises, elle aussi deviendra aussi belle. » À sa fille aussi elle fit prendre un petit panier et elle l'envoya aux fraises. Cette (jeune fille) aussi, quand le soir la surprit, elle alla à la maison de la vieille femme. La vieille la fit entrer chez elle. La jeune fille dit : « Fi, quelle sale chose tu es ! Les poux grouillent sur toi, surtout ne te frotte pas à moi ! N'était l'obscurité, je ne resterais pas ici ! » Et elle ne laissa pas la vieille s'approcher. La jeune fille attendit le jour, assise. Quand le soleil se leva, elle se remit en route. À force d'aller, elle rencontra une maison. Cette maison était celle des douze garçons. Quand elle frappa à la porte, ils sortirent et lui demandèrent : « Que cherches-tu ? » Ces garçons non plus ne plurent pas à la jeune fille. « Est-ce que cela vous regarde, ce que je cherche ? », dit-elle. Les garçons lui dirent : « Nous avons, en haut, à balayer, balaie donc pour nous. » La jeune fille : « Est-ce que je suis votre domestique ? Je suis venue chercher des fraises, je ne suis pas venue pour balayer une chambre », dit-elle, et elle ne les écouta pas. Alors les garçons lui dirent : « Balaie la neige dehors et tu trouveras des fraises. » Pendant qu'elle sortait, un des garçons lui fit une malédiction : « Quand tu pleureras, qu'un scorpion soit suspendu à tes yeux ! » Et un autre : « Quand tu riras, que des vers sortent en masse de tes joues !» Quand la jeune fille balaya la neige, ce n'était que serpents. Elle eut peur et s'enfuit à sa maison. En voyant sa mère, elle eut un petit rire. Ses joues se couvrirent de vers. Quand elle vit cela, elle commença à pleurer. Aussitôt un scorpion fut suspendu à ses yeux. Quand sa mère, tout effrayée, voulut ôter le scorpion, celui-ci lui mordit la main. Il mordit aussi sa fille (et) toutes deux moururent. La maison resta à la seule belle-fille.

Conté par Muhsin Erol à Istanbul entre 1960 et 1964
AT 431

53.
« De crochet en crochet... »

Il y avait une jeune fille. Quand sa mère fut morte, son père se remaria, il lui amena une marâtre. Sa marâtre avait une fille du même âge et, elle aussi, elle l'avait amenée, mais c'est à cette (fille orpheline) qu'elle faisait faire tous les travaux. Chaque jour, elle la battait (et), à force de pleurer, cette enfant dépérissait. La fille de la marâtre menait une fort bonne vie. Un jour sa marâtre lui donna du chanvre et l'envoya mener la vache paître. « Jusqu'à ce que cette vache soit rassasiée, tu fileras ce chanvre et tu feras un écheveau », dit-elle. Que pouvait faire la jeune fille ? Elle alla au pré. Elle pleura, elle pleura. Alors la vache : « Donne-moi le chanvre par la bouche et prends les fils par mon derrière, dit-elle. De nouveau, donne-moi les fils par la bouche et prends l'écheveau par mon derrière.» Et la jeune fille fit manger à la vache le chanvre qu'elle avait, (et) elle tira les fils du derrière. Les fils aussi, elle les lui fit manger par la bouche, (et) elle fit sortir l'écheveau du derrière. Quand la vache fut rassasiée, (la jeune fille) (re)vint à la maison. Sa marâtre s'étonna. « Comment a-t-elle pu faire autant d'ouvrage ? » (se) dit-elle.
Cette nuit-là, elle donna deux *ténéké* de maïs à la jeune fille. Elle l'envoya au moulin dans l'obscurité. « Surtout ne (re)viens pas avant d'avoir moulu cela », dit-elle. La jeune fille, de nouveau toute

pleurante et toute effrayée, alla au moulin. Elle savait qu'il y avait dans le moulin des djinns en grand nombre. (Mais) si elle n'y allait pas, elle recevrait des coups de bâton. Quand elle pénétra dans le moulin, les djinns dansaient. Ils lui dirent : « Toi aussi, viens et dansons. » La jeune fille dit : « Je n'ai pas de chaussures, je ne peux pas danser avec ça. » Les djinns dirent : « Si nous t'apportons des chaussures, est-ce que tu danseras ? » – « Je danserai », dit la jeune fille. Les djinns allèrent et (r)apportèrent une (paire de) chaussures à la jeune fille. « Viens, dansons maintenant », dirent-ils. La jeune fille dit : « Je n'ai pas de bas », les djinns allèrent et lui (r)apportèrent des bas. La jeune fille dit : « Je n'ai pas de robe », et ils lui apportèrent aussi une robe. « Je n'ai pas de coiffure », dit-elle, et ils lui apportèrent cela aussi. La jeune fille fait ainsi passer le temps, elle fait apporter chaque chose une à une. Les djinns lui apportèrent les choses qu'elle voulut, comme un peigne, un miroir, un manteau. Quand ils firent lever la jeune fille pour danser, un coq chanta. Le jour était venu, les djinns disparurent. La jeune fille moulut son maïs et alla à sa maison. Elle emporta aussi les choses que les djinns lui avaient apportées. De nouveau sa marâtre s'étonna. « Où as-tu trouvé ces choses-là ? », dit-elle. La jeune fille lui dit ce qui lui était arrivé. La méchante femme lui prit de force ces choses aussi.

« Maintenant, que ma fille aille une fois, ils lui (en) donneront à elle aussi », (se) dit-elle. À sa fille aussi elle donna du maïs et elle l'envoya au moulin. Quand (la jeune fille) sortit de la porte, elle (lui) recommanda : « Demande-leur beaucoup de bonnes choses. » Quand la jeune fille fut allée au moulin, à elle aussi les djinns dirent : « Viens, dansons. » La jeune fille dit : « Apportez-moi des chaussures, une robe de soie, une coiffure, un manteau de fourrure, et je danserai. » Les djinns lui apportèrent tout ce qu'elle a(vait) voulu et la prirent avec eux. Ils dansaient très vivement. La jeune fille disait : « Je suis fatiguée, j'ai mal. » Les djinns ne l'écoutèrent pas. À force de danser, ils mirent la jeune fille en morceaux et suspendirent (les morceaux) à des crochets.

Sa mère s'inquiéta : « Pourquoi n'est-elle pas encore (re)venue ? Est-ce que par hasard il lui est arrivé quelque chose ? » Elle leva la fenêtre et l'appela : « Ayşe, Ayşe ! » Les djinns lui crièrent en réponse : « Ton Ayşe, - de crochet en crochet, de cuisse en cuisse ! » La femme ne put y tenir, elle alla au moulin. Quand elle vit sa fille suspendue aux crochets, elle se mit à hurler. En disant : « Qu'avez-vous fait à ma fille ? », elle se précipita sur les djinns. Les djinns la mirent elle aussi en morceaux et suspendirent (les morceaux) à des crochets. Ils recommencèrent à danser. De crochet en crochet, de cuisse en cuisse…

Conté par Muhsin Erol à Istanbul entre 1960 et 1964
AT 431

54.
« Dini, dini dans le lac… »

Il y avait deux jeunes filles. Elles étaient absolument sans personne. Pendant qu'elles buttaient le maïs, elles virent un serpent. L'aînée eut peur et s'enfuit. La cadette donna un grand coup de pioche au serpent, le serpent devint un jeune homme. Il épousa la jeune fille. Ils eurent deux enfants. Leurs enfants grandissent très bien. Personne n'avait épousé l'aînée. Elle était jalouse de la cadette. « Elle a un mari et des enfants, moi je n'ai rien », disait-elle. Un jour, elles allèrent toutes deux au moulin. Près du moulin, il y avait un lac. L'aînée dit : « Quels beaux poissons il y a dans ce lac ! » La cadette dit : « Eh bien, que je les voie donc ! » et, quand elle regarda, l'aînée la poussa par-derrière et la jeta dans le lac. Comme la cadette allait se noyer, un grand poisson l'avala. L'aînée revint seule chez elle. Le fils, enfant (de sa sœur), demanda : « Où est (notre) mère ? » L'aînée : « Ta mère s'est noyée, dit-elle. Dorénavant, ta mère, c'est moi, tu me diras 'mère' », lui dit-elle. L'enfant pleura, pleura, et finit par s'endormir. En rêve il vit un vieil homme. Le vieillard lui dit les choses qui étaient arrivées à sa mère. Quand l'enfant s'éveilla, il prit tout ce qu'il trouva de nourriture et alla au lac. Il jette une à une les nourritures dans le lac. Il dit : « *Dini dini* dans le lac, dans le ventre de ma mère… » Il va ainsi chaque jour, verse de la nourriture dans le lac et dit : « *Dini dini* dans le lac, dans le ventre de ma mère… » Son père s'en inquiéta : « Que fait ainsi l'enfant ? », (se) dit-il. Un jour il demanda à l'enfant : « Que fais-tu ainsi ? » L'enfant dit : « Je verse de la nourriture à ma mère. » L'homme dit : « Maintenant, ta mère existe-t-elle ? Tu n'es pas un enfant, ne fais plus pareille chose, cela ne nous plaît pas. » L'enfant dit : « Il y a là-bas un grand poisson ; si tu me l'attrapes, je ne le ferai plus. » L'homme, pour faire plaisir à l'enfant, alla au lac. Il attrapa le grand poisson et l'apporta à l'enfant. L'enfant fendit le poisson et retira sa mère. Tous se réjouirent. Ils chassèrent la fille aînée de la maison. Après cela, ils n'eurent plus aucune peine.

Conté par Muhsin Erol à Istanbul entre 1960 et 1964
AT 450

55.
Les objets merveilleux

Jadis un homme avait trois fils. Un jour, l'homme se fâcha pour quelque chose et les chassa tous les trois. Tous trois suivirent, suivirent un chemin. Quand ils arrivèrent à un carrefour, l'un dit : « Prenons ce chemin » ; le second : « Prenons le chemin du milieu » ; et le troisième : « Prenons le chemin d'en haut. » Aucun n'écouta aucun. Ils s'engagèrent chacun sur un chemin différent.
Commençons d'abord par l'aîné. L'aîné suivit, suivit (son chemin) et fut pris par la nuit. Il s'arrêta devant une maison. Il frappa à la porte et dit : « J'ai été pris par la nuit, recevez-moi comme hôte. » On l'introduisit dans la maison. Il leur raconta ce qui lui était arrivé. Seulement il ne dit pas que son père l'avait chassé de la maison. Le maître de maison eut pitié et le mit en apprentissage chez un menuisier. Le second fils aussi, comme lui, devint hôte dans une

maison. Le maître de cette maison, lui aussi, le mit en apprentissage dans un moulin. Quant au plus jeune, comme les autres, il devint hôte dans une maison. Le maître de maison le donna à un magasin. Ces garçons travaillèrent trois ou quatre ans. Ils satisfirent leurs maîtres. Les garçons n'avaient pas de nouvelles les uns des autres, et ils ne pouvaient recevoir de nouvelles de leur père.

Un jour, l'aîné (se) dit dans son cœur : « Combien d'années il y a que je n'ai pas vu mon père et que je n'ai pas de nouvelles de mes frères ! Que j'aille donc à ma maison. La colère de mon père est maintenant calmée, il me permettra d'entrer dans la maison. » Il prit la permission de son maître et se disposa à partir vers sa maison. Comme il (re)venait (chez lui), son maître lui dit : « Combien d'années il y a que tu travailles près de moi ! Tu n'as pas de fausseté. Je te donnerai une table. Avec cette table, tu mangeras la nourriture quand tu voudras. Quand tu auras faim, pose la table. Dis : 'Ouvre-toi, ma table, ouvre-toi !' Les nourritures dont tu auras envie seront en abondance pour toi sur la table. » Ainsi lui recommanda-t-il. Le garçon fut content. Il baisa la main de son maître et partit de là. Il chemina jusqu'au soir. Quand le soir le prit, il entra dans un han. Il s'assit sur un côté. Les autres hommes mangeaient. Ils appelèrent ce garçon. Ce qu'ils mangeaient ne plut pas au garçon. Ils mangeaient tous de l'oignon et du pain de maïs. Certains avaient du fromage. Le garçon dit : « Vous avez peu de nourriture. Mangez avec moi, moi j'ai beaucoup de nourriture. » Les hommes rirent. Le garçon plaça la table au milieu. Aucun des hommes ne s'en approcha. « Un garçon (qui n'est lui-même pas plus grand qu'une) bouchée, quelle nourriture nous servira-t-il à manger ? », disaient-ils. Quand le garçon dit : « Ouvre-toi, ma table, ouvre-toi ! », la table se remplit de toutes sortes de nourritures. Les hommes furent dans l'étonnement. Tous vinrent à la table. Ils mangent, ils mangent, mais la nourriture ne finit aucunement ! Les hommes se rassasièrent pleinement. Quand ce fut le temps de se coucher, ils se couchèrent tous. Pendant la nuit, le patron du han se leva et vola la table au garçon. À sa place, il posa une autre table qui lui ressemblait. Quand il fit jour, le garçon se leva. Il régla le compte au patron. Il prit le chemin de sa maison. Il arriva à sa maison avant le soir. Son père fut très content. Car il s'était repenti. Il dit à son fils : « Comme tu as bien fait (re)venir ! J'étais resté tout seul. Que faisais-tu jusqu'à présent ? Que m'as-tu apporté ? » Le garçon dit : « Jusqu'à présent, j'étais en apprentissage chez un menuisier, je t'ai apporté une table. Et il donna à son père la toute petite table. Son père la tourna et la retourna, elle ne lui plut pas. « Quel avantage a-t-elle ? dit-il. J'en aurais fait une meilleure. Mais ça ne fait rien... » Le garçon dit : « Non, mon père, cette table est très bonne. Avec elle, tu peux manger les nourritures que tu veux. » Son père dit : « Comment pourrons-nous manger ? » Le garçon : « Tu verras maintenant », dit-il, et il plaça la table. Il dit : « Ouvre-toi, table, ouvre-toi ! » La table reste la table qu'elle est. Aucune nourriture ne vient. Son père rit et lui dit : « Soit, soit, mon fils, nous avons de quoi manger. Que tu sois (re)venu, c'est le meilleur cadeau. » L'enfant eut grand honte. Il comprit que le patron du han l'avait volé. Son père lui ouvrit un atelier et il commença à exercer le métier de menuisier.

Le second fils, comme son aîné, disait : « Combien d'années y a-t-il que je n'ai pas vu mon père et que je n'ai pas de nouvelles de mes frères ! La colère de mon père est maintenant calmée. Si je vais à la maison, il sera content. » Il le dit à son maître. Son maître dit : « Combien d'années y a-t-il que tu travailles près de moi ! Tu es un très bon garçon. Je te donnerai un tout petit moulin. Ce moulin produit de l'or. » Le garçon prit le moulin et se mit en route. Il chemina un peu de temps. Il n'avait pas du tout d'argent dans sa poche. « Que je regarde une fois le moulin. En même temps, il me viendra de l'argent pour mes dépenses », dit-il. Il tourna la manivelle du moulin et des pièces d'or sortirent. Il prit les pièces d'or et se remit en route. Il vint au han où était venu son frère. Il entra et demanda de la nourriture. Le patron du han exigea de l'argent. Il tourna la manivelle du moulin et donna (au patron) les pièces d'or qui sortirent. Le patron S'étonna : « L'autre jour, la table ; maintenant le moulin à or. Quelles espèces de choses il y a au monde ! » (se) dit-il en lui-même. La nuit, quand ils furent couchés, il

vola aussi ce moulin. Il mit un autre moulin à sa place. Quand le
garçon s'éveilla, il se leva, prit son moulin et alla à sa maison. Son
père se réjouit : « Comme tu as bien fait de venir, dit-il, je me
languissais de toi. Que faisais-tu jusqu'à présent ? Que m'as-tu
apporté ? » Le garçon dit : « Jusqu'à maintenant, je travaillais dans un
moulin. Je t'ai apporté un tout petit moulin », et il donna le moulin à
son père. Son père dit : « Hé mon petit, est-ce que je suis un enfant,
(pour que) tu m'apportes un jouet ? » Le garçon : « Père, ce n'est pas
un moulin comme tu en connais, celui-ci produit de l'or », dit-il, et il
tourna la manivelle du moulin. Rien ne se répandit. Son père rit et mit
son fils apprenti dans un moulin. Ces deux garçons comprirent que
c'était le patron du han qui avait fait ce qui leur était arrivé. Ils
écrivirent une lettre à leur frère cadet. Ils lui dirent ce que leur avait
fait le patron du han et (ajoutèrent) : « Si tu peux faire quelque chose,
reprends-lui nos objets. »
Quand le cadet eut reçu la lettre de ses aînés, il dit (ce qu'elle contenait) à
son patron. Son patron lui donna un maillet. « Avec ce maillet, dit-il, tu
peux frapper qui tu veux. Dis : 'Viens, mon maillet, viens !' 134 Où qu'il
soit, il vient et frappe l'homme que tu veux. Rien ne peut le retenir.
Jusqu'à ce que tu dises : 'Arrête-toi, mon maillet, arrête-toi !' il ne
s'arrête pas. » Le garçon, tenant dans sa main le maillet, se mit en
chemin. Il vint au han où étaient venus ses frères. Le patron lui
demanda : « Qu'est-ce que tu tiens dans ta main ? » Le garçon dit : « Je
tiens une très bonne chose. Avec cela, je fais tout ce que je veux au
monde. Que je frappe une fois (avec ce maillet), si je veux, de la
nourriture se répand ; et si je veux, de l'or ; si je veux d'autres choses.
Tout ce qu'il y a au monde, avec ce maillet je le fais venir à mes pieds »,
dit-il, et il trompa le patron du han. Le patron dit : « Comment le fais-tu
venir ? Fais venir quelque chose, que je voie. » Le garçon dit : « À
présent, je ne veux rien, pourquoi lui ferais-je apporter quelque chose ? »
Cette nuit-là, quand il fut couché, le patron du han vint en cachette. Le
garçon ne s'était pas endormi, il avait fermé les yeux pour tromper. Le
patron du han vint tout doucement, prit son maillet, et quand il eut mis
un autre maillet (à sa place), le garçon dit : « Viens, mon maillet,

viens !» et aussitôt le maillet rossa le patron du han. Le patron s'enfuit, s'enfuit, il ne fut pas sauvé (des coups) du maillet. Il revint trouver le garçon : « De grâce, dit-il, délivre-moi. » Le garçon dit : « Tu as volé un moulin et une table à mes frères aînés. Donne-les moi et je te délivrerai. » Le patron du han était tout en sang. Il alla et lui apporta ces (deux choses). Le garçon dit : « Est-ce faux ? », et il regarda les deux objets. Comme ce n'était pas faux, il dit : « Arrête-toi, mon maillet, arrête-toi ! » Le maillet s'arrêta. Le garçon mit dans son sac la table, le moulin et le maillet et, avant le soir, il alla à sa maison.

Son père, en le voyant lui aussi, se réjouit. Comme il avait demandé aux autres, à lui aussi il demanda : « Où étais-tu jusqu'à présent ? Que faisais-tu ? Que m'as-tu apporté ? » Le garçon dit : « Je t'ai apporté un maillet. » Son père dit : « Hé mon fils, que puis-je faire d'un maillet ? À quoi sert-il ? » Le garçon dit : « Père, avec ce maillet, je bats qui je veux. Si je dis : 'Viens, mon maillet, viens !' il s'en prend à l'homme que je veux et lui donne une bonne rossée. » Son père rit. « Cela ne fait rien, mon enfant, dit-il ; que tu sois venu, c'est le meilleur de tout. » Tandis qu'ils parlaient, un créancier vint à la maison. Il demanda de l'argent et dit des « gros mots ». Quand le garçon dit : « Viens, mon maillet, viens ! » ce maillet s'en prit au créancier. Il battit le créancier jusqu'à ce qu'il s'évanouît. Alors son père le crut. Le garçon dit : « Père, les autres frères ne t'ont pas dit de mensonge. J'ai ici leur moulin et leur table. Le patron d'un han les avait volés et je les lui ai (re)pris », et il donna la table et le moulin à ses frères aînés. L'aîné prit la table et, quand il dit : « ouvre-toi, ma table, ouvre-toi ! », toutes sortes de nourritures se disposèrent sur la table. Leur père fut dans le plus grand étonnement. Ils mangèrent et se rassasièrent bien le ventre. Le second fils tourna la manivelle du moulin, et (le moulin) répandit des pièces d'or. Leur père ne se tenait plus de joie. Ils invitèrent tout ce qu'il y avait de voisins et les rassasièrent bien. Ils donnèrent à chacun une poignée d'or et firent une réjouissance de quarante jours et quarante nuits.

Conté par Muhsin Erol à Istanbul entre 1960 et 1964
AT 563

56.
Le sorcier et son apprenti

Un homme avait un fils. Il voulut faire apprendre un métier à son fils. Mais il ne savait pas à qui le donner comme apprenti. Il n'y avait personne dans ce village qui sût un métier. L'homme prit son fils avec lui. « Sans doute trouverai-je quelqu'un et je te mettrai chez lui en apprentissage », lui dit-il. Le fils et le père se mirent en route. Ils allèrent, ils allèrent ; quand ils furent fatigués, ils s'assirent auprès d'une source et soupirèrent : « Of ! » Aussitôt un homme vêtu de noir surgit : « Pourquoi m'avez-vous appelé ? », leur dit-il. L'homme : « Qui t'a appelé » ? lui dit-il. « Je n'ai appelé personne. » L'homme (en) noir lui demanda : « Il y a un instant, n'as-tu pas dit 'Of !' ? » Cet homme répondit : « Comme j'étais fatigué, j'ai dit 'Of !' Je ne savais pas que 'Of' était ton nom. » L'homme en noir s'assit près d'eux. Ils commencèrent à parler. L'homme qui cherchait un métier dit à l'(autre) homme les choses qu'il voulait. L'homme en noir : « Donne-moi ton fils en apprentissage, dit-il. Je lui apprendrai mon métier. » Cet homme se réjouit. Aussitôt il lui donna le garçon. Lui-même se sépara d'eux et alla chez lui.

L'homme en noir et le garçon allèrent, allèrent, allèrent, ils entrèrent dans une maison pareille à un château. L'homme en noir savait un métier (qui consistait en ce qu') il devenait tout ce qu'il voulait, c'est-à-dire qu'il devenait oiseau (et) volait, il devenait chien (et) aboyait, il devenait arbre, il devenait pierre, il devenait toutes les sortes de choses qu'il y a au monde. Il commença à apprendre ce métier au garçon. Un jour, le garçon se promenait dehors. Il vit une vieille femme. La vieille lui dit : « Mon enfant, je t'en prie, emmène-moi jusque chez moi. » Le garçon lui prit la main et la mena chez elle. La vieille : « Tu es un très bon enfant, dit-elle. Ton maître est un mauvais homme. Les apprentis qui sont venus avant toi, il les a tous fait mourir. Il ne veut pas que personne apprenne son métier. Quand les apprentis eurent appris le métier, aussitôt il les a tués. Mon petit, quand tu auras appris le métier, ne le lui laisse surtout pas savoir ! »

Ainsi lui recommanda-t-elle. Le garçon apprit vite le métier, mais il ne le laissa pas savoir à son maître. Tout ce qu'il lui demandait, il le faisait à l'envers. L'homme se mit en colère et jeta le garçon dehors. Le garçon devint oiseau et, en volant, alla à la maison de son père. Il tomba dans le giron de son père et redevint garçon. Son père fut dans l'étonnement. Il ne put dire un mot. Le garçon lui raconta tout. Son père se réjouit.

L'homme en noir entendit que son apprenti a(vait) appris le métier. Il entra dans une grande colère. « Je tuerai le garçon », dit-il, et il vint dans ce village. Il poursuit sans cesse le garçon. Quand le garçon vint de son côté, il devint un ours. Quand il voulut le manger, le garçon devint une pierre. Alors l'homme devint un marteau de tailleur de pierre, (et) le garçon devint de l'eau. L'homme devint une vache, le garçon devint un oiseau et s'envola. L'homme en noir devint un faucon et le poursuivit. Le garçon vola, vola, vola, il vit une jeune fille qui peignait ses cheveux. Il devint une fleur et tomba dans le giron de la jeune fille. Aussitôt l'homme en noir redevint un homme et vint près de la jeune fille : « Cette fleur est à moi, donne-la moi », lui dit-il. La jeune fille ne la lui donna pas. Comme l'homme voulait l'enlever de force, le garçon devint froment. L'homme en noir devint une poule et, quand il voulut manger le froment, aussitôt le garçon devint chacal et avala la poule. Il prit la jeune fille avec lui et alla à la maison de son père. Il épousa la jeune fille, ils firent des noces de quarante jours et quarante nuits.

Moi aussi j'étais là. Je vous apportais de bons mets. En chemin, des chiens m'ont rencontré. J'ai eu peur et je leur ai versé tous les mets. J'ai fui et je suis (re)venu.

Conté par Muhsin Erol à Istanbul entre 1960 et 1964
AT 325

57.
Hizir

Un sultan fit proclamer par le crieur : « Quiconque m'amènera Hizir, je lui donnerai une pelletée d'or.» Qui peut trouver Hizir ? Personne ne vint chez le sultan pour le chercher. Seul un pauvre homme vint. « Moi, je trouverai Hizir, dit-il. Seulement, je n'ai pas d'argent. Donne-moi une poignée d'or, que j'utiliserai en chemin.» Le sultan lui donna l'or qu'il demandait et l'expédia. Il ne donna permission à l'homme que jusqu'à quarante jours. S'il ne l'amène pas, sa tête sera perdue. L'homme alla, il s'assit tranquillement dans sa maison. Avec l'or qu'il avait, il acheta de bonnes choses pour lui et pour sa femme. Un peu plus tard, sa femme dit : « Hé (mon) homme, tu ne cherches pas Hizir. Ensuite, que diras-tu au sultan ?» L'homme dit : « Le monde a quatre côtés, la maison aussi a quatre côtés. Plutôt que de le chercher dans le monde, je le cherche dans la maison. (S)'il n'y est pas, qu'y puis-je ?» Ainsi quarante jours passèrent. Chaque jour l'homme cherch(ait) Hizir sur les quatre côtés de sa maison. Ne le trouvant pas, il disait : « Le monde a quatre côtés, la maison aussi a quatre côtés. Plutôt que de le chercher dans le monde, je le cherche dans la maison. (S')il n'y est pas, qu'y puis-je ?»
Après quarante jours, le sultan appela cet homme. L'homme alla au palais. Le sultan dit : « As-tu trouvé Hizir ? Où est-il ?» L'homme dit : « Le monde a quatre côtés, la maison aussi a quatre côtés. Plutôt que de le chercher dans le monde, je le cherche dans la maison. (S')il n'y est pas, qu'y puis-je ?» Le sultan se mit en colère, il demanda aux vizirs : « Que devons-nous lui faire ?» Le grand vizir dit : « Jetons-le dans un four allumé.» Alors on entendit une voix disant : « *As nu es nu.* » Les hommes qui étaient là s'étonnèrent. Le sultan demanda au second des trois vizirs : « Que devons-nous lui faire ?» Le second vizir dit : « Attachons-lui ensemble les mains et les pieds et jetons-le à la mer.» De nouveau on entendit : « *As nu es nu.* » Le sultan demanda au dernier vizir : « Que devons-nous lui faire ?» Le dernier vizir dit : « C'est un péché, c'est un pauvre homme,

relâchons-le. » Alors on entend : « *As nu es nu, as nu es nu...* » Le sultan dit : « Qui est-ce ? Saisissez-le et amenez-le. » On entra à l'intérieur et on fit sortir un homme. Le sultan lui demanda : « Qui es-tu ? Que cherches-tu ici ? Que signifie 'As nu es nu' ? » L'homme dit : « Je suis descendu du ciel. Le grand vizir est un bâtard. Sa mère a été enlevée par un boulanger. Jette-le dans un four allumé. Le second aussi est un bâtard, sa mère, pendant qu'elle nageait, a rencontré un homme. À lui aussi, attache ensemble les mains et les pieds et jette-le à la mer. Si tu veux un vizir, il y a le dernier vizir. Si tu cherches Hizir, je le suis », dit-il, et il disparut. Le sultan jeta le grand vizir dans un four ; le second aussi, il le jeta à la mer. Le dernier seul, il le fit son vizir.

À cet homme aussi il donna une pelle. Il l'emmena à son trésor. « Voici l'or, dit-il, enfonce (la pelle) une fois. Ce que tu pourras prendre est à toi. » De joie, l'homme enfonça la pelle à l'envers. Les pièces d'or qui vinrent sur la pelle retombèrent. Il ne resta que deux pièces d'or. Que faire ? L'homme s'en alla avec les deux pièces d'or.

Conté par Muhsin Erol à Istanbul entre 1960 et 1964

58.
Le Laze et le diable

Un jour le Diable devint camarade avec un Laze. Le Diable dit au Laze : « Faisons une affaire en association. » – « Faisons-le », dit le Laze. Le Diable lui dit : « Plantons des oignons. Quand ils seront mûrs, vendons-les et gagnons de l'argent. » Le Laze accepta. Ils plantèrent des oignons. Quand ils furent poussés, le Laze dit au Diable : « Que le dessous de l'oignon soit à moi, le dessus à toi. » Le Diable accepta. Le Laze fit sécher les têtes d'oignon et les vendit. Le Diable fit sécher les tiges. Elles devinrent du foin et il ne put les vendre. Le Diable dit : « Ce n'est pas de jeu ! La prochaine fois, semons du blé ! » Avec le Laze, ils semèrent du blé. Le blé sortit. Quand il fut poussé, le Laze dit au Diable : « L'an dernier, j'avais pris la partie de dessous. Cette année, que le dessous soit a toi, le dessus a moi. » Le Diable accepta. Quand le blé fut mûr, le Laze coupa les têtes, il les fit sécher, les vendit et gagna de l'argent. Le Diable coupa le dessous, le fit sécher, et ne put le vendre, (cela) devint du foin.

Le Diable se mit en colère. « Le Laze me trompe et me dépouille », soupçonna-t-il. Il vint trouver le Laze et : « Ce n'est pas possible ainsi. Battons-nous. Celui de nous qui sera vainqueur, que l'argent soit à lui », dit-il. Le Laze accepta. Le Diable alla et apporta un bâton long et un court. Il donna le court au Laze. Alors le Laze lui dit : « Si nous nous battons dehors, on nous verra et ce sera honteux. Entrons dans une chambre et battons-nous là. » Le Diable accepta et ils entrèrent dans une chambre. Quand ils se battirent là, comme le bâton du Diable était long, il ne put s'en servir. Le Laze, avec son bâton court, se déchaîna et rossa bien le Diable. « Arrête, arrête, dit le Diable, ça ne va pas comme ça. Prends de moi le bâton long et donne-moi le court ! » Le Laze accepta, lui donna le bâton court et prit le bâton long. Le Laze lui dit : « À l'instant, nous nous sommes battus à l'intérieur. Maintenant, battons-nous dehors. » - « Soit », dit le Diable. Ils sortirent dehors. Le Laze s'affaira avec le bâton long et rossa bien le Diable. Le Diable, avec le bâton court, ne put rien faire. Il jeta le bâton : « Si je deviens encore une fois camarade avec un Laze… ! », dit-il, et il s'enfuit.

Conté par Muhsin Erol à Istanbul entre 1960 et 1964
AT 1030 et 1083

59.
Le coq à la fiente d'or

Une mère et son enfant descendaient pour aller quelque part. Un coq était perché sur une haie et chantait : « Cocorico, cocorico, je suis Persil-au-derrière ! » Le garçon : « Mère, lui dit-il, quelle espèce de coq est-ce ? A-t-il vraiment du persil au derrière ? Attrapons-le ! » Ils attrapèrent le coq. Du persil lui poussait vraiment au derrière ! Ils l'apportèrent (chez eux) et l'installèrent dans le coffre à argent. Le coq mangea l'argent qui était dans le coffre. Quand ils regardèrent, il n'y a plus du tout d'argent dans le coffre ! Le coq dit : « Cocorico, cocorico, suspendez-moi, battez-moi et l'argent tombera en masse ! » Ils suspendirent le coq dans la salle commune. En dessous, ils étendirent un linge blanc. Quand ils le frappèrent avec un bâton, les pièces de monnaie tombèrent à foison. L'enfant d'un voisin vit ce (spectacle). Ii alla en courant chez lui. Il dit à sa mère : « Ils ont suspendu un coq, ils le battent et de l'argent tombe. Nous aussi, suspendons le chien et battons-le, il nous tombera de l'argent ! » Sa mère dit : « Pareille chose n'est pas possible, qu'est-ce que tu dégoises ? » L'enfant ne l'écouta pas et suspendit le chien. En dessous aussi, il étendit un linge blanc. Quand il battit le chien, c'est de la fiente qui tomba en masse.

Conté par Muhsin Erol à Istanbul entre 1960 et 1964
Motifs de AT 715

60.
Zeki et Bekir

Zeki et Bekir s'en allaient hors de leur pays. Tous les deux étaient bossus. Quand le soir leur arriva, ils couchèrent au pied d'un rhododendron. Tous deux eurent un rêve. À un endroit pareil à un marché, Bekir alla à un hamam. Les djinns étaient installés dans le hamam et dansaient. Ils dirent à Bekir : « Dansons ! » Bekir dit : « Comment danserais-je ainsi (fait) ? », et il leur montra sa bosse. Les djinns : « Nous te demanderons quelque chose (à deviner), dirent-ils ; si tu peux le dire, nous te redresserons le dos. » Et ils demandèrent : « Aujourd'hui, quel jour est-ce ? » Ce jour-là était vendredi, mais les djinns aimaient qu'on leur dît (les choses) de travers. Bekir leur dit : « Aujourd'hui est samedi. » Les djinns dirent : « Aujourd'hui est samedi, aujourd'hui est samedi ! », et ils se mirent à danser. Un vieux djinn passa la main sur le dos de Bekir (et) Bekir se redressa. Quand il revint (du hamam), il dit la chose à Zeki. Aussitôt Zeki alla au hamam. À lui aussi (les djinns) dirent : « Viens, dansons ! » (et) Zeki, lui aussi, montra sa bosse. Les djinns dirent : « Nous te demanderons quelque chose ; si tu peux le dire, nous rendrons ta taille droite », et ils demandèrent : « Aujourd'hui, quel jour est-ce ? » Zeki ne savait pas que les djinns aimaient (qu'on répondît) de travers. « Aujourd'hui est vendredi », dit-il. Les djinns dirent : « Aujourd'hui est vendredi, aujourd'hui est vendredi ! » et ils se mirent à danser. Le vieux djinn vint et, parce que Zeki n'avait pas répondu de travers, il le courba encore autant (qu'il l'était déjà), il lui enfonça la tête dans le derrière. Alors ils s'éveillèrent. Bekir était vraiment redressé. Quant à Zeki, il avait la tête près du derrière.

Conté par Muhsin Erol à Istanbul entre 1960 et 1964
AT 503

61.
La vengeance du mari

Il y avait une fois une femme et un mari. Un jour, le mari surprit chez lui sa femme avec un amant. En son cœur, il (se) dit : « Si je les tue maintenant tous les deux, on comprendra que c'est moi le meurtrier. Que je tue seulement l'homme (et) que j'impute la faute à (ma) femme. » Il tua l'homme. Se faisant aider par sa femme, il porta le cadavre à la maison de l'amant. L'amant était son voisin. Là, en cachette, il coupa le membre de l'amant (et) ils revinrent. Le lendemain, quand il fit jour, la femme et les enfants de l'amant commencèrent à se lamenter. Cet homme (ici) appela sa femme et : « Va en visite (chez le voisin) ; comme si tu ne sa(va)is rien, demande (à la veuve) : 'Que t'est-il arrivé ?'. » Faisant semblant d'embrasser sa femme, il planta le membre dans l'étoffe qui couvrait la tête de sa femme. Sa femme ne se doutait de rien. Elle se rendit en visite chez le voisin. Comme si elle ne savait rien, elle dit : « Qui donc l'a tué ? », et se mit à pleurer. Les parents de l'amant avaient vu que le cadavre avait le membre coupé. Quand ils regardèrent, ce membre est planté dans la coiffure de cette femme ! « C'est toi qui as tué notre homme ! » dirent-ils, et ils l'entourèrent. Ils la frappèrent à mort et la firent mourir.

Conté par Muhsin Erol à Istanbul entre 1960 et 1964

62.
Faut-il confier ses secrets aux femmes ?

Un homme, au moment de mourir, appela son fils. « Mon fils, lui dit-il, je meurs, je te laisse la maison. Je te donnerai un conseil, apprends-le bien par cœur, ne l'oublie jamais : ne fais aucune confiance à une femme. » L'homme mourut. 8 Le fils se maria, il rencontra une bonne femme. Sa femme lui plaisait beaucoup. Il (se) disait dans son cœur : « Pourquoi faut-il que je ne fasse pas confiance à une telle femme ? » Un jour, le mari tua une chèvre (et) l'enterra secrètement dans l'étable. Il dit à sa femme : « J'ai enterré ici un homme. Il m'a importuné récemment, je me suis fâché et il m'est arrivé de le tuer. » Trois, quatre jours passèrent. Alors il appliqua à sa femme un vigoureux soufflet. La femme fut fort fâchée contre lui, elle alla trouver le juge et lui dit : « Mon mari a tué un homme, (le cadavre) est caché dans notre étable. » Le juge vint et appréhenda l'homme, on lui attacha les mains. L'homme supplie sa femme : « Je t'en prie, sauve-moi ! » La femme : « N'est-ce pas toi qui m'as souffletée ? dit-elle. Je ne te sauverai pas, supplie-moi tant que tu voudras ! » Elle montra aux hommes du juge l'endroit où (le cadavre) était enterré dans l'étable. Quand ils eurent creusé, c'est une chèvre qui sortit ! Le juge remit cet homme en liberté et ils lui demandèrent : « Pourquoi as-tu agi ainsi ? » Et lui : « J'avais le testament de mon père, dit-il. Au moment de mourir, il m'a dit : 'Ne fais aucune confiance à une femme'. J'ai voulu savoir si c'était vrai et c'est pour cela que j'ai agi (ainsi). » Il ne dit rien à sa femme et ils allèrent ensemble à la maison. Seulement jamais plus il ne fit confiance à sa femme.

Conté par Muhsin Erol à Istanbul entre 1960 et 1964

63.
Les héritiers bernés

Un homme avait trois fils. Il éleva (ses) fils et les maria. Pour chacun des trois, séparément, il construisit une maison, et il leur distribua ses terres. Il ne laissa rien pour lui-même : « J'ai trois fils, j'habiterai tantôt là, tantôt là. Dorénavant, que ferai-je de terre(s) ? », disait-il. Aucun de ses fils ne le traita bien. Quand il allait chez un (de ses) fils, la femme de celui-là : « N'as-tu pas d'autre fils ? Pourquoi t'installes-tu toujours ici ? », lui disait-elle. L'homme entendit de telles paroles des femmes de ses trois fils. Il ne sait que faire, il pense : « Si maintenant je leur reprends la terre, c'est impossible, je serai tout méprisable. Et pourtant aucun d'eux ne me nourrit. » Alors il recourut à une ruse. Il alla d'abord chez son fils aîné. Il l'appela secrètement. « Sous la grange, au pied du poteau d'en bas, j'avais enfoui de l'argent, mais tu ne le retireras pas jusqu'à ma mort. (Mes) autres enfants ne le savent pas. C'est toi qui me traites le mieux. C'est pourquoi je le dis à toi seul. Que les autres ne l'entendent pas ! Quand on m'aura enfoui dans la tombe, va et retire-le », lui dit-il. L'homme fit aussi séparément la même recommandation aux autres fils. Chaque fils ignore ce qui a été dit aux autres. Maintenant tous le traitent bien. « Le père a de l'argent, traitons-le bien, puisqu'il nous a donné cet argent. Qu'il n'aille surtout pas le donner à ses autres fils, si nous le fâchons ! », recommandèrent-ils à leurs femmes. L'homme fut bien soigné jusqu'à sa mort. Après sa mort, il fut enterré.
Alors ses trois fils vinrent sous la grange, une pioche sur l'épaule. Tous les trois restent debout, là, (et) se disent chacun à soi-même : « Qu'ont-ils à faire ici ? Qu'ils s'en aillent et je retirerais l'argent. » Ils attendirent tous trois jusqu'à midi. L'aîné (se) dit à lui-même :

« Cela ne sera pas ainsi. Eux aussi savent, et c'est pour cela qu'ils ne s'en vont pas d'ici. » Il leur demanda : « Qu'attendez-vous ici ? » Et eux : « Qu'attends-tu toi-même ? », demandèrent-ils. « Le père a enfoui quelque chose pour moi, leur dit-il, et je le retirerai. Avant de mourir, il m'avait appelé et m'avait dit : 'C'est pour toi seul'. » Le fils du milieu : « Non, dit-il, à propos de cette chose, le père m'a dit à moi : 'C'est à toi'. » Et le cadet : « Vous mentez, dit-il. C'est à moi, c'est pour moi que le père l'a enfoui. » Tous les trois se querellèrent ainsi. À ce moment l'imam passait. Quand il les vit : « Qu'y a-t-il ? Pourquoi vous querellez-vous ? », demanda-t-il. Les fils, tous trois, lui répondirent séparément. L'imam dit : « Peut-être est-ce enfoui ici pour tous les trois. S'il y a trois lots, prenez-en chacun un. S'il n'y en a qu'un, vous le partagerez en trois. Les fils acceptèrent. Ils creusèrent. Ils virent une corne de bouc. Un papier était placé dans la corne. Quand ils lurent le papier, il y avait, écrit : « A l'homme qui, de son vivant, partage sa terre entre ses enfants, que cette corne s'enfonce dans son derrière ! »

Conté par Muhsin Erol à Istanbul entre 1960 et 1964

64.
La valeur du sel

Un homme avait trois fils. Il demanda à l'aîné : « Combien m'aimes-tu ? » Le fils aîné dit : « Je t'aime autant que le miel, le sucre, le loukoum. » L'homme demanda au second : « Combien m'aimes-tu ? » Et le second lui répondit : « Je t'aime autant que l'or, l'argent. » L'homme demanda à son plus jeune fils : « Voyons, dis-moi, combien m'aimes-tu ? » Quand son fils cadet lui répondit : « Je t'aime autant que le sel », l'homme se fâcha. « Est-ce que tu m'aimes (juste) autant que le sel ? Si peu ? », dit-il, et, chassant son fils cadet de la maison, il le donna à un Div : « Mange ce garçon, dit-il, je ne veux pas d'un pareil garçon. » Le Div eut pitié, il relâcha le garçon. Le garçon alla, alla, il rencontra une maison. Il frappa à la porte. Une vieille sortit. Le garçon dit : « Je t'en prie, laisse-moi demeurer (ici) une ou deux nuits, je suis sans personne. » La vieille femme n'avait pas d'enfant, elle adopta celui-ci. Un ou deux ans plus tard, elle le maria et lui fit ses noces. Alors le garçon invita son père. Il fit préparer par sa femme la nourriture sans sel. Tandis que son père mangeait : « Comme ceci est fade ! », dit-il. 21 Le garçon : « Pensant que le sel n'a aucune valeur, tu m'as chassé de la maison. As-tu compris, maintenant, que le sel est plus précieux que tout ? » Son père se repentit.

Conté par Muhsin Erol à Istanbul entre 1960 et 1964
AT 923

65.
Le plus grand confort

Un jour, un sultan était assis avec ses vizirs. Au milieu de la conversation, il demanda : « Quel est le plus grand confort ? » Le premier vizir dit : « Le plus grand confort, - tu seras couché dans un palais, tu mangeras, tu boiras en abondance ce que tu veux. » Le sultan demanda au second vizir : « Quel est le plus grand confort ? » Le second vizir : « Tu auras beaucoup de serviteurs. Ils te feront manger et boire ce que tu veux, ils te porteront à l'endroit que tu veux. » Le sultan demande au dernier vizir : « Quel est le plus grand confort ? » Le dernier vizir dit : « Tu auras une maison au milieu de la mer, tu mangeras ce que tu veux, tu auras là en abondance sous la main tous les vêtements (souhaitables). Personne ne pourra aller près de toi, tu seras tout seul. Le plus grand confort, c'est ainsi. » À ce moment un mendiant s'était approché du sultan et lui avait tendu la main. À lui aussi, le sultan demanda : « Que je te le demande, à toi aussi : quel est, au monde, le plus grand confort ? » Le mendiant dit : « C'est manger, boire ; chier, pisser. » Le sultan se mit en colère. « Donnez-lui cent coups de bâton. Qu'il apprenne si le confort c'est manger, si c'est chier ! » On donna cent coups de bâton au mendiant et on le renvoya.

À partir de ce moment, le sultan ne put plus faire ses besoins une colique se manifesta dans son ventre. Il se gonfla comme une outre. Il va aux cabinets, s'accroupit, pousse, pousse, – il ne peut faire. Tout ce qu'il y avait d'hommes en ce lieu se réunit. Aucun ne put sauver le sultan. À vue d'œil, le sultan meurt. Les vizirs dirent : « Trouve ce mendiant, peut-être est-il un Evliya ; lui, il peut le sauver », et ils trouvèrent le mendiant. Ils l'amenèrent. Le sultan lui demanda de nouveau : « Quel est le plus grand confort ? » De peur, le mendiant ne pouvait articuler une parole. Le sultan demanda encore : « Dis la vérité, n'aie pas peur : quel est le plus grand confort ? » Le mendiant dit : « C'est manger, boire ; chier, pisser. » Tout d'un coup, le sultan put se soulager. Il salit les hommes qui étaient là, son lit. Quant à lui, il se sentit confortable. Il donna de bonnes choses au mendiant et le renvoya.

Conté par Muhsin Erol à Istanbul entre 1960 et 1964

66.
Muhammed, son père et la mouche

Un jour, quand il était petit, Muhammed Mazlumisi était allé dans la montagne avec son père. Ils cassaient du bois. Quand ils furent fatigués, son père dit à Muhammed : « Moi, je vais dormir un peu ; toi, chasse l(es) mouche(s). » Et il s'endormit. Muhammed prit une feuille, et il chassa les mouches. Une mouche taquine tracassa son père : elle vient tout le temps et se pose sur ses sourcils. Muhammed la fait fuir, elle revient. Muhammed se mit en grande colère. Quand elle se posa une fois encore, il prit un bâton et donna un grand coup. La mouche fut écrasée, mais il fendit aussi la tête de son père. « Pose-toi maintenant, et je dirai que tu es un homme ! », dit-il à la mouche. Son père s'éveilla. « Hé mon fils, qu'est-ce que tu m'as fait ? », demanda-t-il à Muhammed. Muhammed (répon)dit : « Je ne t'ai rien fait, j'ai tué une mouche. » Son père : « Qu'est-ce que ça veut dire, que tu as tué une mouche ?, dit-il. C'est à moi que tu as fendu la tête ! » Il jeta Muhammed sous lui et lui administra une bonne raclée.

Conté par Muhsin Erol à Istanbul entre 1960 et 1964
AT 1586 A

67.
Dure d'oreille

Il y avait (une fois) un vieillard et une vieille femme. En regardant dans un puits, ils virent la lune. « Retirons la lune », dirent-ils. Le vieillard se passa une corde à la taille. Il dit à la vieille : « Quand je dirai '*laška*', descends-moi ; quand je dirai '*diška*', (re)monte-moi. » Le vieillard se mit à descendre dans le puits. Chaque fois qu'il disait « *laška*, vieille ! », la vieille descendait la corde. Le vieillard descendit jusqu'à l'eau. Il ne put voir la lune. Il eut peur de la pleine eau et cria à la vieille : « Vieille, *diška !* » La vieille était dure d'oreille. Elle entendit *laška*. Elle descendit le vieillard un peu plus. Le vieillard eut encore plus peur. De nouveau il cria : « Vieille, *diška !* » De nouveau la vieille entendit *laška*. Le vieillard s'enfonça dans l'eau jusqu'à la moitié (du corps). Il ne cesse de crier : « Vieille, *diška !* vieille, *diška !...* » La vieille dit : « Vieillard, la corde n'y suffit plus ! » Le vieillard hurle : « *diška !* » La vieille entend toujours *laška*. De nouveau elle lui crie : « Vieillard (la corde) ne suffit plus, je te dis. Pourquoi dis-tu '*laška*' ? » De nouveau le vieillard crie : « *diška !* ». La vieille se fâcha : « Alors qu'il ne reste plus de corde, comment ferai-je *laška ?* » Tiens, qu'elle soit toute à toi ! », dit-elle, et elle lâche la· corde. Le vieillard se noie dans l'eau.

Conté par Muhsin Erol à Istanbul entre 1960 et 1964
AT 1335 A

68.
Une question habile

Il y avait une fois un vieillard et une vieille femme, ils étaient très pauvres. Une nuit qu'ils étaient couchés, le vieillard : « Vieille, marions donc notre garçon », lui dit-il. La vieille (répon)dit : « Nous n'avons pas d'argent, comment le marier ? » Le vieillard dit : « Vendons l'âne. » Et ils s'endormirent. Le garçon les entendit et cette nuit-là, jusqu'à l'aube, il ne put fermer l'œil. Après ce jour-là, quelque temps passa. Le vieillard et la vieille ne soufflèrent plus mot du mariage. Le garçon attend : « Quand me marieront-ils ? », se disait-il. Le vieillard et la vieille n'étaient (plus) du tout disposés à le marier. Un jour le garçon alla trouver son père : « Père, pourquoi ne parlez-vous (plus) de l'âne ? », lui dit-il. Son père lui demanda : « Qu'y a-t-il à dire de l'âne ? » Et le garçon : « Père, dit-il, je parle de ce que vous disiez récemment dans le lit, avec la mère. » Le vieillard comprit et maria son garçon.

Conté par Muhsin Erol à Istanbul entre 1960 et 1964

69.
Le raisin et le vin

Un homme fut hôte dans la maison d'un chrétien. Le maître de maison le fit asseoir à manger avec lui. Sur la table (après le repas) il mit du vin et aussi du raisin. Le musulman ne buvait pas de vin et mangeait du raisin. Le chrétien se mit à rire en disant : « Vous autres, vous êtes de grands ânes d'hommes ! » - « Pourquoi ? », demanda le musulman. Le chrétien dit : « Vous mangez le raisin, (mais) vous ne buvez pas le vin qui est fait avec le jus du raisin. Un homme qui mange(ra) du raisin ne boira-t-il pas ce qui sort du raisin ? » Sur cette question, le musulman montra au chrétien sa propre fille : « Qu'est-ce qu'elle est pour toi ? », dit-il. « Ma fille », dit le chrétien. Le musulman lui montra l'autre femme (qui était là) : « Qu'est-ce qu'elle est pour toi ? », dit-il. « Ma femme », dit le chrétien. Le musulman lui demanda de nouveau : « Tu fais l'amour avec ta femme, n'est-ce pas ? » - « Naturellement, je le fais », dit le chrétien. « Fais-tu aussi l'amour avec ta fille ? », redemanda le musulman. Le chrétien se fâcha : « Es-tu fou ? Fait-on l'amour avec sa fille ? » Alors le musulman fit (cette) réponse : « Tu fais l'amour avec ta femme et, avec ta fille qui est sortie de ta femme, tu ne le fais pas ? » (Par cette réponse), il laissa le chrétien sans réplique.

Conté par Muhsin Erol à Istanbul entre 1960 et 1964

70.
« Jusqu'à ce qu'il soit froid… »

Un vieillard avait fait de la farine cuite et la mangeait. Comme elle était (trop) chaude, en même temps, il la faisait refroidir. Un enfant le vit. « Oncle, lui demanda-t-il, qu'est-ce que tu manges là ? » Le vieillard lui dit : « Du chaud. » L'enfant redemanda : « Oncle, quand il sera froid, quel nom lui donne(ra)s-tu ? » Le vieillard (répon)dit : « Eh, mon enfant, qui lui donnera le temps de devenir froid ? »

Conté par Muhsin Erol à Istanbul entre 1960 et 1964

71.
Nasrettin hoca sur la branche

Un jour, Nasrettin hoca était en train de couper la branche sur laquelle il était assis. Un homme lui dit : « Que fais-tu, hoca ? Tu tomberas. » Le hoca se fâcha : « Comment sais-tu si je tomberai ou si je ne tomberai pas ? Seul Dieu le sait ! » L'homme ne souffla mot et continua son chemin. Le hoca se remit à couper la branche sur laquelle il était assis. Quand la branche se cassa, le hoca tomba.

« L'homme de tout à l'heure, (se) dit-il, est peut-être un Evliya. Il a pu savoir que je tomberais, il peut savoir aussi qu(and) je mourrai ! » Et il poursuivit l'homme. Il saisit l'homme : « Comment as-tu pu savoir que je tomberais ? Tu peux savoir aussi qu(and) je mourrai. Quand mourrai-je ? », lui demanda-t-il. L'homme dit : « Est-ce que je sais quand tu mourras ? » Le hoca lui redemanda : « Comment as-tu pu savoir que je tomberais ? » L'homme dit : « Tu étais en train de couper la branche sur laquelle tu étais assis : c'est de cela que j'ai pu le savoir. » Le hoca ne le crut pas. Il (se) dit en lui-même : « C'est un Evliya, mais il ne me laisse pas le connaître. » Il dit à l'homme : « Tu es un Evliya, tu sais quand je mourrai. Il faut absolument que tu me le dises : quand mourrai-je ? » Et il continua d'importuner l'homme. Rien n'y fit, il ne le lâcha pas. L'homme, pour se délivrer de lui, lui dit un mensonge : « Charge lourdement un âne. Fais-lui monter une pente. À son premier pet, tu tomberas malade. Au deuxième, tu entreras en agonie. Au troisième, tu mourras. » Aussitôt le hoca (re)vint à sa maison. Il attacha une grande charge sur son âne. Ils s'engagèrent sur une pente. Après être un peu monté, l'âne péta. Le hoca dit : « Hélas, je suis tombé malade ! » Après être monté encore un peu, l'âne péta de nouveau. Le hoca dit : « Oh, j'agonise... » Après être monté un peu plus l'âne péta encore. Le hoca dit : « Ah, l'âne a pété trois fois, je suis mort. » Et il s'allongea sur place.
Des hommes le virent. « Le hoca est mort », dirent-ils, et ils le mirent sur une civière. Tandis qu'ils venaient à sa maison ils arrivèrent à une fourche du chemin. Ils se disaient l'un à l'autre : « De quel côté devons-nous aller ? » Le hoca se leva de la litière et dit : « Du temps que j'étais vivant, j'allais du côté du chemin d'en haut, mais vous, faites comme vous voudrez. » Les hommes dirent : « Le hoca est devenu fantôme ! », et ils s'enfuirent.

Conté par Muhsin Erol à Istanbul entre 1960 et 1964
AT 1240

72.
Un conseil du hoca

Un mari et (sa) femme s'aimaient beaucoup. La femme disait toujours à son mari : « Quand tu mourras, je ne m'en irai avec personne, je n'épouserai personne. Je me tuerai. » Le mari la croyait. Avec chacun, il disait : « Ma femme m'aime beaucoup. Si je meurs, elle n'épouse(ra) personne. » Le hoca dit au mari : « Ne crois pas aux paroles des femmes. On ne peut leur faire confiance. » – « Moi, je lui fais confiance ! », dit le mari et lui et le hoca parièrent. Le hoca : « Cette nuit, recommanda-t-il, en rentrant chez toi, dis que tu es malade et couche-toi. Au bout d'un peu de temps, dis : '(Va) cherche(r) le hoca, je meurs', et, quand j'irai (chez vous), fais semblant de mourir. » Le mari consentit. Le soir, il rentra chez lui. Il dit à sa femme : « Je suis malade », et il se coucha. Peu après : « Hé femme, j'ai une mauvaise colique, peut-être vais-je mourir, va (et) amène le hoca. » Poussant des cris aigus, gesticulant, la femme alla trouver le hoca. Elle l'amena. Peu après, le mari fit semblant de mourir. La femme pleure. Le hoca lui dit : « Ne pleure pas. Si celui-ci est mort, tu (en) trouveras un autre. » La femme dit : « Qui me prendra, dans l'état où je suis ? » Le hoca : « Moi, je te prends, tu me plaisais », lui dit-il. La femme dit : « Pourquoi ne me prends-tu pas ? Prends-moi donc ! » Le hoca : « Qu'il passe un peu de temps, dit-il ; maintenant est-ce possible ? » La femme cessa de pleurer : « De toute façon tu me prendras, dit-elle, couchons ensemble (dès) cette nuit. » À ces mots le mari bondit du lit : « Menteuse ! Hypocrite ! », dit-il, et il chassa la femme de la maison.

Conté par Muhsin Erol à Istanbul entre 1960 et 1964
AT 1350

73.
Nasrettin hoca et le centre du monde

Nasrettin hoca passait par un village. Les hommes l'appelèrent :
« Hoca, viens, nous te demanderons quelque chose. » Le hoca était
sur son âne. Il descendit de son âne et s'approcha d'eux. « Qu'est-ce
que c'est ? Que me demanderez-vous ? », dit-il. Les hommes : « Tu
es un homme savant, dirent-ils, où est le centre du monde ? » Alors
que le hoca regardait de côté et d'autre, l'âne secoua une patte. Le
hoca : « Voilà, dit-il, c'est l'endroit où l'âne a posé la patte », et il
montra la patte de l'âne. Les hommes dirent : « Hoca, qu'est-ce que
l'âne sait ? Dis-nous la vérité, quel endroit est-ce ? » Le hoca leur
(répon)dit : « Je vous dis la vérité, c'est cet endroit-là. Si vous ne le
croyez pas, venez et mesurez ! »

Conté par Muhsin Erol à Istanbul entre 1960 et 1964
AT 922

74.
Comment Nasrettin hoca resta seul maître de son village

Nasrettin hoca ennuyait un village. Il volait moutons, poules, tout ce
qu'il trouvait. Les hommes de ce village se réunirent et saisirent le
hoca. Ils le suspendirent dans une corbeille sous un pont. Maintenant,
que peut faire le hoca ? Il mourra de faim… Il se mit à crier :
« (Non,) je ne prend(rai) pas la fille du sultan ! Je ne prend(rai) pas la
fille du sultan ! » Un berger passait par cet endroit. Quand il entendit
cette voix, il vint au pont. Quand il vit le hoca : « Que dis-tu ?
Pourquoi es-tu suspendu ici ? », demanda-t-il. Le hoca : « Mon
enfant, dit-il, à l'homme qui se suspendra ici, ils donne(ro)nt, paraît-
il, la fille du sultan. Moi aussi, pour prendre la fille du sultan, je me
suis suspendu ici. Maintenant, je le regrette. J'ai peur ici. C'est pour
cela que je crie : 'je ne prend(rai) pas la fille du sultan !' » Le berger

demanda : « Si je me suspends, me donne(ra)-t-on la fille du sultan ? »
Le hoca : « Pourquoi ne te la donneront-ils pas ? Si tu veux,
suspends-toi ! », dit-il. Cela plut au berger. Il tira le hoca de la
corbeille. Lui-même s'assit dans la corbeille et se suspendit. Le hoca
coupa (la corde de) la corbeille et fit tomber le berger dans le lac. Le
berger se noya et le courant l'emporta.
Le hoca prit les moutons du berger et alla à son village. Quand les
hommes du village le virent, ils furent étonnés et demandèrent :
« Hoca, que cherches-tu ici ? Comment t'es-tu sauvé ? » Le hoca leur
dit : « Après que vous m'avez suspendu, j'ai travaillé à sortir de (la
corbeille). Alors je suis tombé dans le lac. Ces moutons étaient en
troupeau dans le lac. J'en ai pris quelques-uns et je suis venu. » Les
hommes demandèrent : « Hoca, que dis-tu ? Peut-il y avoir des
moutons dans le lac ? » Le hoca leur (répon)dit : « Oui. » Les hommes
ne le crurent pas. Le hoca dit : « Si vous ne le croyez pas, venez, je
vous (les) montrerai, il y en a encore ! Si vous (en) voulez, venez, et
retirez-en, vous aussi. » Les hommes le crurent un peu. Ce qu'il y avait
d'hommes dans le village se réunit et alla au pont. Le hoca prit son
troupeau et les suivit. Quand ils arrivèrent au pont, l'image des
moutons (du hoca) se posa sur le lac. Le hoca dit : « Voilà où ils sont ! »,
et il leur montra les images. Ils disaient l'un : « C'est l'image », un
autre : « Ce sont des moutons ! » L'un d'eux dit : « Cela no sert à rien
de parler ainsi. Faisons descendre un homme dans le lac. Si ce sont des
moutons qui y sont en troupeau, qu'il nous appelle, nous descendrons
tous. » Et les hommes firent ainsi. Un homme s'élança dans le lac. Le
lac était profond. L'homme ne savait pas nager. Pendant qu'il se
noyait, il agita les mains. Les hommes dirent : « Voilà qu'il nous
appelle ! » Et tous se précipitèrent dans le lac, disant : « Attrapons les
moutons ! » Eux non plus ne savaient pas nager. Ils se noyèrent tous.
Le hoca resta seul maître de ce village.

Conté par Muhsin Erol à Istanbul entre 1960 et 1964
AT 1535 V a, b

75.
Nasrettin hoca éteint l'incendie

Un jour Nasrettin hoca descendait au marché. Ce jour-là, la température était brûlante. Tout le monde avait fui du marché dans les maisons. Sur le chemin, un homme rencontra le hoca. « Où vas-tu, hoca ? », demanda l'homme. Nasrettin hoca lui (répon)dit : « Je vais au marché. » L'homme dit : « Surtout n'y va pas ! Ça brûle, au marché ! » Nasrettin hoca se mit à courir et alla à sa maison. Il prit des ténékés pleins d'eau et, toujours courant, va au marché. L'homme de tout à l'heure le rencontra de nouveau et lui demanda : « Hoca, où vas-tu encore ? Que feras-tu avec ces ténékés ? » Nasrettin hoca : « (Il paraît que) le marché brûle, dit-il, je l'éteindrai. » L'homme dit : « Es-tu devenu fou, hoca ? Quel marché éteindras-tu ? Ce n'est pas de feu qu'il brûle, bien sûr. Il y fait brûlant, et c'est pour cela que j'ai employé cette expression. » Nasrettin hoca entra dans une grande colère : « Il paraît que ce n'était pas le marché, c'était ton esprit qui brûlait ! », dit-il, et 21 avec les ténékés qu'il tenait dans ses mains, il lui renversa l'eau sur la tête.

Conté par Muhsin Erol à Istanbul entre 1960 et 1964

76.
La culture du sel

Deux frères orč'ay descendirent à la ville (m.-à-m. au marché). Ils devaient acheter du sel. Ils allèrent à l'endroit où l'on vend du sel. Le magasin était tout rempli de sel. Les orč'ay dirent : « Où trouvez-vous une telle quantité de sel ? » Les marchands lui dirent : « Nous le semons (m.-à-m. piochons) et il nous vient. » Les frères orč'ay dirent : « Comment le semez-vous ? Que, nous aussi, nous en semions ! » Les marchands leur dirent. : « Achetez un sac de sel, allez, semez-le. Il sortira (de terre) et donnera des fruits. » Les garçons orč'ay furent bien contents. Aussitôt ils achetèrent un sac de sel. Ils l'apportèrent à la maison et, à la saison du piochage, ils piochèrent (et le semèrent). Ils attendirent un an. Le sel ne sortait pas. De nouveau les frères orč'ay allèrent à la ville. Ils allèrent au magasin où l'on vend du sel. « Nous avons semé le sel, il ne sort pas », dirent-ils. Les marchands leur dirent : « Est-ce que par hasard quelque (bête) le mange ? Montez la garde ! » De nouveau les orč'ay achetèrent un sac de sel. Ils l'apportèrent à la maison et, de nouveau, le semèrent. Les deux frères prirent leur fusil et ils gardent le sel. Comme ils disaient : « Quelle peut bien être (la bête) qui le mange ? », une sauterelle vint et se posa sur le front d'un des orč'ay. Dès qu'il vit la sauterelle, l'autre enleva le fusil (de son épaule) et tira sur la sauterelle. La sauterelle périt, mais son frère aussi fut tué. Celui qui était vivant donna un petit coup à son frère mort et dit : « Tu as été tué, mais j'ai tué aussi la sauterelle. J'ai tiré vengeance d'elle ! »

Conté par Muhsin Erol à Istanbul entre 1960 et 1964
AT 1586A

77.
Le père, le fils et le poisson

Un père orč'ay et son fils allèrent en barque sur la mer pour pêcher. A l'heure de la prière de midi, le père dit à son fils : « Guette le poisson (pendant) que, moi, je ferai le *namaz.* » Le jeune homme prit en main le fusil et surveilla attentivement la mer. Peu après, il vit un poisson. Il mit le fusil en joue et, comme il posait le doigt sur la gâchette, son père se releva d'une prosternation. Juste à ce moment, le fils tira le coup de fusil. Naturellement son père fut tué et le poisson s'enfuit. Le fils se fâcha et cria à son père : « Qu'est-ce que tu as fait ? Tu as fait fuir mon poisson ! »

Conté par Muhsin Erol à Istanbul entre 1960 et 1964

78.
Le vrai vainqueur

Un orč'ay se maria. Le troisième jour après les noces, il prit sa femme avec lui et alla à la montagne. Dans la montagne, il tira du fourreau un poinçon et dit à sa femme : « Si quelqu'un te dit ou te fait quelque chose, je le larderai de coups comme ça avec ce poinçon, » et il commença à enfoncer le poinçon dans un arbre. À ce moment, un homme apparut, le fusil à l'épaule. C'était le bandit de cette montagne. Il avait entendu ce que disait l'orč'ay. Quand l'orč'ay vit cet homme, il resta muet de peur. Le bandit s'approcha et posa son sac à terre. Il dit à l'orč'ay : « Aucune mouche ne devra se poser sur ce sac. S'il s'en pose une, je ne sais pas (ce que je te ferai) ! » Le bandit prit la femme par la main et l'emmena dans un fourré d'aulnes. Quand il eut fait son affaire, il ressortit. Il prit son sac et s'en alla. Peu après, la femme sortit (du fourré), elle était toute déchirée. Elle dit à son mari : « Il y a un instant tu parlais comme ceci et comme cela. (Et) voilà qu'on a 'fait' ta femme près de toi et tu n'as rien pu faire… » L'orč'ay : « Femme, ne parle pas, dit-il. Je n'ai pas du tout gardé le sac ! J'ai laissé toutes les mouches s'y poser partout ! (Ainsi) la virilité, c'est encore à moi qu'elle est restée ! »

Conté par Muhsin Erol à Istanbul entre 1960 et 1964

79.
« Un peu plus, et… »

Tandis qu'il descendait à la ville, un orč'ay vit en chemin un poirier. Il portait des poires bien mûres. Ne pouvant y tenir, l' orč'ay monta à l'arbre. Quand le propriétaire du poirier le vit, il le poursuivit avec des pierres et il l'injuria grossièrement en disant : « Ta mère, ton père… » L'orč'ay, de peur, se jeta à bas de l'arbre et s'enfuit. Quand il vint à sa maison, il raconta ce qui lui était arrivé : « Un peu plus, et il injuriait ma femme, dit-il, et j'étais obligé de le tuer ! »

Conté par Muhsin Erol à Istanbul entre 1960 et 1964

80.
Rêve et réalité

Un orč'ay quittait le pays pour gagner de l'argent. Il avait aussi un camarade. Quand la nuit les prit sur la route, ils se couchèrent tout habillés quelque part. Pendant la nuit, l' orč'ay eut un rêve. Dans son rêve, il avait de l'argent plein des sacs, et il le mit sur le dos de son camarade. Peu de temps après, il s'éveilla. Il dit à son camarade : « Où as-tu emporté l'argent que je t'ai mis sur le dos ? » Son camarade dit en riant : « Quel argent ? » L'orč'ay vit rouge : « Apporte-moi vite, dit-il, l'argent que je t'ai donné ! » Comme son camarade ne put lui apporter l'argent, il lui serra le cou et l'étrangla.

Conté par Muhsin Erol à Istanbul entre 1960 et 1964

81.
Le miroir

Un jour un orč'ay apporta un miroir à sa femme. « Tiens, femme, voici ce que je t'ai apporté ! » lui dit-il. La femme n'avait jamais vu de miroir. Elle le prit et, quand elle regarda, elle (y) vit une jolie femme. Elle ne comprit pas que c'était son visage et commença à crier : « Ah…, mon mari m'a amené une seconde épouse ! » Quand sa belle-mère prit (le miroir), elle dit : « Ma petite, c'est une vieille femme, pourquoi cries-tu à cause d'elle ? » Elle et sa bru se querellèrent. L'une disait : « Elle est jeune », l'autre : « Elle est vieille. » L'orč'ay se fâcha, prit le miroir et le jeta à terre. Une fois le miroir cassé, la querelle aussi finit.

Conté par Muhsin Erol à Istanbul entre 1960 et 1964

82.
Du pain à la grenouille

Un homme orč'ay n'était jamais descendu à la ville. Un jour, il y descendit. Il fit ses affaires. Au moment de repartir, il acheta un grand morceau de pain de froment. Il en mangea la moitié, sans rien avec. Quant à (l'autre) moitié, il la mit sous son bras pour la manger en route. Au milieu du chemin, il fut surpris par la nuit. À un moment, le pain tomba. Il faisait très noir. On ne pouvait pas voir à proximité (« l'œil ne pouvait voir l'œil »). Tandis qu'il cherchait le pain avec la main, il rencontra une grenouille. Il crut que c'était le pain et la prit. Comme la grenouille, de peur, s'était débattue et avait coassé, l' orč'ay dit : « Je ne comprends pas ce que tu racontes, j'ai payé ! » Et il la mordit par le bord et la mangea.

Conté par Muhsin Erol à Istanbul entre 1960 et 1964

83.
Savoir-vivre

Un orč'ay était allé à Istanbul. À Istanbul, avec un sien camarade, ils allèrent en visite (chez un troisième). Les maîtres de la maison, disant : « Ce sont des hôtes », servirent pour eux des pommes. L'un des orč'ay – sa bouche était asséchée – s'y mit de grand cœur, et il ne cessa de manger. Son camarade, discrètement, lui dit à l'oreille : « Qu'est-ce que tu fais ? C'est honteux. Ici, ils ne cueillent pas (les pommes librement) (comme) au Gelazana de chez vous ! Ils les achètent avec de l'argent. On n'en mange qu'une ou deux. Si l'on a envie de plus, on en met encore une dans sa poche à la dérobée. » L'orč'ay apprit bien la leçon et : « Je ferai ainsi la prochaine fois »,

dit-il. Un peu plus tard, on apporta le café. Disant : « C'est un hôte »,
on lui présenta en premier le plateau. L'orč'ay, comme le lui avait
recommandé son camarade, prit les deux tasses et fourra l'une à la
dérobée dans sa poche.

Conté par Muhsin Erol à Istanbul entre 1960 et 1964

84.
L'ampoule capricieuse

Un orč'ay descendit à la ville. La nuit le surprit en ville. Les lampes
électriques s'allumèrent. Les lieux étincelaient comme le paradis.
L'orč'ay avait été saisi d'étonnement. Il demanda à quelqu'un : « Par
où verse-t-on le pétrole dans ces lampes. » L'homme lui répondit :
« On n'y verse pas de pétrole, ça brûle tout seul. » L'orč'ay monta (à
un réverbère), cueillit une ou deux lampes et les apporta chez lui. Il
dit à sa femme : « Hé femme, casse toutes (nos) lampes. Je t'ai
apporté de si bonnes lampes qu'elles n'ont pas besoin de pétrole. Ça
fait de la lumière comme le soleil. » Sa femme, de joie, cassa ce qu'il
y avait de lampes. L'orč'ay fixa les ampoules au mur. Il les
chatouille, il les chatouille, par aucun moyen il ne peut les faire
s'allumer. « Espèce d'individu, tu brûlais en ville, qu'est-ce qui t'est
arrivé ici ? », dit-il. Et il les cassa toutes. Ils restèrent dans une
obscurité complète.

Conté par Muhsin Erol à Istanbul entre 1960 et 1964

85.
Une erreur de destination

En pays orč'i, il y avait un homme nommé Mohammed. Un jour, le
père de Mohammed et un (membre de la famille) Şekeroğlu, se
querellèrent. Şekeroğlu avait mis sur sa tête le feutre du père de

Mohammed. Mohammed arracha de terre un pieu, et il alla vers Şekeroğlu dans l'intention de porter secours à son père. Il reconnut le feutre de son père. Il donna un grand coup de pieu à celui qui avait la tête nue. Cet homme s'effondra. L'autre homme jeta le feutre et s'enfuit. L'homme que Mohammed avait frappé avec le pieu était son père. Il ne le savait pas. Après un peu de temps, il dit à son père : « Père, j'ai donné un coup de pieu à Şekeroğlu et je l'ai étendu. » Son père, la tête comme du *pekmez*, poursuivit son fils. « Quel Şekeroğlu ? , dit-il. C'est à moi que tu as fait la tête comme du *pekmez* ! »

Conté par Muhsin Erol à Istanbul entre 1960 et 1964

86.
Le forgeron et sa belle enclume

Mohammed (le forgeron) dit un jour à des enfants : « Voyez, quelle bonne enclume j'ai faite ! » Les enfants lui demandèrent : « D'où sais-tu qu'elle est bonne ? » Mohammed prit un marteau et frappa sur l'enclume. « V oyez quelle bonne sonorité elle produit. Allez où vous voulez, vous entendez sa sonorité. » Les enfants dirent : « Oncle, nous autres, montons sur cette colline-là. Est-ce que nous l'entendrons de là-bas ? » Mohammed leur dit : « Allez, allez. Allez où vous voulez, vous l'entendez encore. » Les enfants dirent : « Nous montons sur la colline. » Puis ils allèrent à une petite distance et se cachèrent. Mohammed frappe l'enclume avec le marteau. « Enfants, crie-t-il, l'entendez-vous ? » Les enfants répondent en criant : « Nous ne l'entendons pas ! » – alors qu'ils l'entendaient bien. Ils trompaient Mohammed. Mohammed prit un plus grand marteau et frappa plus fort. « Enfants, vous ne l'avez toujours pas entendu ? », leur demanda-t-il. Les enfants lui (répon)dirent : « Nous n'avons pas entendu. » Mohammed entra dans une grande colère. Il prit un marteau de tailleur de pierre et frappa de toutes ses forces sur l'enclume. L'enclume se cassa en mille morceaux, comme du sel.

Georges Dumézil

Mohammed fut très contrarié de ce que l'enclume eût été brisée et, tout en larmes, poursuivit les enfants en disant : « Ah, fils de..., vous m'avez fait casser l'enclume ! »

Conté par Muhsin Erol à Istanbul entre 1960 et 1964

87.
Le forgeron sait la valeur du métal

Un jour Mohammed (le forgeron) chauffait au rouge de l'acier. Quand l'acier fut rouge, il le tint avec la main (pour) faire quelque chose. L'acier était très rouge, sa main fut brûlée et, de sa main, de la fumée montait. Il ne lâchait toujours pas l'acier. Ceux qui le virent dirent : « Mohammed, que fais-tu ? Ta main est brûlée, jette l'acier ! » Mohammed répondit : « L'acier est plus précieux que ma main », et il ne le jeta pas. Sa main avait été tellement brûlée qu'il resta couché deux mois à l'hôpital.

Conté par Muhsin Erol à Istanbul entre 1960 et 1964

88.
Philosophie

Un orč'ay était très pauvre. Il trempait du pain dans de l'eau et le mangeait. Un jour, il trouva une oque de beurre et l'apporta à la maison. Sa femme se réjouit et le cacha bien. Elle le ménageait (et ne l'utilisait que) peu à peu. Le mari dit : « Femme, apporte le beurre, je mangerai du beurre. » Sa femme lui (répon)dit : « Hé homme, es-tu devenu fou ? Quand le beurre sera fini, que ferons-nous ? Ménageons-le ! » Le mari dit : « Tais-toi, te dis-je, apporte-moi vite le beurre. On dit (de) moi (que je suis un) homme, j'en trouverai encore. » Et, en deux jours, il termina une oque de beurre. Ils recommencèrent à tremper (du pain) dans l'eau. La femme dit : « Tu disais : 'On dit que je suis un homme.' Maintenant notre beurre est fini, pourquoi n'en apportes-tu pas ? » Le mari (répon)dit : « On dit que je suis un homme, – je me débrouille aussi sans beurre ! »

Conté par Muhsin Erol à Istanbul entre 1960 et 1964

89.
À la recherche du spécialiste

Quand Ahmet était enfant, il descendit (au village) de K'avaγi. Il voulait acheter un *simit*[7]. Il alla à la boutique du marchand de cuivres : « Donne-moi un *simit* », dit-il, demandant un *simit*. Le marchand de cuivres lui dit en riant : « Mes *simit* sont finis. Il y a là un coiffeur, demande-lui. » Ahmet alla chez le coiffeur. Quand, là aussi, il demanda un *simit*, (le coiffeur) l'envoya chez le boucher. Le boucher l'envoya chez le charpentier, le charpentier chez le forgeron, le forgeron chez l'étameur. Ils le firent ainsi courir jusqu'au soir. Le soir, un homme l'envoya à sa maison : « Va, mon petit, dit-il, là-bas on vend des *simit*. » À la maison de (cet) homme, il y avait un grand chien. Quand Ahmet dit : « Je demanderai un *simit* », le chien se jeta sur lui. Il eut peur, s'enfuit et (re)vint à sa maison.

Conté par Muhsin Erol à Istanbul entre 1960 et 1964

90.
Mesure d'altitude

Une dizaine d'orč'ay allèrent se promener à Istanbul. Ils s'y promenèrent partout. Ensuite, ils montèrent à une tour. De la tour, on voyait toute la ville. « Quelle est la hauteur de cette tour ? », se demandèrent-ils l'un à l'autre. L'un d'eux dit : « Elle a cent brassées », un second : « Elle est plus petite », un autre : « Elle est plus grande », et ils se querellèrent en paroles. Le plus âgé d'entre

7   Petit pain en forme d'anneau.

eux dit : « Que faites-vous, vous autres ? Êtes-vous devenus fous ? Mesurons-la, et alors nous le saurons. » – « Comment la mesurer ? », lui dirent-ils. Lui : « C'est facile, dit-il. Suspendons-nous en chaîne à un bord de la tour. Alors nous le saurons. » Ils acceptèrent. D'abord celui qui était le plus fort se suspendit au bord de la tour. Un second se suspendit aux pieds de celui-là. Ainsi suspendus l'un à l'autre, ils descendirent jusqu'à la moitié de la tour. Comme ils étaient tous forts, leurs mains n'avaient pas mal. C'était alors l'hiver. Les mains de celui qui était tout en haut tenaient le fer (du rebord de la tour), elles eurent froid. Il cria à ceux qui étaient en dessous : « Tenez-vous bien, j'ai froid aux mains et je vais les fourrer dans ma poitrine. » Il lâcha le fer et tous dégringolèrent.

Conté par Muhsin Erol à Istanbul entre 1960 et 1964
AT 1250

91.
Le confort d'Istanbul

Un orč'ay alla à Istanbul. Pendant qu'il se promenait dans les rues, il fut pris d'un gros besoin. Il ne put trouver de latrines publiques. Il se heurta là, il se heurta ici, il était en grande détresse. À la fin, il trouva des latrines. Il entra et fit son affaire. Il ne put trouver le récipient d'eau. Quelque chose était pendu à une chaîne. Quand il tira dessus, l'eau coula. Il eut peur et, le pantalon défait, il se précipita dehors. En même temps il rattache son pantalon, en même temps il s'enfuit. Le préposé aux latrines le saisit par le cou et lui réclama l'argent. Il donna l'argent et dit : « Parlez-moi d'Istanbul ! Quelle drôle d'idée de venir ici ! Ah, notre chère colline (du Lazistan) ! (Là), fais où tu veux, on ne te réclame pas d'argent et l'eau ne te coule pas dessus ! »

Conté par Muhsin Erol à Istanbul entre 1960 et 1964

92.
Le sac de plâtre

Un jeune homme orč'ay vint à Istanbul. Son oncle l'emmena à l'endroit où il travaillait. Il resta assis là jusqu'au soir. Quand il fit soir, son oncle lui dit : « Toi, suis ce chemin, moi je te rejoindrai par-derrière », et en outre il lui donna un sac où était versé du plâtre. Le jeune homme, tenant le sac, se mit en route. Après avoir marché un peu, il hésita sur le chemin. Il va, il va, de nouveau il revient au même endroit. Il perdit aussi son oncle. Il erra ainsi pendant trois ou quatre heures. Ne pouvant plus trouver son chemin, il demanda à un policier. Le policier lui enseigna le chemin. Il alla et monta dans un tramway. Comme il y avait foule d'hommes, le sac de plâtre éclata. Il se répandit de tous côtés sur les gens. Partout cela devint blanc. Comme les hommes le battaient, il s'élança hors (du tramway) et s'enfuit.

Conté par Muhsin Erol à Istanbul entre 1960 et 1964

93.
Le beurre fondu

Un orč'ay engagea un scieur et l'emmena à la montagne. Il recommanda à sa femme : « Apporte-nous là-bas le manger de midi. » La femme fit un grand börek. En outre, pour faire cuire là-bas du fromage dans la poêle, elle prit du fromage et du beurre. Elle mit la poêle dans sa hotte et attacha le beurre dans son tablier. Elle se mit en chemin. Il faisait très, très chaud, le beurre fondit en chemin et le caleçon (de la femme) fut inondé. Quand elle arriva à la montagne, elle disposa le repas et appela les travailleurs : « Je vous aurais fait du fromage dans la poêle, dit-elle, j'avais attaché le beurre ici, il a fondu et a coulé dans mon caleçon. » Les travailleurs : « Tante, ça ne fait rien, dirent-ils. Nous y tremperons notre pain et nous le mangerons. »

Conté par Muhsin Erol à Istanbul entre 1960 et 1964

94.
Le bureau de K'azdali Yakup

Un orč'ay vint à Istanbul. On faisait une mosquée dans son village. C'est pour rassembler les fonds nécessaires qu'il était venu à Istanbul. Il ne connaissait aucun endroit à Istanbul. Il n'était jamais venu jusqu'ici. Après être descendu du bateau, il marche en direction du bazar. « Que ferai-je maintenant ? Où irai-je ? Je ne connais personne », réfléchissait-il. En voyant les filles d'Istanbul à moitié nues, il disait : « *Na mahrem* ! », et détournait la tête. « C'est un péché ! », disait-il et il ne regardait aucune fille. Il se promenait tout le temps la tête baissée et réfléchissait. Alors il rencontra un de ses (anciens) voisins. Son voisin était (fixé) à Istanbul depuis longtemps. Il connaissait tous les endroits. L'orč'ay se réjouit de le voir. « Je suis venu ici, lui dit-il, pour rassembler l'argent de la mosquée. Je ne connais personne. Si tu connais quelqu'un, joins-toi à moi et emmène-moi. Peut-être nous donnera-t-il quelque chose. » L'autre (se) dit : « Que je lui joue un tour ! », et il combina (son plan) en lui-même. « Je connais (des gens) », lui dit-il. S'étant joint à lui, il l'emmène, tout en causant. « Je t'emmène à présent chez K'azdali Yakup. Il est de Rize. C'est un très bon homme. Il donne beaucoup d'argent pour les affaires des œuvres pieuses. Il est aussi très riche », dit-il, et il l'emmena jusqu'à un bordel. Là, il lui fit de bonnes recommandations : « Quand tu entreras ici, beaucoup de filles viendront à ta rencontre. Les filles portent seulement un caleçon, les autres parties (de leur corps) sont nues. En entrant, ne regarde pas du tout les filles. À celle des filles qui viendra à ta rencontre, dis : 'Je veux aller au bureau de K'azdali Yakup.' Cette fille t'emmènera auprès de K'azdali Yakup. » L'orč'ay ouvrit la porte et pénétra à l'intérieur. Les filles l'entourèrent. Cet homme était un très bon musulman. « C'est un péché », se dit-il, et il n'en regarda aucune, il ferma les yeux. En même temps qu'il fait (intérieurement) un acte de contrition, il leur dit : « Je veux aller au bureau de K'azdali Yakup, qu'une de vous m'y emmène. » Une des filles sortit (du groupe) et lui dit en riant : « C'est moi qui t'y mènerai. »

L'orč'ay l'accompagna et elle le fit monter dans une chambre. Elle le poussa d'abord dedans, puis entra elle-même derrière lui. L'orč'ay se retourna et demanda à la fille : « Où est le bureau de K'azdali Yakup ? » – « Je vais te le montrer », dit la fille, elle s'étendit sur le lit, ôta son caleçon, Elle lui montra... cet endroit et dit : « Tiens, voici où est le bureau de K'azdali Yakup ! » Quand il eut vu [la chose], l'orč'ay dit : « Oh... qu'est-ce que j'ai vu ! » Il frappa de son bâton au hasard de haut en bas, et s'enfuit en faisant des actes de contrition en série. La femme le poursuivit. Les autres femmes arrivèrent. Elles entourèrent l'homme et lui prirent ce qu'il avait d'argent. Elles lui arrachèrent sa veste et le laissèrent ainsi. Quand il fut sorti dehors, l'homme respira un grand coup. « Zut pour Istanbul, zut pour K'azdali Yakup ! Pour sûr, je m'en vais chez moi ! », dit-il, et il (re)vint dans l'orč'i.

Conté par Muhsin Erol à Istanbul entre 1960 et 1964

95.
La tombe violée

Quand j'étais jeune, j'allai à Trébizonde. Je me promenais au marché. J'étais ignorant de toute chose. Je regardais comme une vache les maisons, les lumières. En voyant les automobiles, je m'effarouchais comme un chat. Jusqu'au soir je me promenai dans Trébizonde. Le soir, un homme s'approcha de moi. « Hé, que cherches-tu ici ? », me dit-il. Je ne l'avais pas reconnu. En moi-même, je (me) disais : « Qui donc est-ce ? » – « Ne m'as-tu pas reconnu ? », me demanda-t-il. « Je ne t'ai pas reconnu », lui dis-je. « D'où es-tu ? », me demanda-t-il. « Je suis d'Arhavi », lui dis-je. Et lui : « Moi aussi, je suis de Viçe, j'ai grandi à Trébizonde. Quelquefois je vais à Viçe. De là, je passe aussi vers Arhavi. Je t'y ai souvent vu », me dit-il. Je l'avais cru. C'est que j'étais seul et que je m'ennuyais. Nous devînmes camarades et nous nous mîmes à nous promener ensemble.

Tout doucement, nous montâmes sur une colline. Cette colline s'appelait Boz-Tepe (« La Colline grise »). Je l'ai appris plus tard. Quand, avec cet homme, nous fûmes arrivés tout en haut de la colline, il tira son revolver. Il me cria : « Si tu ne m'obéis pas, je te tue. » J'avais terriblement peur. « Quoi que tu dises, j'obéirai », lui dis-je. Nous allâmes encore un peu (plus loin). Nous vîmes une tombe fraîche. Sur la tombe, en outre, était posée une pioche. Il me dit : « Creuse cette tombe. » De peur, je ne pouvais dire un mot. Je commençai à creuser la tombe. Je creusai environ une heure. Quand je défis les planches placées en biais dans la tombe, le cadavre d'une jeune fille apparut. L'homme qui était en haut me dit : « Il y a une montre en or attachée à la main de la jeune fille, défais-la et donne-la moi. » Je détachai la montre d'or de la main et la lui donnai. Cette jeune fille était la fille d'un riche Tsigane. À sa mort, on avait enterré avec elle les choses (précieuses) qu'elle avait. L'homme dit : « Elle a des dents d'or, arrache-les lui. » J'ouvris la bouche de la jeune fille. Les chairs étaient décomposées. Une mauvaise odeur en émanait. J'arrachai les dents et les lui donnai. « Elle a au cou un beşlik, donne-le moi aussi », me dit-il. Je détachai le beşlik du cou et le lui donnai. « Elle porte encore une ceinture d'argent à la taille, donne-la moi aussi », me dit-il. Je défis la ceinture d'argent, mais, quand je voulus la lui donner, il s'était enfui. Je (res)sortis et, tout en larmes, je (re)descendis au marché.

Conté par Muhsin Erol à Istanbul entre 1960 et 1964

96.
Funérailles

J'allais hors du pays avec un homme. Il n'y avait pas alors d'auto ni rien (de ce genre), nous allions à pied. Nous vîmes un village. Nous avions terriblement faim, nous nous approchâmes des maisons. Il n'y avait personne ; seule, une petite fille pleurait. Nous lui demandâmes : « Ma petite, que t'est-il arrivé ? Pourquoi pleures-tu ? »

La petite fille avait douze ans. Tout en larmes, elle dit : « Je soignais mon grand-père. Maintenant, le grand-père est mort, c'est pour cela que je pleure. » Nous redemandâmes : « N'as-tu personne d'autre ? » La petite fille nous dit : « Tous les nôtres sont montés au pâturage d'été. Moi, ils m'ont fait rester ici parce que le grand-père était malade. » Nous lui dîmes : « Que cherches-tu maintenant ? Que veux-tu ? » La petite fille dit : « Vous m'enterrerez le grand-père. » Nous lui dîmes : « Comment l'enterrer ? Nous ne pouvons l'enterrer. » La petite fille recommença à pleurer. Nous lui dîmes : « Bon, nous te l'enterrerons. Seulement nous avons faim. Apporte-nous quelque chose, que nous mangions. » La petite fille nous apporta diverses choses. Nous mangeâmes. Nous prîmes le vieillard et le portâmes au bord du puits (pour la toilette funéraire). Pendant que nous le lavions, il glissa et il tomba dans le puits. Le puits était très profond. Le vieillard ne pouvait être retiré. « Que faire ? », disions-nous. Mon camarade alla (trouver la petite fille). « Nous allons l'enterrer », lui dit-il, et il lui demanda une pioche. « Surtout ne viens pas, les morts entraînent les petits enfants dans la tombe », lui recommanda-t-il. Avec la pioche, nous fîmes un endroit comme une tombe. Nous (re)vînmes à la maison en disant : « Nous avons enterré le vieillard. » Nous dîmes à la petite fille : « Est-ce qu'il n'a rien ? Faisons un *devir*. » La petite fille dit : « Il n'a qu'un revolver et un poignard. » Et, de la chambre, elle apporta le poignard et le revolver. Nous nous dîmes l'un à l'autre (chacun jouant pour l'autre le rôle d'imam) : « Voici le revolver, voici le poignard (bis) ». Nous mîmes le revolver et le poignard dans nos poches et nous nous enfuîmes.

Conté par Muhsin Erol à Istanbul entre 1960 et 1964

97.
Le chou

Avec un garçon, nous allions quelque part. Le soir nous prit, nous nous arrêtâmes devant une maison. Nous frappâmes à la porte, on nous ouvrit. Il n'y avait là qu'un mari et (sa) femme. Ils avaient mangé et, en supplément, mangeaient du chou. « Voulez-vous manger ? », nous demandèrent-ils. Nous avions tellement faim que nous avions le(s parois du) ventre collé(es). (Mais) nous eûmes honte et nous leur dîmes : « Nous ne voulons pas. » Rien à faire, nous nous couchâmes ainsi. Dans le lit, la faim me brûla intérieurement, je ne pouvais dormir. Je me tournais dans un sens et dans l'autre, le sommeil n'entrait pas dans mes yeux. «Cela ne sera pas ! », dis-je, et je me levai. Tout doucement, je sortis pour aller dans la grande pièce. Le chou était posé sur un rayon. À tâtons, j'allai au rayon. Je trouvai le chou, en mangeai deux ou trois bouchées, et, en outre, j'en pris pour mon camarade. (Puis), à tâtons, je revins dans la chambre. « Que je ne le réveille pas brusquement », dis-je, et, cassant de menus morceaux dans le chou, je les lui mis dans la bouche. Et lui, tout en dormant, le mâche et l'avale. Je l'avais (déjà) fait pas mal manger (quand) ma main toucha de (longs) cheveux. Quand je regardai, c'était la femme ! « Je suis entré dans la mauvaise chambre », dis-je. En effet, j'étais entré dans la chambre du mari et de la femme. J'eus terriblement peur (et) sortis tout doucement. Je (re)vins (dans notre chambre) et me (re)couchai. Quand il fit jour, je m'éveillai tôt. Me disant : « Voyons, que s'est-il passé ? », je tendis l'oreille vers la chambre où dormaient le mari et la femme.

Juste à ce moment la femme s'était éveillée. Elle dit à l'homme : « Hé (mon) homme, es-tu devenu fou ? Qu'est-ce que tu as à la figure ? » L'homme dit : « Pourquoi (dis-tu que) je suis devenu fou ? Qu'est-ce que j'ai à la figure ? » La femme lui dit : « Tu es rempli de chou, sans rien d'autre. Tu t'es levé la nuit et tu as mangé du chou. Pour te gaver, tu t'es gavé ! Tu aurais au moins pu te laver la figure. » L'homme : « Qu'est-ce que c'est que ce chou que j'ai mangé ? ! Espèce de cochon, c'est toi qui m'as barbouillé la figure de chou et maintenant tu te moques de moi. Suis-je ton enfant ? » La femme dit : « (Mon) homme, tu es vraiment devenu fou. Qu'est-ce que ça signifie, que je t'ai barbouillé la figure de chou et que je me moque de toi ? N'as-tu pas mangé de chou ? » L'homme dit : « Hé femme, je te dis de ne pas m'énerver, (ou) tu recevras une rossée. » La femme rit et dit : « Rosse tes mains, ce sont elles qui t'ont barbouillé la figure. » L'homme dit : « Tiens, (voilà comme) je rosse mes mains ! » (Et) un bruit se produisit : il avait frappé sa femme avec quelque chose… Sa femme poussa un cri et le maudit : « Puisse (ton bras) se casser et se paralyser ! Que le sang remplisse tes deux yeux ! Je ne l'ai pas fait et pourtant tu m'as battue ! » Le mari demanda : « Vraiment, tu ne l'as pas fait ? » La femme dit : « Qu'est-ce que ça signifie, que je l'ai fait ? Tu n'as (plus) du tout de bon sens ! » Le mari : « Alors qui donc l'a fait ? », dit-il. La femme dit : « Que sais-je ? » Tandis qu'ils parlaient ainsi, je (me) dis : « Ils comprendront que c'est moi, et je recevrai une bonne rossée. » Et, ayant éveillé mon camarade, nous nous sauvâmes par la fenêtre.

Conté par Muhsin Erol à Istanbul entre 1960 et 1964

98.
Mémoires de l'enfant prodigue

Un jour mon père me battit et je m'enfuis. J'allai en Ajara. Mon oncle était là. J'étais avec lui. Il y avait là une école. Je regardai les filles en cachette. Mon oncle m'y prit : « Ne les regarde pas, dit-il, n'est-ce pas honteux ? » Et il me battit. De nouveau, je m'enfuis. J'allai, j'allai, j'entrai dans une maison. Je dis aux (gens de la maison) : « Je n'ai personne. Permettez-moi de rester un peu de temps. » Ils consentirent. Pendant le jour, j'aide au jardin et à diverses choses. Et, la nuit, je couche là. Je mange aussi là. J'étais plus confortablement que dans ma maison. Notre voisin avait une assez belle femme. Tout doucement, je la séduisis. Quand son mari n'est pas là, elle m'introduit par la porte de derrière. Nous faisons notre affaire, (et) je ressors. Un jour, le mari nous surprit. Il avait ouvert la porte de la maison. Il n'y avait pas le temps de fuir. Aussitôt, je tirai le grand placard à farine et je m'y introduisis. La femme poussa le placard. À ce moment, l'homme entra dans la pièce. Sur le dos, dans un sac de peau, il portait de la farine. Comme il se disposait à la vider dans le placard, la femme s'interposa. « Pourquoi te presser ? dit-elle. Repose-toi un peu, ensuite, moi, je la verserai. » Le mari : « Eh, écarte-toi donc, est-ce une affaire à laisser pour plus tard ? Que je la verse maintenant, pendant que j'y suis ! », dit-il. La femme ne s'écartait pas. « Est-ce que cela te regarde ? C'est moi qui la verserai ! » Le mari était fatigué. « Écarte-toi, te dis-je ! » dit-il, il poussa sa femme et tira le placard à farine. Il me renversa (le sac de) farine sur la nuque. Moi, de peur, j'avais déjà fait mes besoins dans (le placard). Quand il versa la farine sur moi, je sautai dehors. L'homme fut surpris et bondit (en arrière). La femme dit : « Tu prétendais que c'était de la farine et tu as apporté un garçon ! » L'homme, tout en colère : « Qu'est-ce que ça signifie, que j'ai apporté un garçon ? C'est pour toi qu'il était assis là-dedans ! », dit-il. La femme dit : « Qu'est-ce que tu dis, (mon) homme ? Es-tu donc devenu fou ? » L'homme : « Espèce de cochon ! », dit-il. Et, pendant qu'ils s'empoignaient, je m'enfuis.

J'allai dans un autre village. Je m'engageai comme berger chez un aga, je faisais paître les chèvres. Un jour, la bru de l'aga tomba malade, elle allait avoir un enfant. L'aga m'appela : « Prends un mulet et va au village d'en face. Amène la sage-femme de là-bas. » Je pris un mulet et allai au village. Le soir était tombé. Je trouvai la maison de la sage-femme. La sage-femme était endormie, je la réveillai. Je la fis asseoir sur le mulet et nous nous mîmes en route. Nous allions tout doucement. En chemin, le mulet fut effarouché par quelque chose, jeta à bas la sage-femme et s'enfuit. Rien à faire : nous restâmes là. La sage-femme était vieille, elle ne pouvait marcher. Je la pris sur mon dos et nous nous remîmes en route. Peu après, je fus très fatigué. Je la fis asseoir sur le bord d'un puits. Comme je me mettais à tirer de l'eau, elle me tomba dans le puits ! Maintenant, que faire ? De nouveau je m'enfuis.

J'allai, j'allai, je rencontrai deux hommes à cheval. Ils me prirent (et) quand je dis : « Où m'emmenez-vous ? », ils me dirent : « Ça ne te regarde pas, nous t'emmenons à un bon endroit. » Nous allâmes, nous allâmes, nous nous approchâmes d'une boutique. Les hommes me dirent : « Nous te ferons descendre (avec une corde) par cette cheminée. Tu feras un baluchon de choses précieuses. Tu les attacheras à la corde. Nous les tirerons d'abord, ensuite nous te ferons sortir. » Quand je dis : « Ce n'est pas possible », ils appuyèrent un couteau sur moi. De peur, j'acceptai. Ils me firent descendre par la cheminée. J'attachai dans un baluchon tout ce qu'il y avait dans la boutique, je le fixai à la corde. Quand les hommes eurent fait remonter le baluchon, ils s'enfuirent. Ils me laissèrent là. Que faire ? Je tâtonnai ici et là. Je trouvai une porte, je l'ouvris, j'entrai dans une chambre. En circulant de nouveau à tâtons, je rencontrai un lit de fer où dormait une femme. J'eus peur et entrai sous le lit. Je pensais : « Je resterai ici jusqu'à ce qu'il fasse jour, puis je m'enfuirai. »

Peu après, un homme vint. Il frappa à la fenêtre pour (appeler) la femme. La femme se leva, lui ouvrit la porte et l'introduisit dans la chambre. C'était l'amant de cette femme. Ils se tournent et se retournent sur le lit. Et moi, en dessous, j'aiguise mes cornes ! Peu après, un autre homme vint. La femme dit : « Mon mari est venu ! », et elle fit asseoir son amant dans l'armoire. Ensuite, le mari ouvrit la porte. L'homme avait apporté des poissons. Sa femme les fit frire. Tandis qu'il mangeait, le chat vola un des poissons. Il pourchassa le chat. Le chat s'échappa et entra sous le lit, à l'endroit où j'étais. L'homme regarda dessous et me vit. Il m'attrapa et me tira de (ma cachette). La femme et le mari, tous deux, furent stupéfaits. L'homme dit : « Qu'est-ce que tu cherches ici ? » Et il me tomba dessus. Je lui glissai des mains et ouvris l'armoire dans laquelle était assis l'amant. L'amant bondit dehors. L'étonnement de l'homme redoubla. Ils s'empoignèrent tous deux, (et) moi, je m'enfuis. « Je ne resterai pas en Aǯara », (me) dis-je et je (re)vins à ma maison. Je dis à mon père toutes les choses qui m'étaient arrivées. Il me pardonna pour cette fois et ne me dit rien.

Conté par Muhsin Erol à Istanbul entre 1960 et 1964

99.
Mehmet le Sec

Il y avait un (homme nommé) Mehmet le Sec. Il n'habitait pas du tout tranquillement dans son village. Il s'en prenait a tout le monde. Les hommes du village se réunirent et dirent : « Supprimons ce Mehmet le Sec de ce monde ! » Un homme dit : « La nuit, quand il sera couché, faisons rougir une broche et enfonçons-la lui dans le ventre. » (Les autres) furent d'accord. Mehmet le Sec entendit ce (projet). Mehmet le Sec était vraiment « sec » : si tu lui soufflais dessus, il s'envolait ; il pouvait s'asseoir sur une feuille... Mais il était très rusé. Quelqu'un pensait(-il) quelque chose, il comprenait tout. Mehmet le Sec, cette nuit-là, ne se coucha pas dans son lit. Il se cacha dans l'armoire. Au milieu de la nuit, les hommes vinrent. Ils trouèrent la cloison. Ils enfoncèrent cinq ou six fois dans le lit une broche rougie au feu. « Maintenant, il est mort », dirent-ils, et ils s'en allèrent. Le lendemain quand ils se levèrent, – Mehmet le Sec se promène là ! Les gens s'étonnèrent. Ils lui demandèrent : « Cette nuit, rien ne t'est-il arrivé ? » Mehmet le Sec : « Eh, cette nuit, les punaises m'ont cruellement mordu, elles m'ont (si) cruellement mordu que j'ai failli mourir », dit-il.
De nouveau les hommes se consultèrent : « Cette nuit, sur l'endroit où il se couche, versons de dessus le plafond de l'eau bouillante », dirent-ils. Ce (projet) aussi, Mehmet le Sec le devina. Cette nuit-là aussi, il se cacha dans l'armoire. Les hommes vinrent, montèrent au-dessus du plafond, versèrent de l'eau bouillante et s'en allèrent. Quand il fit jour, de nouveau, Mehmet le Sec est sain et sauf ! Ils lui demandèrent : « Est-ce qu'il ne t'est rien arrivé du tout, cette nuit ? » Mehmet le Sec dit : « Cette nuit, j'ai eu tellement chaud, tellement chaud, qu'il m'a semblé que j'étais tout baigné de sueur. » De nouveau, les hommes s'assemblèrent. « Eh bien, que lui faire, pour que nous soyons débarrassés de lui ? », dirent-ils. L'un d'eux leur dit : « Cette nuit, quand il sera couché, faisons tomber sur lui un gros rocher et écrasons-le. » Mehmet le Sec devina ce (projet) aussi. De

nouveau, il s'installa dans l'armoire. Les hommes vinrent, montèrent au-dessus du plafond (et) firent tomber une grosse pierre sur le lit. « Maintenant, qu'il se promène vivant ! », dirent-ils, et ils s'en allèrent. Quand il fit jour, – de nouveau, Mehmet le Sec est sain et sauf ! De nouveau, ils lui demandèrent : « Et bien, cette nuit, ne t'est-il rien arrivé ? » Mehmet le Sec (répon)dit : « Eh bien, cette nuit, une grosse souris est tombée sur moi. La souris était tellement lourde, était tellement lourde que j'ai failli être écrasé. »

Les hommes dirent : « Nous ne pourrons le faire mourir. Appréhendons-le, lions-lui les mains et les pieds et jetons-le dans un four brûlant. » En entendant ce (projet), Mehmet le Sec dit : « Je ne pourrai pas rester ici », et il s'enfuit de son village. Il prit un chemin de chacal. Il alla, il alla, et il se trouva aller à une région montagneuse. Il rencontra un ours affamé depuis trois jours. L'ours se le jeta dans la bouche. Comme il était très mince, Mehmet le Sec descendit du gosier au ventre. Dans le ventre, il s'ennuya. Il se mit à pincer les intestins de l'ours. Alors l'ours eut la colique. « Que je fasse mes besoins du haut d'un rocher », dit-il, et il alla à un rocher. Il se mit en position au-dessus de l'abîme et poussa un grand coup. Mehmet le Sec sortit du ventre et fut projeté à six archines. Il tomba sur une feuille. Il pleuvait une terrible pluie. Pour ne pas être mouillé, il s'assit sous la feuille. Quand la pluie cessa, il se (re)mit en route.

Il alla, il alla, il se dirigea vers une maison. Il frappa à la maison. Une vieille femme centenaire sortit : « Hé mon fils, mon Mehmet, d'où donc es-tu venu ? Où étais-tu jusqu'à maintenant ? », lui dit-elle. C'est que la vieille femme, vingt ans plus tôt, avait perdu un fils qui s'appelait Mehmet. Son fils ressemblait en tout point à Mehmet le Sec. Mehmet le Sec était en réalité le fils de cette femme. Étant petit, il avait été perdu et était tombé dans un autre village. Il dit à sa mère les choses qui lui étaient arrivées. La vieille femme lui fit manger un bon repas. Après trois jours, elle dit : « Que je te marie. » Mehmet le Sec se réjouit. « Marie-moi, mère », dit-il. La vieille femme trouva une jeune fille et la donna à Mehmet. Elle fit des noces pour lui pendant quarante jours et quarante nuits.

Moi aussi, j'y étais. Comme je t'apportais des baklavas et des böreks, en chemin, un énorme chien m'a rencontré. Quand il aboya, j'eus peur et je lui jetai (ce que je tenais). Je m'enfuis et je suis venu chez toi.

Conté par Muhsin Erol à Istanbul entre 1960 et 1964
AT 1640 pour le début

Textes chepsoug

100.
Le Narte Sawsərəqᵒe

Quand s'est passée l'histoire que je vais dire, c'était au temps où, très anciennement, les hommes vivant deux cent cinquante, trois cents ans, on les faisait mourir, avant qu'ils mourussent de vieillesse, en leur faisant boire une coupe (« corne ») d'*arap* (?) où se trouvaient des serpents venimeux. Un bouvier nommé (« qu'ils appellent ») γᵒəč''əqᵒ (= Demiroğlu) se trouvait de l'autre côté, au bord de la Laba. Sa femme était morte (« avait péri ») dans le temps qui avait suivi un accouchement. Il était resté sans pouvoir faire élever l'enfant survivant. Quand la princesse Seteney alla à la rivière laver du linge, le bouvier s'approcha d'elle, de l'autre côté (de l'eau), et la pria : « Eh, princesse Seteney, cet enfant est resté orphelin, je ne peux le faire élever, je te le donne, élève-le ! » Alors elle prit l'enfant, l'emporta et, sans informer personne, l'éleva dans un souterrain jusqu'à ce qu'il eût vingt ans.

Elle l'appela Sawsərəqᵒe. Quand le [vieux] Narte époux de la princesse Seteney, devenu vieux, eut atteint l'age d'être tué, le village(« les gens ») des Nartes s'assembla et, bien qu'ayant décidé de faire mourir le vieillard Ma'oə, comme c'était un homme vaillant, ils dirent : « Si nous lui envoyons (pour l'inviter au repas où nous le ferons mourir) l'enfant unique Mamərqᵒe, il ne le tuera pas », et ils envoyèrent l'enfant comme messager. L'enfant alla et, bien qu'entré dans l'enclos (« la cour ») (du vieillard), ayant eu peur, il n'entra pas dans la chambre et cria : « La famille des Nartes s'est réunie, ils t'invitent ! » Le vieux Narte se leva, dit : « Avant le reste des (« les gens ») Nartes, que je commence par mon petit-fils ! » et saisit ses armes. La princesse Seteney se leva. « Que fais-tu ? dit-elle. Tueras-tu notre unique petit-fils ? » Et elle lui retint la main. Leur petit-fils s'enfuit de là. La princesse Seteney dit : « Si tu aimes tellement ta

vie, va (où l'on t'invite), je te sauverai. » – « Comment (« par quel
moyen de sauver ») me sauveras-tu ? » dit-il et (elle répondit) : « Va,
assieds-toi et parle longtemps (« allonge la parole ») ; quand tu
verras de l'autre côté de (« derrière ») la porte un jeune homme aux
yeux bleus, aux moustaches pareilles à des piquants de hérissons,
enveloppé d'une houppelande, (alors seulement) prends d'eux la
coupe d'*arap* qu'ils te tendront (« donneront ») avec des serpents
venimeux dedans. Dis : 'Eh, mon enfant, aujourd'hui les Nartes ont
jugé cette (coupe) bonne pour moi, moi à mon tour je l'ai jugée
bonne pour toi !' et donne-la lui : (c'est) ce jeune homme-là qui te
sauvera (« tirera ») d'eux ». À ces mots le vieillard se leva et alla
rejoindre l'assemblée des Nartes. Et les Nartes vinrent à sa rencontre,
le firent entrer et le firent asseoir. Ils commencèrent à lui faire dire
les aventures de sa vie(« ce qui lui est arrivé »). Pendant que le
vieillard disait ses aventures en regardant plusieurs fois à l'autre côté
de la porte, et que les Nartes se tenaient devant lui pour lui donner la
coupe d'*arap* où se trouvaient les serpents venimeux, il allongea son
discours jusqu'à ce qu'il pût voir de l'autre côté de la porte le jeune
homme dont la princesse Seteney lui avait parlé. Quand il vit le jeune
homme de l'autre côté de la porte, il leur prit la coupe des mains et la
tendit au jeune homme en disant (« ayant dit ») : « Eh, mon enfant,
aujourd'hui les Nartes ont jugé cette (coupe) bonne pour moi, moi à
mon tour je l'ai jugée bonne pour toi ! » Les Nartes se levèrent
disant : « Allah, Allah !... » Alors le Jeune homme dit : « Vous tous,
gens Nartes, (est-ce que) vous ne me jugez pas digne d'une coupe ?
... » Et il bondit au milieu d'eux, frappa les Nartes contre les murs
de la maison, leur prit la coupe d'*arap*, cloua les serpents venimeux
avec ses moustaches et la but. Et il fit sauver (« il jeta dehors ») le
vieillard par la fenêtre, et il dispersa les Nartes comme des miettes. Il
amena le vieil homme jusque devant leur porte et lui-même regagna
le souterrain. La princesse Seteney demanda à son mari : « Qu'as-tu
vu ? » Il (répon)dit : « Fais-moi un lit chaud et fais-moi boire un peu
de lait chaud ; quand je me serai reposé, je te le dirai. » Quand le
vieillard se fut reposé, il dit : « De ma vie je n'ai vu un homme

vaillant comme le jeune homme que j'ai vu aujourd'hui ; il a massacré (« tué tous autour les uns sur les autres ») les gens Nartes et m'a fait sauver(« jeté ») par la fenêtre. » La princesse Seteney demanda au vieillard : « Veux-tu que ce jeune homme-là soit ton fils (« veux-tu [à] ce jeune homme-là en tant que qualité de fils ») ou ton frère cadet ? » – « S'il est mon frère cadet, il me tuera, je préfère (« veux plus ») qu'il soit mon fils. » La princesse Seteney amena(« apporta ») le jeune homme au (« vers le ») vieillard et dit : « Voici ton fils Sawsərəq°e, que cette rencontre te porte chance (« Puisses-tu voir son bien, le bien venant de lui, *hayrini göresin* ») ! » Et à partir de ce moment (« maintenant ») Sawsərəq°e vécut dans le monde (« *meydana basti* ») sans se cacher (« clair »). Il leur fit abolir (« laisser ») (la coutume) de tuer avant qu'ils meurent ceux qui deviennent vieux. Ceux qui ne l'écoutaient pas à ce sujet, il les tua…

Une fois Sawsərəq°e sortit (du village), resta dehors quelques jours puis il revint, lui-même et son cheval étant fatigués, et sombre (« pensant »), tout irrité, il s'assit. Sa mère, la princesse Seteney, le regarda et, voyant son fils tout pâle (« la couleur tombée de devant »), elle lui dit ces mots : « Sawsərəq°e notre pupille, Sawsərəq°e notre lumière, dont le grand boucher est couleur d'or, dont le dessus de kalpak est en mailles (de fer : « cotte de mailles »),dont le pan (« giron ») de chemise est rouge de sang (« le liquide sang »), dont le bout de lance frappe la tête (de l'ennemi), dis-moi ce que tu as rapporté comme honte, alors que tu étais parti (« allé ») pour rapporter (des) têtes de Nartes ? » – « Ah, princesse notre vieille mère, en quoi (te) concerne (« est affaire pour (toi) ») la honte que rapportent les hommes ? Taille avec tes ciseaux d'acier, fais dire de belles choses à ta langue, dégourdis (« fais fondre ») la bru qui entre (à la maison), fais dire (aux gens que tu es) [la] princesse de bonnes manières ! » Il dit. Et la princesse Seteney se leva et dit : « Que je ne fasse pas de faux serment à (la face de) ce Ciel ! Si j'en fais, que (Dieu) me coupe en deux ! Tu es mon fils unique (« je ne t'ai pas envoyé ayant cent fils, je ne t'ai pas envoyé ayant neuf fils »), si tu ne me dis pas l'ennui qu'a rapporté ce fils unique que j'ai, je vais me tuer ! » Elle dit et prenant ses ciseaux d'acier, elle les appliqua sur sa poitrine. « Ah, princesse notre mère, que la honte que je rapporte ne te soit pas en souci ! Je parle, écoute ! Le soleil brillant par moments, le ciel se couvrant par moments, tandis que j'errais sur la colline Arəqəč'e, je vis une petite tache noire (« une noirceur »). « Que j'apporte cet objet à la princesse Seteney (« que je m'approche de la princesse Seteney avec lui ») ! » dis-je et, m'élançant comme le vent, j'arrivai sur lui comme la tempête, mais il apparut (« *çikti, evasit* ») que cette petite tache noire était un homme redoutable : si je m'enfuyais, il ne me laissait pas, si je le poursuivais, je ne pouvais l'atteindre ! De (mes) deux [têtes d'] épaules il me fit labourer les durs labours des Nartes, des pointes de (mes) moustaches il me fit racler (« creuser ») la terre de four à pain de trois sœurs, il fit étouffer d'écume mon cheval Tx°azəy aux dents de chien, aux dents longues, il me tira de mes courroies d'étrier, il nous porta sur une distance (qu'on parcourt du matin à) midi, puis il dit : 'À quoi bon (« quel est ton profit de ») porter un être vil (« un méchant ») ?' et, ne jugeant pas bon pour moi le bout de sa lance, il commença à m'enlever la tête avec la hampe (« *tersi*, l'inverse, l'arrière,). Alors, recourant à la ruse, je me fis donner(« je pris de lui") un délai d'une semaine et je suis revenu…J'ai pensé à ce rendez-vous (« à cette manière d'en ré-approcher ») et c'est cela qui m'irrite. » La princesse Seteney se leva et alla trouver (le cheval) Tx°azəy dans (« sous ») (l'écurie) et lui dit : « Tx°azəy aux dents de chien, aux dents longues, qu'(aucun) cheval ne rejoint, quelle espèce de honte avez-vous apportée aujourd'hui ? » Tx°azəy regarda la princesse Seteney : « Ne vois-tu pas ? De honte (« ayant été à moi en honte »), je n'ai pas goûté la (bonne herbe) $g^o\partial\lambda$! » La princesse Seteney demanda à Tx°azəy : « Celui qui vous a fait (cette) honte, quelle espèce de jeune homme est-ce ? » Tx°azəy dit : « Celui qui nous a apporté (cette) honte, c'est un garçon blanc aux poignets larges, qui se promène la poitrine nue. Il n'est pas possible de s'opposer à lui, le cheval sur lequel il est assis a été élevé (« habitué ») dans (« par ») un souterrain. Si on ne fait pas se tuer réciproquement le cheval et l'homme, on ne sera pas de force (à en venir à bout). Va, accroche (moi) à la [crinière et] queue les grandes clochettes des Nartes, accroche (moi) les grelots tintants à la crinière ! Allons les premiers (« avant (l'ennemi) ») à la colline de Ḥaram (où est le rendez-vous) et nous attendrons. Fais vite préparer (les grelots et clochettes) ! Si (l'issue) est bonne, attribue le mérite à(« vois-la du côté de ») ton fils ; si elle est mauvaise, fais-m'en un grief. » Il arracha (de colère) trois planches de l'écurie, saisit la princesse par la peau de la tête (« des cheveux ») et la lança à la renverse (« en dos »). De la si grande douleur qu'eut sa peau de tête, la princesse Seteney dit : « Ah, celui dont tu es fils, celui dont tu es cheval, qu'il fasse de toi un (« qu'il te fasse en ») repas funéraire ! » Et, s'en étant retournée, elle prépara les (clochettes et grelots) que Tx°azəy avait dits. Sawsərəq°e lui-même alla à la colline de Ḥaram et s'arrêta dessus. Quand vint le jeune homme (= son adversaire) sans égal, Sawsərəq°e cria « Ḥaḥay ! » et les grelots commencèrent à tinter. Alors, comme le cheval que montait le jeune homme avait été élevé dans un souterrain, il fut effrayé en entendant le bruit des grelots et détala. Son cavalier (« l'homme assis dessus »), n'acceptant pas cela, tira fortement le mors en arrière, arracha les deux mâchoires du cheval et tomba par-dessus sa croupe. Quand Sawsərəq°e, ayant bondi sur lui, commença à lui enlever la tête, (le jeune homme) leva la main et lui montra l'anneau que lui avait donné son père (=le père de Sawsərəq°e). « Allah, Allah, je croyais que celui-ci était un homme brave, il s'est révélé(« *çikti* ») une brave femme ! » dit Sawsərəq°e. Il lui enleva la tête, l'emporta et revint (chez lui). Quand il la donna à la princesse Seteney, « Ah, Jambes-Torses, dit-elle, cette tête est (celle du) fils de ma sœur ! Si tu l'as vaincu dans (ce) monde, quand tu seras mort, je te placerai (« ferai asseoir ») devant lui (pour qu'il se venge ?) ! » Elle dit, emporta la tête et la plaça près du (« au ») pilier central (de la maison).

Pendant que Sawsərəq°e n'était pas là, comme les Nartes allaient partir pour piller (des) *stanitsa* (= en russe, village cosaque), la princesse Seteney leur donna sept vaches laitières et les fit boire

180

pendant sept jours (pour les retenir jusqu'au retour de son fils), mais, comme Sawsərəq°e ne revenait pas, les Nartes, sans plus attendre (« ne tardant pas »), partirent pour piller les *stanitsa*. Quand Sawsərəq°e revint, la princesse Seteney commença à pleurer, disant : « Allah, Allah, mon cadeau ! Les Nartes sont partis piller (des) *stanitsa...* » Alors (Sawsərəq°e dit) : « Eh (« toi »), princesse notre mère, que veux-tu (de plus) ? J'ai apporté soixante cavaliers (« personnes ») et je les ai jetés dans la prison ; j'ai poussé (jusqu'ici) soixante chevaux, avec leurs selles sur eux, et je les ai jetés dans l'écurie ; et je suis entré dans cette grande salle, sept bourses (pleines) d'argent dans ma main. Que veux-tu de plus que cela ? » La princesse Seteney dit : « Je veux du butin (« les biens ») qu'apporteront les Nartes ! » Sawsərəq°e se leva, entra dans (l'écurie) près de Tx°azəy et lui dit : « Eh, Tx°azəy aux dents de chien, aux dents longues, qu'(aucun) cheval ne rejoint, la princesse Seteney ne me laisse pas en repos (« assis »). » Tx°azəy dit : « Fais-moi faire un mors mince, fais-moi croquer un peu de foin sec. Si moi, cheval, je manque à (« je fais rester ») mon devoir de cheval (« ma chevalinerie »), abandonne-moi [dans (la masse)], fais-moi manger par les chiens ! Si toi, homme, tu manques à ton devoir d'homme, je t'abandonnerai (de même) ! » Sawsərəq°e vint vers sa mère et dit : « Notre mère, la provision de route est la compagne du voyageur ! » Sa mère lui donna trois coupes de 'erep (sic) et trois coupes d'arak avec dans chacune, sept serpents venimeux. Sawsərəq°e tua (« étouffa dans et autour ») avec ses moustaches les serpents venimeux, but les trois coupes d'arak mit les trois coupes de 'erep dans sa poche de derrière et partit. Le chemin que les Nartes avaient parcouru en une semaine,il le fit en une matinée (« avant midi ») et il arriva quand les Nartes, ayant pillé la *stanitsa*, n'avaient pas (encore) fait le partage. Il dit : « Nartes, un cadeau ! » Et (parmi les Nartes), il y en eut (« il en sortit ») qui dirent : « Que Dieu te garde ! (« te fasse bien portant ! »), il y en eut qui ne le dirent pas. Un vieillard au franc parler (« parleur clair ») s'avança (« sortit de la masse ») et dit : « Vieux Jambes-Torses, si nous mangeons une *stanitsa* sans que tu sois avec(« dans ») nous, qu'y a-t-il a y redire ? » Alors Sawsərəq°e prit son élan (« se fit emporter vers »), le frappa et le fit tomber lourdement (« avec le bruit *gʰəm-t'əm* »). « Comme je suis (l'un des) Nartes faites-moi répartiteur (du butin) ! » dit-il. « Tu espères que, parce que tu es l'un des Nartes, nous te ferons répartiteur, mais nous ne te le ferons pas ! » – « Si vous ne me faites pas (répartiteur), vous allez voir ! » dit-il, et, ayant suscité(« fait ») une grande tempête, il fit que le froid tuât en masse (dît mourir tout autour l'un sur l'autre ») les gens. Les Nartes dirent : « Celui qui nous apportera du feu, nous le tiendrons parmi (« dans ») nous avec une part supplémentaire ! » Alors Sawsərəq°e dit : « C'est moi qui vous l'apporterai ! » Et, partant, il s'en alla. Il rencontra un grand feu avec un géant couché devant, endormi. Il prit un tison et repartit. Mais le géant s'éveilla et lui saisit la main. Il lui demanda. « De quelle famille (« de qui ») es-tu ? » Il (répon)dit : « Je suis (l'un) des Nartes » (L'autre) demanda : « Il y a chez les Nartes un certain champion qu'on appelle Sawsərəq°e. Qu'est-ce que Sawsərəq°e fait de plus étonnant ? » – « Ce que fait Sawsərəq°e, – il va et se place (« se tient ») au pied de la plus haute montagne. La (roue) J'anš'erəx, que six ou sept personnes, les plus héroïques de tous les (« de tout ce qu'il y a de ») Nartes font rouler vers le bas, il la frappe avec la tête et la fait rebondir vers le haut ! » Il dit, et le géant alla, se plaça au pied de la plus haute montagne et la (roue) J'anš'erəx, que six ou sept Nartes font rouler vers le bas, il la frappa avec la tête et la fit rebondir en sifflant. « Qu'est-ce que Sawsərəq°e fait d'autre que cela ? », dit-il, et Sawsərəq°e dit : « Il frappe (la roue) avec [l'os de] la cuisse et la fait rebondir en haut. » Alors (« ensuite encore ») (le géant) frappa avec la cuisse la (roue qu')ils faisaient rouler vers le bas et la fit rebondir. « Que fait-il d'autre ? », demanda-t-il de nouveau et Sawsərəq°e dit : « Ce qu'il fait d'encore plus étonnant que cela, – il fait rougir (au feu) avec sept soufflets le plus grand de tous les socs, l'avale par (« avec ») sa bouche et le fait retomber par son cul. » Alors le géant, ayant fait rougir avec sept soufflets le plus grand de tous les socs, l'avala par sa bouche et le fit retomber par son cul. « Que fait-il de plus étonnant que cela ? », demanda-t-il en tout dernier. Alors Sawsərəq°e dit : « Il va au lac et se tient dedans, debout sur un gros orteil, de l'eau jusqu'au-dessus des [têtes d'] épaules ; il fait jeter dedans de la paille et se laisse geler pendant trois jours et trois nuits. Quand on lui dit 'Hop !', il s'élance, son cou sort des glaces et lui-même en ressort. » Le géant alla au lac, se tint dedans, debout sur un gros orteil, avec de l'eau au-dessus des épaules, et Sawsərəq°e fit renverser (dans l'eau) trente charretées de paille de seigle, fit en trois jours et trois nuits autant de froid qu'il devait y en avoir en un hiver, et fit étouffer dedans le géant. Alors il dit : « Hop, géant ! » Le géant, bien qu'il eût compté sur (« espéré en ») sa force gigantesque, ne put briser (« arracher ») (la glace). Sawsərəq°e prit son épée et commença à couper la tête du géant, mais alors Tx°azəy accourut : « Ton épée ne lui coupera pas la tête. Apporte avec des pinces (l'épée du géant, nommée) J'anx°epse, qui est suspendue en face du géant, aiguise-la sur la glace et elle lui coupera (la tête). » Il dit et, quand Sawsərəq°e s'en fut allé et eut apporté J'anx°epse, le géant l'appela : « Hélas, Sawsərəq°e qu'on appelle Jambes-Torses, pendant que tu montais la pente, parce que tu as les jambes torses, j'ai reconnu que tu étais Sawsərəq°e... Quand tu couperas ma tête, une artère (ou : un nerf ?) jaillira vers la pomme d'Adam ; cette artère, que les hommes de race noble (« sortis des *werq* ») tirent à l'envi (« l'un de l'autre ») pour (s'en faire une) ceinture, fais (t')en une ceinture ! » Il dit. Sawsərəq°e aiguisa (?) (l'épée) J'anx°epse sur la glace et coupa (« enleva ») sa tête. Comme il commençait à tirer l'artère, Tx°azəy accourut et dit : « Prends-la avec des pinces, jette-la sur cet orme (?) qui est là et tu verras ce qui arrivera. » Quand Sawsərəq°e l'eut jetée dessus, elle coupa en deux l'orme. Et Sawsərəq°e dit : « Si j'en avais fait une ceinture, elle m'aurait tué ! » Sawsərəq°e prit le feu, s'en retourna (près des Nartes) et dit : « Celui qui a apporté le feu, vous le tiendrez parmi vous avec une part supplémentaire (et) il sera le répartiteur ! » Quand, divisant les parts, il eut commencé à placer de côté armes et étoffes, (les Nartes) dirent : « Avec ces (armes et étoffes), quelle est ton intention ? » – « Mon intention (est que) je les attribuerai au (« donnerai en qualité de part du ») plus âgé », dit-il, puis il leur fit dire leurs âges. L'un dit sept cents, un (autre) cinq cents années, mais lui : « Non, non ! », dit-il, et il n'accepta pas (ces prétentions). Il dit : « S'il y a parmi vous (quelqu'un) sachant quand la graisse est tombée (« a neigé ») en rosée, la pierre en neige de caillloux, je lui donnerai (le lot mis de côté). » Et les autres (dirent) : « Il n'y a parmi nous personne qui sache cela. » Sawsərəq°e : « En ce temps-là (=quand la graisse neigeait en rosée, etc.), dit-il, j'étais (déjà) en train de faire caracoler mon cheval et de porter mes armes. » Et il prit armes et étoffes. Il rentra chez lui ayant pris sept parts en outre de cela. (Un jour) les princes étant réunis (« assis les uns dans les autres »), un certain prince se fâcha et partit. Le prince chez qui ils étaient fit crier par le crieur public : « À celui qui fera revenir (« se retourner ») sans combat ni lutte ce prince qui est parti, je donnerai ma fille ! » Sawsərəq°e se présenta (« sortit de la masse »), dit : « C'est moi qui le ferai revenir ! » Il se lança à sa poursuite (« allant derrière se fit en avant »), lui fit faire demi-tour, l'amena et revint. « Donne-moi ta fille », dit-il. « Je te la donnerai si elle accepte de t'épouser (« vient avec toi ») », dit (le prince). Sawsərəq°e alla trouver (« vers ») la jeune fille et dit : « Ton père t'a donnée à moi, épouse-moi (« viens avec moi ») ! » – « Je ne t'épouserai pas, Sawsərəq°e, lui dit-elle, tu as un pantalon aux jambes trop larges, tu es de la race des bouviers ! » Sawsaroq0e se fâcha. « Chienne sorcière, dit-il, je te ferai emporter (par mes amis : -*ya*-), (tes) cheveux volant, (tes) seins ballottant ! » Il s'en revint, fit appeler (ses amis, ses camarades de guerre) par le crieur. Personne ne se présenta (« sortit de la masse ») pour être ses compagnons, si ce n'est (« plus que ») le grand Yereš'əq°e et Bləpqək"eč" (« Bras-Long »). Ces trois hommes, Sawsərəq°e, Yereš'əq°e et Bləpqək"eč", entrèrent dans le village du prince et se mirent : Sawsərəq°e à faire tomber une neige de (« avec des ») pierres, Yereš'əq°e à frapper et tuer ceux qui se tenaient derrière la maison, Bləpqək"eč" à faire rouler (du haut) de la montagne la grande (roue) J'anš'erəx et à démolir les maisons. (Les gens du prince) gardaient dans (« avec ») un souterrain une sorcière nommée Tabər. Comme elle avait le pouvoir de pétrifier (« était congelant en pierre-blanche, marbre ») celui qu'elle regardait, ils la menèrent dehors (« de dessous »). Alors Sawsərəqºe et Blәpqәk"eč", se transformant (« se faisant ») en cavaliers djinns (invisibles), s'enfoncèrent (dans la terre, où ils furent à l'abri du regard de Tabər). (Mais) Yereš'әqºe, parce qu'il était très sot, quand elle l'eut regardé, fut pétrifié (« gelé en pierre-blanche »). Sawsərəqºe alla et, à côté de ce village, contrefit le (« se fit ») mort. Quand les femmes porteuses d'eau le virent, elles allèrent trouver le prince et lui dirent : « Sawsərəqºe est mort à côté de la fontaine, les vers grouillent sur lui (« il rejette les vers de la masse »). » Le prince dit : « Celui-là n'est pas mort, il a contrefait le mort pour me tuer ! » Tirez la moelle de son pied avec une vrille, apportez-la, je reconnaîtrai (« saurai ») s'il est mort. » Elles allèrent, tirèrent la moelle de son pied avec une vrille et l'apportèrent. Il la regarda et dit : « La moelle est chaude, il n'est pas mort, il a l'intention de me tuer ! » Mais les femmes du village dirent : « Comment ne seraient-ils pas morts (« n'étant pas morts »), et Sawsərəqºe et son cheval gisent là, grouillants de vers ! » Alors le prince eut honte et dit : « Je saurai s'il est mort ! » Il prit avec lui des cavaliers (« fit des cavaliers compagnons »), fit monter sur les maisons clayonnées les femmes et les enfants et leur dit : « Si Sawsərəqºe n'est pas mort, se dresse (« sort de dessous ») et commence à me frapper, dites 'Yelle, Yelle !' (= le cri qu'on pousse pour conjurer la foudre qui tombe) », puis il partit et vint (près de Sawsərəqºe). Quand il arriva non loin de (« vers ») Sawsərəqºe, il lui dit : « Eh, sorcier aux jambes torses, les vers grouillent en sortant de toi, je te ferai manger par les chiens ! » Alors Sawsərəqºe bondit. « Ah, fils de chiens (« sorti de deux chiens ») ! », dit-il et, ajustant (« posant l'une contre l'autre ») sa flèche à son arc, il tira (« frappa ») et lui fendit la tête. Ayant dégainé son épée, il s'élança pour le frapper, alors les femmes et les enfants dirent : « Yelle, Yelle ! » Quand ils eurent dit cela (« ainsi »), il dit : « Le coup du petit géant fils de la Foudre et mon propre coup sont tombés ensemble !… » et il s'en retourna à son village. Au chaudronnier qui devait réparer la tête du prince Sawsərəqᵒe dit : « Si tu ne laisses (« fais ») pas trois trous pour que les mouches y entrent, je te tuerai.» Ayant ainsi effrayé le chaudronnier, (celui-ci) laissa trois trous (dans le crâne) pour que les mouches entrassent et le prince mourut.

Conté par Hüseyin Şemi Tümer n 1959 à Istanbul

101.
Comment Sosryko délivra les Karatchaï du monstre à cinq têtes

Il y avait au pays des Karatchaï un dev à cinq têtes. Il mangeait tout ce qu'il y avait à manger et ne laissait rien aux hommes qui, inquiets, anxieux, ne savaient que devenir et, conscients de leur impuissance, se considéraient comme perdus. Sosryko, le chef des Nartes, apprit cette nouvelle.
« Je ferai tout mon possible, dit-il, pour aider ce peuple dans cette extrémité. » Il partit et alla à Karatchaï. Il trouva le dev à cinq têtes et, comprenant qu'il n'obtiendrait rien par le combat, recourut à la ruse.
« As-tu jamais vu Sosryko ? As-tu entendu parler de lui ?, demanda-t-il.
— Si j'ai entendu parler de lui ! Mais toi, l'as-tu vu ? Est-il tel qu'on prétend ?, interrogea le dev.
— Il est plus brave encore qu'on ne dit. Si tu assistais à ses jeux, tu serais bien étonné !
— Je ne connais chose que tu puisses dire et qui m'étonne. Raconte pourtant.
— Seulement tu devras me montrer si tu es capable des mêmes jeux.
— Allons, parle !
— Sosryko fait rougir au feu une barre de fer, l'avale et la recrache. Peux-tu faire la même chose ?

186

— Bien entendu ! » Et le dev fit rougir une barre, se la fourra dans la bouche, l'avala et la fit ressortir.

« Sosryko fait autre chose d'extraordinaire. Si tu peux l'imiter, je raconterai partout que tu es invincible, que ta bravoure est inégalable, et les hommes t'admireront.

— Bon, je suis prêt. Quoi que tu puisses dire, je n'admets pas que j'en sois incapable.

— Il y a dans notre pays une certaine montagne, sur laquelle est assis un dev. Toutes les pierres que le dev lance d'en haut, Sosryko, comme si ce n'était rien, les lui renvoie d'en bas avec sa tête. Si tu veux en faire autant, ramasse des pierres, je m'installerai sur la montagne que voici, je te les lancerai et tu me les renverras avec tes cinq têtes. » Le dev fit comme l'autre avait dit : il ramassa les pierres, les mit sur la montagne, redescendit et se campa, les cinq têtcs toutes prêtes. Sosryko lança les pierres vers le bas de toutes ses forces : il comptait bien détacher ainsi les cinq têtes. Pourtant il n'arriva à rien : le dev, comme si ce n'était rien, les lui renvoyait d'en bas avec ses têtes. Découragé Sosryko redescendit.

« Je vais te dire une autre des performances de Sosryko. Entre dans le lac que voici et restes-y quelques jours ; quand le froid aura fait prendre l'eau, soulève la couche glacée et sors !

— Et pourquoi pas ? » dit le dev, qui entra dans l'eau.

« Cette fois, j'espère le tenir, ce vieux vilain ! » se dit Sosryko, et il partit. Il revint après cinq jours, pour voir ce que devenait le dev. Il ne vit émerger de la glace que les cinq têtes.

« Sors ! » dit-il. Et le dev, soulevant la glace, commença à sortir. Quand Sosryko comprit que le dev se dégageait : « Patience ! Arrête ! cria-t-il, cela ne suffit pas encore ! Sosryko amène dix voitures de foin, les place sous la glace, rentre dans l'eau et y reste de nouveau cinq jours, puis, soulevant le foin avec la glace, ressort. Si tu fais la même chose, j'irai trouver Sosryko et je le lui raconterai, pour qu'il n'aille pas s'imaginer qu'il est seul capable de cet exploit.

— Je vais tout de suite chercher la quantité de foin que tu dis, répliqua le dev, je la mettrai sous la glace, je rentrerai dans l'eau et je m'y laisserai geler ! » Il amena le foin, le plaça sous la glace, rentra dans l'eau et y resta cinq jours. Au bout de cinq jours Sosryko revint. Il craignait bien que le dev ne pût encore sortir mais, dissimulant son appréhension, il dit :

« Eh bien maintenant, montre-moi comment tu sors ! »

Le dev ne put ni se secouer, ni bouger : impuissant, il resta pris dans la glace. Sosryko tira son épée et se mit en devoir de lui couper ses têtes. Il en coupa quatre, mais la dernière, celle qui parlait, résista. Le dev dit :

« Je vois maintenant que tu m'as dupé. Tu es Sosryko. Tu me tiens paralysé et tu veux me tuer. Je sais que je n'ai aucun moyen de t'échapper : tu as saisi l'occasion. Mais, en me tuant, évite-moi toute souffrance superflue. Avec l'épée que tu as en main jamais tu ne pourras couper la seule tête qui me reste. Si tu agis comme je vais te dire, tu te tireras plus facilement d'affaire. Va chez moi, tu trouveras un grand coffre noir ; ouvre-le, tire l'épée qui est dedans, apporte-la et coupe ma tête ; quand tu m'auras tué, prends ma cervelle et attache-la à tes reins en manière de ceinture : ta bravoure en sera accrue.

— Bon », dit Sosryko. Il s'en alla. Il trouva la maison du dev, entra : comme il lui avait été annoncé, il vit le grand coffre noir. Mais il se méfia et ne voulut pas l'ouvrir sans précaution. Il prit une tige de fer et, se tenant à l'écart, de loin, il l'ouvrit avec cette tige : à peine le coffre ouvert, une grande épée en jaillit et frappa le mur, qu'elle brisa. Elle faillit tuer Sosryko mais, par chance, il était resté à quelque distance. Il ne put soulever l'épée et se donna beaucoup de mal. À la fin des fins, il la traîna derrière lui. Arrivé à l'endroit où était le dev, il fit glisser l'épée sur la glace et, de loin, l'envoya couper la tête.

Il retira la cervelle et l'enroula trois fois autour d'un grand arbre : aux trois endroits, l'arbre sécha et se brisa. L'intention du dev était de tuer Sosryko en desséchant et en brisant son corps en deux, mais Sosryko, grâce à son intelligence, fut le plus fort.

C'est de cette manière que les Karatchaï furent délivrés de ce fléau. Ils vécurent depuis lors dans le calme et la joie.

Conté par Mme. Bžeḥaqwo à Paris en 1935

102.
Sosryko et les méchants Nartes

Sosryko (Sawsərəqwo) vivait a Jiute. À Nartiye vivaient de méchants Nartes, laids, qui n'avaient qu'un œil, mais qui avaient des cornes. Quand Sosryko rencontrait un de ces méchants Nartes, il le tuait ; aussi le considéraient-ils comme le pire de tous leurs ennemis. Un jour Sosryko se mit en route pour aller les combattre. Il fit cela contre le gré de sa mère, la princesse Seteney. En dépit de ses efforts, ils le capturèrent. Quand ils le tinrent, ils s'apprêtèrent à le tuer. « J'accepte que vous me tuiez, dit-il, mais je veux apprendre, au moment de mourir, ce que je n'ai jamais pu apprendre ». Les Nartes répondirent : « Nous sommes d'accord, nous ferons ce que tu veux, parle ».

« Il y avait une fois un bœuf tel que, lorsqu'il avait les pieds sur le mont Meśᵂa, sa tête était sur l'Elbrouz et que, lorsqu'il remuait la queue, il faisait dégringoler tout ce qui se trouvait dans la région. Un jour, un milan fonça sur lui, le souleva et l'emporta en l'air. Là il le déchira, mangea sa chair et lâcha les os. Quand le milan fit tout cela, un grand orage éclata, le ciel se troubla, la foudre frappa et il tomba une grande pluie.

« Effrayé ne sachant ou se cacher, un petit berger se blottit sous la barbe d'un vieux bouc. Là, comme il risquait un regard pour voir ce qui s'était passé, quelque chose lui tomba dans l'œil. 'C'est sans doute un bout de paille qui m'est tombé dans l'œil, se dit-il, je vais demander à ma mère de me le retirer', et il courut chez lui. Sa mère regarda : ce fut une omoplate du bœuf qu'elle retira. Elle la lança alors dans la mer ou, peu à peu, l'os prit la forme d'une île.

Des hommes s'y installèrent et établirent un grand village. Un jour, la terre trembla. 'D'ou vient ce tremblement ?' se dirent les habitants. Ils regardèrent : c'était un renard qui était venu gratter l'os. Le prince assembla deux cents hommes et les emmena pour tuer le renard. Quand ils l'eurent tué, ils se mirent en devoir de l'écorcher. Mais, quand ils eurent arraché la moitié de la peau, incapables de retourner le cadavre, ils durent laisser en place l'autre moitié.

« Le matin, une femme qui faisait sortir ses vaches aperçut le cadavre du renard et, faisant ce que n'avait pu faire cette foule, elle le retourna et arracha l'autre moitié de sa peau. 'J'en ferai un chapeau pour mon petit garçon, se dit-elle, si cela suffit'. Et elle l'emporta chez elle. Mais, quand elle vérifia, cette moitié de peau ne suffisait pas pour faire un chapeau au petit garçon…

« Vous autres Nartes, j'ai entendu parler de votre bravoure. Nous allons voir maintenant si vous êtes intelligents. Parmi tous ces êtres dont je vous ai parlé, dites-moi quel est le plus grand, celui qui a le plus de force. »

Le Narte qui n'avait qu'un œil prit la parole et dit : « Le plus grand de tous est le bœuf, qui couvrait de son corps une si grande distance », D'autres dirent : « Tu es fou ! Le milan qui a saisi le bœuf, a quoi faudrait-il le comparer ? », Les autres aussi prirent la parole et, comme leurs jugements ne s'accordaient pas, ils se querellèrent, se battirent et s'entre-tuèrent.

Quand il ne resta plus que le Narte qui n'avait qu'un œil, Sosryko dit : « Voila ce que je voulais ! » Et, ayant tué l'unique survivant, il repartit sain et sauf.

Conté par Mme Bżeḥaqwo à Paris en 1935

103.
Š'e-Batynoko

Š'e-Batynoko (Š'e-Batənəqwo) se dirigea vers le pays des Nartes dans l'intention de leur faire visite. En chemin, il passa devant la maison de la princesse Seteney. Kuanfa, la fille de la princesse Seteney, était sur le balcon, tressant des galons d'or. Quand elle vit Š'e-Batynoko, « Qu'il est beau, extraordinaire ! », dit-elle et elle laissa pendre le fil d'or. « Mère, mère, voici venir un cavalier comme il n'en est pas entré jusqu'à présent dans notre pays ! » – « Prépare des mets, ni trop froids ni trop chauds, et sers-les ! Allons à sa rencontre et invitons-le ». – « Bien, princesse ! », dit-elle, et elles allèrent à la rencontre du héros. Quand elles l'invitèrent, il répondit : « Je vais chez les Nartes, les visiter. En revenant, j'entrerai chez vous ». – « Ne va pas là-bas, ceux qui y vont n'en reviennent pas ». Il ne les écouta pas et continua son chemin.

Quand il arriva à la maison des Nartes, ils l'invitèrent et, lui apportant des mets, l'accueillirent en hôte. Mais, décidés à le faire mourir, ils placèrent dans sa boisson un petit serpent venimeux. Leur hôte comprit aussitôt leur dessein mais ne laissa rien paraître. Il prit la corne qu'ils lui donnaient et but, clouant au fond le serpent avec la pointe de sa moustache. Les Nartes s'étonnèrent. « Vous n'y réussirez pas ! », leur dit-il. Ils s'effrayèrent et perdirent courage. Il les attaqua et les tua tous, puis, quittant leur maison, rebroussa chemin.

À son retour, fidèle à sa promesse, il entra chez la princesse Kwanda, la demanda en mariage, l'épousa et rentra chez lui.

Conté par Mme Bżeḥaqwo à Paris en 1935

104.
Quel sera le mari ?

Il y avait une fois un jeune prince. Il avait un ami chez qui il avait été élevé, avec qui il était lié d'affection et qui l'accompagnait toujours, où qu'il allât. Le prince décida de se marier et ils partirent à la recherche d'une jeune fille. En chemin ils entendirent parler d'une belle princesse qui vivait dans le pays et que son père ne donnerait jamais à personne. Ils décidèrent que ce serait cette jeune fille qu'il épouserait. Ils se présentèrent comme hôtes et descendirent de cheval.

Le soir, le frère de lait, étant assis près de la fenêtre, entendit deux jeunes filles qui conversaient. L'une demandait à l'autre : « Donneront-ils notre princesse au jeune prince qui est arrivé ? » – « Ne sais-tu pas que notre prince ne donnera sa fille à personne ? Comment peux-tu poser pareille question ? » Le jeune homme comprit ainsi que l'affaire lui serait difficile.

Quand ils demandèrent au prince la main de sa fille, « Soit, leur dit-il, mais je ne la donnerai que s'il réussit à vaincre le prince mon voisin qui me fait la guerre ». Le jeune prince et son frère de lait allèrent combattre. Le frère de lait soutint seul le combat et, quand tout fut heureusement terminé, il ramena le jeune prince chez la jeune fille et il mit au compte du prince tout ce qu'il avait fait lui-même. Tenu par sa promesse, le père fit établir l'acte de mariage.

Le soir, de nouveau, le frère de lait entendit la conversation des deux jeunes filles : « Eh bien, ne disais-tu pas qu'ils ne donneraient notre princesse à personne ? » – « Oui, ils la lui ont donnée, mais il y a encore un peu de temps avant qu'elle quitte la maison. Qui sait ce qui se passera avant qu'elle parte ? ». « C'est donc, se dit le frère de lait, qu'ils ont quelque intention inadmissible, malgré l'acte de mariage. »

Pour qu'ils ne pussent rien faire de mal au jeune prince, il coucha cette nuit-là sur son seuil, devant sa porte, et pour ne pas s'endormir, il se blessa au doigt et saupoudra la plaie de sel. À minuit, il entendit un bruit extraordinaire. Il regarda et vit un grand serpent qui rampait dans la chambre du prince. Il bondit aussitôt et s'élança sur le serpent, le poignard levé. Il le coupa, non sans peine, en petits morceaux. Il les emporta jusqu'à un jardinet qui se trouvait dans l'enclos et les enterra pour que nul ne sut rien. En revenant, il essuya les taches de sang qui se trouvaient dans la chambre. Il vit qu'il y avait du sang sur la joue du prince et voulut l'essuyer. L'autre se réveilla. Le voyant dans sa chambre, il s'étonna, conçut un soupçon et se déclara mécontent qu'il fut entré malgré la présence de la princesse. Mais le frère de lait sortit sans rien·dire de ce qui s'était passé.

Le lendemain, le cortège se forma et emmena la jeune fille. Comme ils se mettaient en route, le frère de lait entendit une conversation des deux jeunes filles. « Eh bien, on avait beau dire que notre princesse ne partirait pas avec son mari, voici que le cortège l'emmène. » – « Il reste encore un peu de temps, répondit l'autre, avant qu'elle arrive chez son fiancé ! » Le frère de lait apprit ainsi qu'ils continueraient à s'acharner contre le prince, son compagnon, et jugea que sa vigilance restait nécessaire. Comme, pendant le voyage, il était toujours derrière le prince, ou qu'il allât, celui-ci qui, auparavant et sans cela, avait déjà conçu des soupçons contre lui, ne put plus supporter son agaçant frère de lait.

Afin de se reposer, ils firent halte en un endroit proche d'une vieille église arménienne. Prenant avec lui son frère de lait, le prince alla visiter la vieille église. Une fois entrés, dans la solitude, le prince le frappa et lui coupa la tête. Comme il s'apprêtait à sortir, quelqu'un surgit de l'ombre et le décapita. C'était un homme que le père de la jeune fille avait placé dans le cortège, avec mission de tuer le prince. Quand le frère de lait ne fut plus là, il n'eut aucune difuculté a exécuter ce dont il était chargé.

Le prince ne reparaissant pas, la princesse s'inquiéta. Au cours de sa recherche, elle pénétra dans la vieille église et vit les deux cadavres décapités. À cette vue, elle se mit à crier et à pleurer. Une voix qui sortait de l'ombre lui dit : « Puisque tu souffres tant, si tu pries Allah, il t'aidera. Sors, va au pied d'un arbre, prie intensément, avec une foi entière, puis reviens et remets les têtes en place ». La princesse exécuta de point en point ce qu'avait dit la voix. Mais, dans son trouble et dans sa nervosité, elle plaça la tête du frère de lait sur le tronc du prince et la tête du prince sur le tronc du frère de lait... Maintenant, que chacun dise, selon son sentiment, lequel des deux la princesse devra prendre pour mari !

Conté par Mme Bżeḥaqwo à Paris en 1935

105.
Une haine aveugle

Ḥatχe Yaqwoč'as, cavalier et guerrier, quand il allait à l'armée, exécutait pleinement ses desseins. Un jour, prenant avec lui ses chiens, accompagné de quelques amis, il alla à la chasse. Dans la forêt, au bout de quelque temps, ses chiens se perdirent. Il monta alors sur un arbre pour les chercher du regard, pensant ainsi mieux voir où ils étaient allés, et prit ses jumelles d'or. Pendant qu'il examinait les alentours, un point noir vint frapper les verres.

Il se retourna vers ses compagnons et leur dit : « Un groupe d'hommes vient vers nous, trop petit pour être une armée, trop pour être des hôtes. Si vous êtes prêts à combattre a mes côtés, revêtez toutes vos armes ! Sinon, allez-vous en au plus épais de la forêt ! » – « Nous ne pourrons combattre à tes côtés, mais, à notre retour, si tu veux faire dire quelque chose à ta famille, nous porterons ton message. » – « Si mon père et ma mère s'informent de moi, dites-leur que je suis allé au pays ou les cerfs abondent. Si mes sœurs s'informent de moi, dites-leur que je reviens, leur amenant une pleine voiture de soie. Si mes camarades s'informent de moi, donnez-leur de ma part le bon salut d'Allah. Si ma femme s'informe de moi, dites-lui de revêtir la robe de deuil ! »

Il n'en dit pas davantage : le prince Dəwoy l'Amer arriva, monté sur son cheval Yeseney. Il (= Ḥatχe Yaqwoč'as) se tourna vers les nouveaux venus et leur dit : « Soyez-les bienvenus ! Je vous invite à être mes hôtes, je vous donnerai à manger et a boire. Si vous ne voulez pas, passez librement sur cette grande route ! » – « Ḥatχe Yaqwoč'as, cesse ces bavardages ! Descends de l'arbre et viens t'asseoir en croupe sur mon cheval ! » – « Je n'ai pas l'habitude de m'asseoir en croupe, tous mes camarades le savent bien… Mais, s'il est tout à fait impossible que je ne descende pas, échangeons d'abord d'aimables saluts », dit Ḥatχe Yaqwoč'as. – « Ḥatχe Yaqwoč'as, ta vieille petite balle pourrie ne vaut pas que je prenne mon fusil ! » – « Ne parle pas ainsi ! On a mis sept mercredis à pétrir ma balle pourrie ! Ma petite balle pourrie, elle pousse de tous côtés les grands bateaux qui vont sur la vaste mer ! Ma petite balle pourrie, ta chère compagne en connaît la puissance, – par moi ! » – « Tais-toi et saute ici ! » – « C'en est assez ! »

Il dit et, sautant de l'arbre, il bondit sur le prince et le blessa mortellement. Sans attacher d'importance à l'événement, sans se presser, Ḥatχe Yaqwoč'as s'éloigna. – « Mon sort n'importe pas, mais tuez l'autre, ne le laissez pas échapper, ce fils de chien ! », ainsi parla le prince et il mourut. Ses compagnons poursuivirent Ḥatχe Yaqwoč'as et le tuèrent, puis ramenèrent les deux corps à leurs maisons respectives.

Voici pourquoi ce prince était devenu l'ennemi acharné de Ḥatχe Yaqwoč'as. Longtemps анparavant, le prince était parti à cheval, puis, pendant la nuit, il décida de revenir. Comme il s'apprêtait à rentrer, il surprit un bruit de conversation animée. Il s'arrêta un instant. La princesse sa femme avait réuni les jeunes filles de la maison pour coudre. Assises, elles parlaient entre elles. Occupées à dire et à redire qui leur plaisait, elles pressaienl la princesse : « Qui te plaisait, quand tu étais jeune fille ? N'as-tu jamais aimé personne d'autre que le prince ? » – « Eh bien, puisque vous me pressez tellement, je vais vous le dire : il n'y a personne que j'aie plus aimé que Ḥatχe Yaqwoč'as, et maintenant encore je l'aime… »

Elle n'en dit pas plus : le prince, qui l'avait entendue, entra dans la chambre. « Eh bien, dit-il, puisqu'il te plait tellement, je vais t'apporter sa tête !» – « Hélas, il emportera plutôt ta tête que tu n'apporteras la sienne !» Ces mots irritèrent fort le prince : « Si je n'apporte pas, dit-il, la tête de cet individu, je ne veux plus rester au monde !» Le résultat fut que lui-même périt et qu'il fit tuer l'autre.

Conté par Mme Bżeḥaqwo à Paris en 1935

106.
Amour et chevalerie

Daпs un certain pays, il y avait un prince illustre, que le monde entier connaissait. Il avait une fille, nommée Gwoš'enaɣwo, belle et intelligente. Il y avait dans ce pays un garçon nommé Pš'asawqan, orphelin de mère et de père, sans fortune, mais héroïque, ayaпt bravoure et sérieux. Ce garçon plaisait tellement à Gwoš'enaɣwo qu'elle voulut l'épouser. Elle plaisait aussi à Pš'asawqan, mais celui-ci, coпscient de sa pauvreté, ne lui parlait pas.

Uп jour, elle l'envoya chercher. Quand il lui fut amené, elle lui dit : « Je te ferai une prière. Si je le plais comme tu me plais, je veux que tu m'épouses ». – « Allah, Allah, se peut-il que tu dises cela ? Commeпt t'épouserais-je pour ta perte ? C'est tout a fait impossible : je suis pauvre. » – À ces mots, Gwoš'enaɣwo se mit à pleurer. Pš'asawqan dit : « Aiors, je vais aller dans tel pays, voir si j'y trouve telle chose, – mais je п'espère pas ». Gwoš'enaɣwo se rasséréпa. Elle prépara une tcherkeska, un caftan, un pantalon. Daпs le pantalon et dans le caftan, elle glissa des flèches entre l'étoffe et la doublure pour que, dans les combats, si sa provision de balles s'épuisait, il n'eût qu'il les tirer de ses vêtements pour continuer à combattre. Elle lui lit porter l'habillement complet et le garçon partit.

Un jour, une troupe d'hommes, accourant de loin, se présenta chez le prince au pavillon des hôtes et descendit de cheval. On les invita à entrer. Le prince s'informa de leurs intentions. Ils lui dirent : « Qanśawə, fils d'Azemet K'ərey, est venu demander·la main de Gwoš'enaɣwo ». Le prince se réjouit et et dit : « C'est excellent, cela me fait beaucoup de plaisir ». Il fit manger et boire ses hôtes et alla consulter privément sa fille : « Ce prétendant, lui dit-il, est un homme comme il faut, le type même de ce que je désirais ». – « Mais, moi, je ne veux pas. Celui que j'ai choisi est. intelligent, humain, sérieux. » – « Qu'Allah te perde, si tu n'as rien d'autre à me dire ! » Et sur ces mots le prince claqua la porte et, irrité, s'en alla. Gwoš'enaɣwo s'assit et réfléchit beaucoup. « J'écouterai mon père, conclut-elle ; perdue pour perdue... » Elle fit dire à son père : « Je ne m'opposerai pas a ton désir. Quand on voudra, je suis prête ». On prépara la princesse et l'on fit avancer la voiture de noces : « En route, Gwoš'enaɣwo ! » – « Je suis prête à partir, dit-elle, mais je suis tombée malade ». On la fit coucher et elle resta quelques jours au lit, tandis que les autres jouaient de la musique et menaient bon train. Quand elle reçut la nouvelle que Pš'asawqan était rentré, elle se leva et le fit appeler. « Qu'allons-nous devenir ? », lui demanda-t-elle. « Je n'ai aucun moyen de te rejoindre (?) », répondit-il. Et elle s'évanouit. Quand elle fut revenue à elle, le cortège se mit en route, nombreux, chantant les chants de mariage.

Pš'asawqan se rappela que le cortège devait passer devant un campement de Kalmouks et s'inquiéta. Il partit en avant et alla se poster dans la forêt. Joyeux et chantant, le cortège arriva. Les Kalmouks s'approchèrent et attaquèrent, et les hommes du cortège, pris de peur, se réfugièrent dans la forêt. Pš'asawqan mettant devant lui ses balles et ses flèches, livra·bataille aux assaillants. Pendant le combat, les flèches lui manquèrent. Voyant cela, Gwoš'enaɣwo se frappa le sein. Le garçon comprit le signe et tira les flèches qu'elle avait piquées dans son caftan. Il tua tous les Kalmouks.

Il descendit de cheval, alla chercher la voiture de noces et la plaça sous un arbre. « Tu as eu peur, sans doute ? Repose-toi, Gwoš'enaɣwo ! » – « Puisque tu es ayec moi, je n'aurai ni peur ni fatigue. » Comme elle disait ces mots, elle frissonna. « Allah, Allah, Gwoš'enaɣwo, qu'y a-t-il encore qui t'inquiète ? » dit-il et, prenant ses balles et ses flèches, il s'éloigna. Alors un vieux Kalmouk blessé, qui gisait sous un buisson, le frappa et le blessa. Il n'attacha pas d'importance à sa blessure mais, inquiet de ce que deviendrait Gwoš'enaɣwo, il revint à la voiture. En le voyant, Gwoš'enaɣwo fut prise de peur et perdit courage. « N'aie pas peur, Gwoš'enaɣwo, ne t'inquiète pas à cause de moi. Quoi qu'il m'arrive pour toi, je l'accepte, ce n'est rien ! Mais attache-moi vite à la voiture avec une corde, debout, tenant balles et flèches. Autrement, il se pourrait qu'un vieux Kalmouk vienne en rampant te faire du mal... » Comme il disait ces mots, il mourut.

Un peu plus tard, les hommes du cortège commencèrent à regarder timidement depuis la forêt. Voyant Pš'asawqan le bras tendu, comme s'il menaçait quelqu'un, ils furent effrayés et firent volte-face. « Celui que vous voyez debout est un cadavre, leur cria-t-elle, n'ayez pas peur, revenez ! » Ils revinrent et se réjouirent de voir les Kalmouks anéantis. Quant au cadavre, au moment où ils allaient partir en l'abandonnant, Gwoš'enaɣwo refusa : « Couchez le cadavre dans la voiture où je suis assise, et puis partons. Pendant que nous voyagerons, je vais chercher un endroit convenable pour l'ensevelir ». – « C'est très bien », dirent-ils et ils chargèrent le cadavre. Puis ils ramenèrent Gwoš'enaɣwo en chantant. Gwoš'enaɣwo, elle, composa un chant funèbre :

« Les larmes de Gwoš'enaɣwo ne se tariront pas...

Qanśawə, fils d'Azemet K'ərey, a qui l'on m'a donnée,

au moment du péril, n'a su que voleter a travers la forêt

pour trouver un endroit où abriter sa tête,

tandis que Pš'asawqan a fait voler à terre celles des Kalmouks...

Dans le Pays-Bas où je suis née,

que personne n'oublie

la guerre sainte qu'à soutenue Pš'asawqan !

Je n'aime pas le grand prince mon père.

c'est Pš'asawqan que j'aime...

Que l'homme pieux envers Allah

ne parle pas mal de moi :

dans la tombe qu'on bêchera pour Pš'asawqan,

avec lui, j'entrerai !... »
Tandis qu'elle parlait ainsi, ils arrivèrent près d'un beau champ. Le lieu plut a Gwoš'enaγwo. « Ce sera ici, dit-elle. Arrêtez la voiture et portez le cadavre !» Elle dit, prit son châle de soie et en fit un suaire. Elle lit bêcher une fosse et y déposer le cadavre. Puis elle entra elle-même dans la fosse : « Je veux défaire le suaire. Ce garçon n'a ni mère ni père et il s'est fait tuer pour moi. Nul de vous ne lui est plus proche que moi... » Et, saisissant des ciseaux d'acier, elle se tua. Les hommes du cortège, qui l'avaient entendue, enterrèrent les deux corps et s'en allèrent chacun chez soi.

Deux ans passèrent, et l'on remarqua à cet endroit deux beaux arbres minces dont les cimes s'entrelaçaient.

Conté par Mme Bżeḥaqwo à Paris en 1935

Textes besleney

107.
Deux sages

Il y avait (« eut ») en Circassie (« au pays ») un [certain] vieillard nommé Werəydade. Ceux à qui arrivait une affaire difficile (« qui ne sera pas, impossible ») venaient à lui et lui faisaient débrouiller leur affaire. L'affaire qu'ils ne pouvaient résoudre, lui, il la résolvait. Il habitait aussi dans ce pays quatre frères qui possédaient (en commun) un agneau. Les quatre frères avaient partagé (entre eux) l'agneau, patte par patte : à l'aîné ils avaient donné, de ses pattes de devant, celle de droite ; au second était échue celle de gauche ; au troisième, des pattes de derrière, celle de droite, et au quatrième celle de gauche. L'agneau, en broutant l'herbe, tomba dans un ravin et sa patte d'avant gauche se cassa. Les trois autres frères se concertèrent et, au possesseur de la patte cassée : « Celle (« la part ») des pattes qui t'était échue s'est cassée, fais-la rattacher », lui dirent-ils. Et lui, après avoir fait rattacher la patte (par un spécialiste), se dit : « Il y guérira plus vite », et il l'installa (« le fit asseoir ») dans le grand âtre. Quand l'agneau, en se frottant, se fut traîné jusqu'au bord du feu, le feu prit à sa toison (« ses poils ») et il brûla. Quand le feu l'eût brûlé, ses frères, possesseurs des pattes restées intactes (« bien portantes »), se réunirent et, disant au quatrième frère : « C'est à cause de ta patte cassée que nous l'avions couché dans l'âtre. Nos pattes intactes ont péri avec (« à la suite de ») ta patte cassée. Rembourse (« re-paye »)-nous notre agneau ». Ils le pressèrent, et alors l'autre [aussi] : « Demandons à Werəydade et faisons ce qu'il dira (« dit »), dit-il, et alors eux [aussi] : « Soit (« cela aussi se peut »), dirent-ils et ils allèrent trouver (« auprès de ») Werəydade. Quand ils eurent exposé (« fait comprendre ») à Werəydade l'affaire pour laquelle ils étaient venus : « Le possesseur de la patte cassée vous remboursera l'agneau », leur dit-il. Et l'autre : « Bon (« ce sera pour de bon ») », dit-il, et il revint (chez lui).

L'affaire étant ainsi réglée (« eux ayant pris, décidé, l'affaire sur ceci »), les autres notables entendirent un [certain] petit enfant qui disait : « Werədade n'a pas pu régler justement l'affaire ». À leur tour ils allèrent et rapportèrent à Werədade ce qu'ils avaient entendu. Et Werədade : « Amènes (« mandez »)-moi ici ce petit enfant », dit-il et il se fit amener (« les fit amener pour lui ») le petit enfant, qui avait (« était dans ») sept ans. Werədade, s'adressant au petit enfant : « Quel est ton nom ? Comment (« avec quoi ») vous appelle-t-on ? » Le petit enfant : « On m'appelle, dit-il, [avec (le nom de)] Q'azenəq°'e J'ebaɣa », et il se fit ainsi connaître [de lui]. Werədade : « Eh bien, dans ce que j'ai prononcé à propos de (« sur ») cette affaire d'agneau, qu'est-ce que tu as vu de non convenable ? » demanda-t-il au petit enfant. Et J'ebaɣa : « Si l'on m'avait interrogé à propos de quelque chose comme ceci, dit-il, je n'aurais pas parlé (« dit ») comme (« étant comme ce que ») tu as parlé ! » Et Werədade : « Eh bien, que fallait-il dire ? » demanda-t-il à J'ebaɣa. Et alors J'ebaɣa : « Cet agneau, avec une seule patte, n'aurait pas pu, en allant, en tombant dans le ravin, casser sa patte, ce sont (ses) quatre pattes qui, l'ayant conduit au ravin, l'y ont fait tomber. Ensuite quand, attachant sa patte, ils l'ont installé dans l'âtre, ce qui, le faisant ramper dans le feu, l'a fait brûler, ce sont encore (ses) trois pattes intactes. Si la patte cassée avait été seule, elle n'aurait pu faire ramper l'agneau jusqu'au bord du feu. Ce qui l'a fait brûler, ce sont les trois autres pattes. À cause de cela, je n'aurais fait rembourser l'agneau par aucun (des possesseurs) », dit-il. Et Werədade, après avoir un peu réfléchi à cette parole : « En vérité, ce qu'a dit le petit enfant est plus convenable », dit-il, et il décida (« leur dit ») que personne ne le rembourserait. S'étant tourné vers les notables : « Après moi, choisissez ce petit enfant pour vous débrouiller vos difficultés », leur dit-il.

Quand Werədade mourut, ils nommèrent (« préposèrent ») celui-là pour arranger leur(s) affaire(s). C'est Q'azenəq°'e J'ebaɣa qui institua pour les Tcherkesses les coutumes qu'ils pratiquent. Quand ils surent que J'ebaɣa était un homme tellement (« comme ceci ») sage, les habitants du pays : « Hé J'ebaɣa, sois notre (« pour nous ») prince !» le supplièrent-ils. Mais J'ebaɣa : « Que l'un des nobles soit votre prince », leur dit-il. Comme les notables le pressaient, disant : « Sois notre prince », – « Pour que vous découvriez (« vous vous fassiez voir ») que je ne pourrai pas être votre prince, leur dit-il, il faut que vous attendiez quarante jours. » Ensuite, après avoir bien nourri pendant quarante jours un cheval *Welex°ə et un cheval de mauvaise race, quand les chevaux débordèrent d'ardeur, il convoqua tous les notables du pays (« les notables étant dans le pays »), leur dit : « Regardez bien ici ce que je vous ferai voir », et, en premier, lâcha le cheval de mauvaise race. Le mauvais cheval, ayant commencé à se lancer de tous côtés, à ruer, à courir, ne se connaissant plus, se jeta dans un [certain] grand (« vieux ») ravin et se tua. Ensuite, il lâcha (de l'écurie) le cheval *Welex°ə. Et le cheval *Welex°ə s'étant mis à courir, après avoir couru en rond plusieurs fois, revint et se [re-]rangea près de sa mangeoire. J'ebaɣa se tourna vers les (notables) assemblés et : « Avez-vous vu ce qui s'est passé (« a été ») ? Le cheval *Welex°ə, quoi qu'il eût d'abord fait, de nouveau est revenu près de sa mangeoire. Mais l'autre, perdant la tête (« ne sachant plus comment il a été ») s'est tué. Le (cheval) de bonne race peut se déchaîner (« qu'il se déchaîne ») autant qu'il veut (« de quelque quantité qu'il se déchaîne »), à la fin des fins, il reprend son contrôle (« se reconnaît »). Le (cheval) de mauvaise race disparaît (« va ») et il emporte avec lui (dans sa perte) ce qu'il a mangé (c'est-à-dire : ce qu'on a dépensé pour l'élever). Moi, je suis un homme libre non noble et, moi aussi, c'est comme cela que je serai. Si c'est un noble qui devient notre prince, même si, au début, il sort du (bon) chemin, par la suite il y rentrera », dit-il. Et il ne consentit pas à être leur prince.

Conté par Memduh Şahin à Zennun köyü (Turquie) en juin et juillet 1958

108.
Responsabilités

Il y avait jadis deux jeunes gens (« enfants ») qui n'avaient plus leur père, (ni) leur mère et vivaient auprès de leur grand-père. (Telle était) la coutume des Tcherkesses : de deux frères, l'aîné allait à la guerre, guerroyait contre le(s) Russe(s), tandis que le cadet, restant à la maison, s'occupait des affaires domestiques. Ces deux jeunes gens qui étaient restés chez (« pour ») leur grand-père, eux aussi, se partagèrent ainsi les devoirs (« firent comme ceci partage d'affaires »). Le cadet resta à la maison et l'aîné, étant allé guerroyer contre le(s) Russe(s), resta à la guerre pendant quinze années sans plus donner absolument aucune nouvelle. Ses parents, pensant (« espérant, s'attendant à ce ») que le frère aîné était mort là-bas, marièrent (« amenèrent (une femme) pour ») le cadet. Après que la guerre fut finie, quand le garçon qu'on croyait mort, reparti (de l'armée), revint (au pays), il vit, se tenant devant leur porte, une belle jeune femme. Il s'adressa en criant à la femme : « Hé, ma sœur, où est le maître de la maison ? », lui demanda-t-il. Et elle : « Entre (« approches-en ») ; où qu'il soit, il va revenir », dit-elle, et elle le fit entrer dans (« approcher de ») la maison. Quand l'homme demanda à la femme [mariée] : « Quelle est ta place dans cette maison (« à cette maison comment es-tu pour eux ») ? » – « Je suis leur bru », lui dit-elle. Quand elle lui dit [comme] ceci, ayant compris (« su ») que son frère cadet s'était marié (« avait amené (une femme) »), « Donc, tu veux dire que tu es notre bru ? » et, ce disant, il embrassa (« se mena autour du cou de ») la jeune femme (« bru »). Et elle (« l'autre »), ayant compris que cet hôte était son beau-frère qui était à la guerre, se réjouissant, se mit à le traiter en belle-sœur (« à se faire bru pour lui »).

De loin, le mari de la jeune femme avait vu comment, après qu'elle eut prié un hôte d'entrer, il l'avait enlacée. Il (se) dit : « Quel est cet homme qui enlace notre femme ? » et, un soupçon étant tombé dans son cœur contre l'hôte, en hâte il arriva à la maison. Quand il arriva, soudain, que voit-il (« qu'il voie quoi ») ? Celui qui a(vait) enlacé sa femme, c'était son frère aîné ! Bien qu'il regrettât la pensée coupable (« la chose défendue ») qui lui était venue à l'esprit (« sortie de son cœur »), il ne put faire que son frère aîné ne comprît pas qu'il s'était irrité, qu'il avait eu (« fait ») un soupçon. Après qu'ils se furent embrassés, l'aîné : « Ah ! mon frère cadet, parce que la guerre n'était pas finie, pendant quinze ans je suis resté (là-bas) ne pouvant en repartir, mourant (du désir) de vous (revoir). Ne parlons pas de (cette) belle-sœur (« laisse la bru ») ! Je ne songeais qu'à (« j'ai été comme devant ») baiser, en les enlaçant et me couchant sur elles, les pierres et la terre (« les terres ») qui sont devant notre porte. La pensée qui t'est venue (« ce qui est sorti de ton cœur ») m'a tué. Après que tu as eu une telle pensée à mon sujet, il est impossible (« il ne faut pas ») que je continue à vivre. Allons voir (« faisons nous voir ») notre grand-père et, ensuite, ou bien tu me tueras, ou bien (« sinon ») je me tuerai », dit-il, puis : « Où est notre grand-père ? », demanda-t-il, et alors son frère cadet : « Comme il était malade, il est monté pour se reposer à notre maison de (« qui est sur ») la montagne. Allons et voyons-le », dit-il. Irrité de la pensée qu'il avait eue (et) la regrettant, après avoir sellé les chevaux, (le cadet) les fit sortir (de l'écurie) et, à cheval (« étant cavalier(s) »), ils se mirent en route. Ils laissèrent à la maison la jeune femme ne comprenant pas ce qui s'était passé, pensive, et montèrent à la montagne. Le vieillard, quand il vit ses deux (petits-)fils [se tenant] côte à côte, se·réjouit fort. « Dieu t'a ramené (« rapporté ») pour moi ! », dit-il, et il enlaça d'abord l'aîné, puis le cadet. Il leur fit raconter ce qu'ils avaient fait. Après être restés un peu assis, l'aîné des (petits-)fils rapporta exactement (« comme c'est ») à son grand-père ce qui s'était passé lorsqu'il était revenu (« re-arrivé ») à la maison, puis tira son revolver et : « Ah ! [notre] (grand-)père, après ce[ci] qui s'est passé, je ne dois plus vivre. Si tu me rends ce revolver, c'est moi qui me tuerai, si tu le donnes à mon frère cadet, c'est lui qui me tuera », dit-il, et, à ces mots, le vieillard : « Celui qui doit se tuer, c'est moi. Quelle est votre faute à vous ? », dit-il, et il (lui) prit des mains le revolver. Et ses (petits-)fils : « Quelle est ta faute à toi, [notre] grand-père ? », dirent-ils, et ils se jetèrent sur lui. Le vieillard : « Si, moi, je vous avais enseigné (« fait savoir ») que la femme de l'un de deux frères est (comme) la sœur de l'autre, ceci ne vous (« à votre tête ») serait pas arrivé. Celui qui a (commis) la grande faute, c'est moi », dit-il, et il appliqua le revolver sur sa gorge. Les garçons, versant à flots leurs larmes, le supplièrent en disant : « Ne te tue pas ! » Et alors (le vieillard) : « Si, toi, tu ne te tues pas, et (si), toi, tu t'es repenti (« tu as regretté (ta pensée coupable) »), soit ! Autrement, s'il doit vous (« à vos têtes ») arriver de (« les ») telles choses, comment, moi, me représenterai-je aux hommes (« rentrerai-je parmi le(s) homme(s) ») ? », dit-il, et, à ces mots, tous deux lui ayant donné (leur) parole, ils lui firent redéposer le revolver. Et ensuite les deux frères s'étant [ré-]embrassés, l'aîné, redescendant pour amener [en montant] sa belle-sœur à la montagne, après qu'il eut ramené [en montant] la bru aussi à son grand-père, jusqu'à ce que le temps de guerroyer contre le Russe fût revenu (« re-arrivé »), faisant la joie les uns des autres, [assis] sous l'aile de leur grand-père, [étant] heureux, ils re-vécurent ensemble.

Conté par Memduh Şahin à Zennun köyü (Turquie) en juin et juillet 1958

109.
Concours de mensonges

Un [certain homme] veuf, habitant dans un certain village, alla au moulin pour moudre du blé. Comme il n'avait pu emporter avec lui de provisions parce qu'il n'y avait pas de femme dans sa maison, il dit au meunier : « Avec de ma farine, faisons un gâteau-cuit-dans-l'âtre et mangeons-le ». Quand il l'eut(ainsi) prié, le meunier : « Soit, dit-il, tandis que toi tu verseras l'eau dedans, moi, je pétrirai la pâte », et, s'aidant l'un l'autre, ils commencèrent à pétrir la pâte. Comme ni l'un ni l'autre ne savait la formule (« les proportions ») de la pâte, chaque fois qu'ils versaient dedans de l'eau, (la mixture) devenant contre leur intention (trop) fluide, (et,) chaque fois qu'ils versaient de la farine, (la mixture) devenant contre leur intention (trop) épaisse, la farine tout entière finit [sans qu'ils le voulussent]. Ils firent un grand feu et enfouirent la grande pâte dans la cendre chaude. Le meunier : « Nous ne pourrons manger à (nous) deux ce grand gâteau. Viens, inventons chacun un mensonge. Celui dont le mensonge sera le plus grand, que le gâteau reste à celui-là », dit-il, et, à ces mots, le propriétaire de la farine : « Soit, dit-il, invente, toi, d'abord, ensuite j'inventerai ». Le meunier dit : « Soit », et commença.

« Un [certain] jour, tandis que je mangeais (des) graine(s) de courge, une graine me tomba de la main et tomba sur la terre. Au printemps, elle germa et l'une de ses tiges s'étant avancée (« jetée ») de l'autre côté d'une grande rivière, de ce côté-là, une courge ayant poussé sous (la tige), elle [y] devint étonnamment énorme (« grande-vieille-grande »). Au temps de la récolte, nous allâmes [re]couper la courge, portant avec nous des échelles et des cognées, au nombre de (« avec ») deux cents hommes. Par équipes (« eux se faisant se reposer réciproquement »), pendant deux mois, ils travaillèrent à la couper. Tandis qu'eux travaillaient, moi : « Que peut-il donc y avoir (« quoi donc est ceci, ce qui est ») dans quelque chose de cette grandeur ? », me dis-je, et, étant monté sur la courge, sans cesser (« m'appliquant : constamment ») pendant trente jours, je trouai (bien) la courge avec un grand poinçon, mais le poinçon m'échappa et tomba dans le trou. Me disant : « Où est allé le poinçon ? » quand je regardai à l'intérieur, que vis-je (« que verrai-je dedans ») ? Il n'y a pas d'espèce qui ne soit à l'intérieur de la courge : dans les forêts les oiseaux chante(nt), dans les vallée les eaux coule(nt), dans les eaux les grenouilles coasse(nt) ! Et un [certain] homme, [étant] sur le chemin, marche en se hâtant. À l'homme : « Hé, mon frère, dis-je, j'ai laissé tomber ici un grand poinçon, ne l'as-tu pas vu ? » À cette question, (lui) : « Qu'est-ce que tu dis ? Alors que, moi, c'est sept chameaux, avec un âne [étant] devant eux, que j' ai perdu et que je ne puis retrouver, où verrai(s)-je ton petit poinçon à toi ? » me répondit-il. Étant redescendu de la courge et ayant rassemblé tout ce qu'il y avait de chevaux, de buffles, de bœufs [debout] et d'hommes [assis, installés] dans le pays, pendant deux semaines, tirant ensemble et faisant courir la grosse (« vieille ») courge par un pont fait d'une tige de courge, nous la fîmes traverser (la rivière) en roulant. Ayant vendu la courge, j'achetai ce moulin, ces champs. Et avec une grosse tige de courge, je fis couler l'eau vers ce moulin. Maintenant encore, c'est avec cette (tige) que je fais ainsi fonctionner (« moudre ») ce moulin », dit-il.

Ensuite le propriétaire de la farine commença à inventer un mensonge. « Quant à nous., nous avions un [certain– vieux bœuf. Tandis qu'il paissait [l'herbe], il fit ses besoins sur une noix tombée de la bouche d'un [certain] vieux corbeau. La noix, germant et poussant dans la bouse, devint un grand noyer. Et, à ce (noyer), des (« les ») noix pareilles à une tête poussèrent à (ses branches). Les passants [et repassants], en lui jetant [en l'air] (des) pierre(s), enfouirent le noyer. Et nous, ayant versé sur lui du fumier, nous semâmes du blé. Là, le blé s'étant formé avec surabondance, il poussa entremêlé comme une forêt de telle sorte que nous ne pouvions le couper à la faucille. Quand le temps de le couper fut arrivé, ayant pris des cognées tranchantes, nous allâmes le couper. Après que nous en eûmes coupé un ou deux pieds, un [certain) gros (« vieux ») sanglier que le bruit que nous faisions (« nos voix » ou « nos bruits ») avait effrayé, sortit en courant (de cette forêt de blé) et alors, comme je lançai (ma) cognée derrière lui, le manche de la cognée s'enfonça dans le ventre du sanglier. La cognée coupant (le blé) à chaque passage du sanglier (« chaque fois que le sanglier courait »), nous finîmes (de moissonner) le champ. Après que j'eus battu (au tribulum) et fait laver ce (blé), je l'apportai pour le faire moudre », dit-il, et alors le meunier : « Ma foi (« Dieu est un ! »), toi aussi tu as pourtant inventé un grand mensonge ! Pour l'instant nous sommes à égalité (« pareils l'un à l'autre »). De nouveau réinventons (en) chacun un », dit-il. Et l'autre : « S'il en est ainsi, de nouveau, commence », et, à ces mots, le meunier commença : « Hier, alors que j'allais [re]capter l'eau (pour mon moulin), je vis mille loups installés dans les fourrés », dit-il. Et l'autre : « Et moi, comme le vent ne soufflait pas dessus, j'ai battu et vanné (ventilé) le blé au sommet d'un arbre », dit-il, et alors le meunier : « Est-il possible qu'on (« que tu ») batte (le blé) sur un arbre ? » dit-il, et, à ces mots, l'autre : « Eh bien, est-il possible qu'on voie mille loups dans les fourrés ? Toi, fais descendre à dix le nombre de loups, et moi, je descendrai sur la terre », dit-il. Et l'autre : « La farine était à toi ; le propriétaire du gâteau aussi, c'est toi », dit-il, et, eux ayant mis ensemble le grand gâteau dans la voiture, le vieux veuf s'en retourna.

Conté par Memduh Şahin à Zennun köyü (Turquie) en juin et juillet 1958

110.
L'hôte enjoué

Un [certain] homme enjoué, étant allé à un certain village, dut rester là le soir. Son *bəsəm* (Wirt), ayant dressé la table [de l'hôte], la plaça devant l'hôte. Ayant mis sur la table le pain, les mets, les verres, il plaça aussi devant lui le samovar bouillant mais il oublia le sucre. Ayant versé le thé dans les verres de l'hôte et de lui-même, il se rassit, à parler. L'hôte, ayant regardé de tous côtés autour de lui, quand il ne vit pas le sucre, se mit à remuer très énergiquement le thé sans sucre. Le *bəsəm*, s'étant irrité contre l'hôte parce que, sans l'écouter lui-même, il faisait faire du bruit à son verre, « Qu'y a-t-il ? Un groupe de chameaux passe-t-il ? » dit-il et (« l'ayant dit »), quand il eut fait semblant de regarder (« se fut fait comme regardant ») par la fenêtre, l'hôte plaisantin à son tour, s'étant tourné du côté vers où regardait le *bəsəm*, (dit) : « Si la charge des chameaux est du sucre, achetons(-en) un peu ! » Quand il eut dit (cela), le *bəsəm*, revenu de

sa distraction (« s'étant reconnu ») : « Ne m'en veuillez pas, mon
hôte, (dit-il,) je n'avais pas remarqué que je n'avais pas mis de sucre
sur (la table). » Ayant dit (cela), ayant apporté le sucrier, il le plaça
sur la table. Qu'Allah leur donne l'abondance ! (« le fasse être
abondant pour eux » !).

Conté par Memduh Şahin à Istanbul en 1955

111.
Sans titre

Dans un village habitait un homme hospitalier(« aimant l'hôte »),
(mais) ne sachant que (« pas plus que ») la langue tcherkesse. Un
jour, un Turc (« un Pieds-Liés » : les Turcs ont des chaussures, non
des bottes) vint chez lui (en) hôte. Il fit manger l'hôte et son cheval
et, pour qu'il se reposât, [re]fit le lit de l'hôte (= posa une literie par
terre). Le maître de maison ne savait que la langue abzakh. L'hôte,
pour (remercier de) la peine que s'était donnée l'hôte, dit : « *teşekkür
ederim* » (= « je remercie »). L'autre pensant (« s'étant dit ») : « Le
lit lui ayant paru (« lui étant venu ») mince, un lit ne lui suffit pas. »
Et, de nouveau, apportant un lit(= une literie !), il le plaça sur l'autre.
Quand le Turc, très content, eut dit : « *çok teşekkür ederim* » (= « je
remercie beaucoup »), (l'autre) entassa pour (lui) tout ce qu'il y avait
de lits dans la maison. Quand, voyant cela, l'hôte eut dit : « *çok çok
teşekkür ederim* » (« je remercie beaucoup beaucoup ,), (l'autre),
pensant (« ayant dit ») : « Cet entassement (« le lit, weš'ek°ər, que
nous avons entassé pour lui ») ne lui suffira pas ; que je prenne ceux
qu'ont les voisins ! » Ayant rassemblé les lits en trop qu'avaient leurs
voisins, il les entassa pour (lui). Quand l'hôte, ne sachant plus quoi
dire, eut dit : « *o-o, çok çok pek çok teşekkür ederim* » (« je remercie
beaucoup beaucoup, tout à fait beaucoup »), le maître de maison en
eut assez ; ayant dit « teš'ek°ər-meš'ek°ər moi pas savoir, chez voisin
y en a pas, chez nous non plus y en a pas, ça suffit ! » il sortit du
pavillon des hôtes.

Conté par un Bes(le)ney du vilayet de Çorum

Textes kabardes

112.
Sosruko

La femme d'un certain prince n'avait (« ne trouvait ») pas d'enfant. Et son mari et elle-même avaient beaucoup de souci de cela. Parce qu'elle aimait beaucoup son mari, elle ne voulait pas divorcer et aussi elle craignait que son mari n'épousât une autre femme. Alors que son mari était parti pour rester (hors de chez lui) deux ou trois mois, avant qu'il revînt, pour lui faire croire, en imaginant (« combinant ») quelque plan, qu'elle était enceinte, elle attacha à (« sous ») son ventre une pierre et dit à ses voisines qu'elle était enceinte. Quand son mari revint après deux ou trois mois, faisant semblant d'être joyeuse, elle alla à sa rencontre. En apprenant que sa femme était enceinte, son mari fut aussi joyeux que si les mondes étaient devenus sa propriété. À chaque mois qui s'écoulait, sa femme attachait une étoffe de plus sur son ventre et faisait son ventre plus gros.

D'autre part, quand elle pensa qu'arrivait le jour où l'enfant devait naître, parce qu'elle savait que son mensonge allait se découvrir (« sortir de dessous »), le feu brûlait son cœur. Et ainsi elle passa (« fit passer ») les jours. Quand (les) neuf mois et dix jours furent complets, parce qu'elle savait qu'était arrivé le jour où son grand mensonge se découvrirait, la femme du prince décida de se tuer (« se perdre ») avant que son mensonge se découvrît et descendit à la rivière. Elle s'assit au bord de l'eau, enleva les étoffes qui se trouvaient attachées à son ventre et, tenant la pierre (qui avait été) attachée sur son ventre, elle se mit à gémir et pleurer. D'autre part, ayant pris une pierre, elle se mit à casser la pierre qui avait été attachée à son ventre. Juste comme elle frappait la pierre, (celle-ci) se fendit en deux et, d'entre (les deux parties) sortit un enfant de (« consistant en ») feu (c.-à-d. de métal rougi). La femme du prince crut que l'enfant brûlait, saisit l'enfant avec deux pierres par les deux hauts de cuisse et le jeta dans l'eau. Quand le feu (c.-à-d. le métal rougi) se fut refroidi un beau petit garçon sortit de l'eau. La femme du prince, toute joyeuse de ce que son mensonge ne s'était pas découvert et aussi ce qu'elle avait eu («trouvé») un si joli petit garçon, revint à la maison en courant de toutes ses forces et donna la nouvelle à son mari. Lui aussi, se réjouit fort de la nouvelle. Il nomma son fils «Narte».

Quand l'enfant commença à grandir, ses camarades virent combien il était fort et courageux («ne craignant pas»). Il rendit son nom de plus en plus célèbre dans les («Il fit dire son nom aux») sept nations (l'univers). Bientôt il n'y eut («on ne put plus trouver») personne dans le pays qui l'emportât sur lui pour la force et le courage. Quand les géants surent qu'il y avait dans le monde un homme aussi fort, pensant que, tôt ou tard, un jour, il s'opposerait à eux, «Allons, dirent-ils, voyons («faisons nous voir») l'homme qu'on appelle Narte nous n'acceptons pas (*«kabul etmeyiz»*) qu'il y ait au monde un homme plus fort que nous.» Et ils s'en furent («se mirent en mouvement») voir le Narte. Ils trouvèrent sans grande difficulté le village où habitait le Narte et se présentèrent («s'approchèrent») chez lui. Quand le Narte fut informé («se fit savoir») que les géants etaient venus, il leur dit que lui-même avait l'intention d'aller voir les géants. Les géants (dirent) : «Eh Narte, nous avons entendu qu'il n'y a pas dans ce pays d'homme plus fort que toi. Nous sommes venus jusqu'ici pour apprendre si c'est vrai ou faux. Si tu peux faire ce que nous te dirons, tu es plus fort que nous ; sinon, tu n'es pas digne de ton (re)nom.» Le Narte répondit : «Je ne crois pas qu'il y ait au monde chose que je ne puisse (faire). Dites ce que vous voulez !» Les géants (dirent) : «Ce que nous voulons que tu fasses n'est pas très difficile. Tu te tiendras au pied de cette montagne et nous étant montés sur son sommet, nous laisserons tomber de haut en bas vers (toi) la grande pierre coupante. Si tu peux arrêter la pierre et la renvoyer vers le haut, tu es plus fort que nous. Alors, nous aussi, nous t'obéirons («nous ne transgresserons pas ta parole»). Sinon, tu

dois savoir ce qui t'arrivera (« à ta tête »). » À ces mots, le Narte :
« Ce que vous me défiez de faire n'est pas très difficile dit-il. Allons,
commençons tout de suite ! » Il dit, et alla se placer au pied de la
montagne.
Les géants montèrent sur la montagne et firent tomber la grande
pierre coupante. Le Narte arrêta la pierre d'une seule main et aussi la
leur renvoya en haut. Les géants, faisant encore une fois tomber la
pierre, « Eh Narte, lui crièrent-ils, si tu es un homme, renvoie-la en
haut avec ta main gauche ! » Le Narte dit : « Qu'y a-t-il de plus
facile que cela ? » Et il saisit la grande pierre coupante avec sa main
gauche et la leur renvoya. « Cette fois, Narte, dirent les géants,
pourras-tu la renvoyer avec ta poitrine ? » Et, quand ils eurent de
nouveau fait tomber la pierre, le Narte arrêta avec sa poitrine la
pierre coupante et la leur renvoya. Les géants ne savaient plus que
faire. « Si cela continue (« va ») ainsi, dirent-ils, cet homme nous
vaincra. Comment [faisant] peut-il arrêter cette grande pierre
coupante sans se blesser ? Il y a dans cela quelque chose que nous ne
savons,pas : il faut que nous découvrions (« nous nous fassions
savoir ») d'où [que ce soit qu']il tire sa force. » Ils dirent, et
envoyèrent (« firent se mettre en mouvement ») une vieille petite
[femme] sorcière.
La vieille petite sorcière, sans se laisser voir du Narte, s'approcha de
lui et s'assit sur son cou (« entre,.*de.*, son cou [et ses épaules] », à
califourchon). Le Narte, après leur avoir renvoyé la grande pierre
coupante beaucoup de fois, commença à suer. Se parlant à lui-même,
« Quand le firmament était bleu, quand la terre était verte, dit-il, je
n'avais pas l'habitude de me fatiguer. Mon corps est (de) fer. Ce qu'il
y a en moi de chair humaine, ce sont seulement mes deux hauts de
cuisse ! » À ces mots, la vieille petite sorcière ayant appris ce qu'elle
voulait apprendre (« ce qu'elle apprendra »), sauta à bas du cou du
Narte et, courant de toutes ses forces, rapporta aux géants ce qu'avait
dit le Narte. C'est cela que voulaient les géants. Faisant encore une
fois rouler (« courir, couler, glisser ») vers le bas la grande pierre
coupante, « Eh Narte, dirent-ils, si tu es un homme, arrête cette fois

la pierre avec ton haut de cuisse et renvoie-la. » À ces mots, le Narte dit : « Bien sûr, je la renverrai ! » Et, ayant tendu sa cuisse à la grande pierre coupante, la pierre heurta (« tomba sur ») sa cuisse et, d'un coup, la trancha. Quand les géants virent que le Narte s'était laissé (« fait ») couper la cuisse, tout joyeux,ils descendirent en courant et jetèrent le Narte dans une fosse.

Conté par Aydemir Aşkin à Istanbul en 1959 d'après le récit fait par des membres de sa famille à Hayrirye

113.
Le sultan et le vieillards

Un jour le sultan, en compagnie de son vizir, était allé se promener à la campagne. Tandis qu'ils se promenaient ensemble, ils rencontrèrent un vieillard qui labourait son champ. Le sultan s'approcha du vieillard et lui dit : « Salut à toi, pourquoi es-tu (ici) si tard ? » Le vieillard (répondit) : « Je me suis levé de bonne heure, mais les autres me les ont prises ». – « Et qu'est-ce qui est en train de bouillir (ici, sur ton feu) ? » – « Un descend et deux remontent ». – « Comment vas-tu ? » – « Avec deux je ne vais guère, mais avec trois je ne reste pas en arrière. » – « Si je te fais porter une oie, qu'en feras-tu ? » – « Je saurai très bien la plumer. » Le vizir était resté bouche bée sans rien comprendre à la conversation du sultan et du vieillard. Après qu'ils eurent repris leur marche, le vizir demanda au sultan : « Seigneur, as-tu vraiment compris ce qu'a dit ce vieillard ? Moi, je n'ai rien compris à tes questions. » Le sultan lui répondit : « Si tu veux savoir ce qu'il m'a dit, va le lui demander à lui-même. » Le vizir revint sur ses pas et s'approcha du vieillard. Après l'avoir salué : « Tout à l'heure, dit-il, ni aux questions que t'a faites le sultan ni à tes réponses je n'ai rien compris. Si toi tu as compris, explique-moi. » – «Bien sûr que j'ai compris, dit le vieillard, mais si tu ne me donnes pas une bourse (pleine) d'or, je ne t'expliquerai pas. » Le vizir tira une bourse d'or et la lui donna. Alors le vieillard parla :

« Quand le sultan m'a demandé : 'Pourquoi es-tu (ici) si tard ?', je lui ai dit : 'Je me suis levé de bonne heure, mais les autres me les ont prises'. Le sens de ceci, – le sultan voulait dire : 'Pourquoi n'as-tu pas eu d'enfant jusqu'à maintenant ? Ils travailleraient à ta place'. Et moi je lui ai répondu (quelque chose qui signifiait) : 'Je me suis marié il y a très longtemps, mais, comme tous mes enfants étaient des filles, elles se sont mariées'. » – « Et la deuxième question qu'il t'a faite, qu'était-ce ? » À ces mots le vieillard dit : « Je te l'expliquerai, mais il faut que tu me donnes encore une bourse d'or. » Le vizir tira encore une bourse et la lui donna. Le vieillard reprit : « Quand le sultan m'a demandé : 'Qu'est-ce qui est en train de bouillir ?', j'ai répondu : 'Un descend et deux remontent.' Ce qui bout, ce sont des haricots : quand ils bouillent, les haricots descendent et remontent (dans l'eau). » – « Parfait, j'ai compris cela, mais la troisième question qu'il t'a faite, qu'était-ce ? » De nouveau le vieillard refusa de répondre avant de lui avoir pris une autre bourse. Quand il eut pris une bourse et qu'il l'eut jetée dans sa poche : « Le sultan m'a demandé : 'Comment vas-tu ?' ; ce qu'il voulait dire, c'était : 'Quel est ton état de santé ? Comment marches-tu ? Tes cuisses te portent-elles encore ?' Et moi j'ai répondu : 'Avec deux, je ne vais guère, mais avec trois je ne reste pas en arrière.' Ceci signifiait : 'Bien que mes jambes ne me véhiculent pas très bien, avec un bâton, j'ai trois jambes et je marche bien'. » – « Cela aussi, maintenant, je l'ai compris, mais la quatrième question qu'il t'a faite et la réponse que tu lui as donnée, il se trouve que je ne les ai pas comprises. Si tu m'expliquais cette seule (et dernière) chose, je m'en irais. » À ces mots, le vieillard dit : « Sur cette quatrième (chose), moi, je ne pourrai te donner réponse ; va interroger notre sultan à ce sujet. » Comprenant qu'il ne pourrait rien apprendre de plus, le vizir s'en retourna auprès du sultan. Celui-ci lui dit : « Eh bien, mon vizir, as-tu appris ce que tu voulais savoir ? » Le vizir répondit : « J'ai acheté trois réponses avec trois bourses, mais, sans m'expliquer la quatrième (chose), il m'a renvoyé à toi. » Alors le sultan : « Eh bien, à moi aussi, dit-il, donne une bourse, et je t'expliquerai la quatrième chose. » Et, quand il eut pris encore une bourse : « Quand j'avais dit au vieillard : 'Si je te fais porter une oie, qu'en feras-tu ?', il m'avait dit : 'Je saurai très bien la plumer.' Tu us vu toi-même s'il l'a bien plumée [ou pas plumée] ! » Alors le vizir, comprenant tout à fait ce qui lui était arrivé, fut dans une extrême confusion.

Conté par Aydemir Aşkin en 1961

114.
Comment Sosryko prit dans la glace et tua le géant maître du feu

Le brun Sosryko, l'homme aux yeux de fer, le fougueux cavalier, s'était éloigné des Nartes au cours d'une expédition. Survint un froid de sept jours et de sept nuits, qui gela les Nartes. Ils s'interpellèrent les uns les autres : « Hé, Imys, Sosym, Žindu-žake, Arnkšau, Ozermeš, Nasran-žake, Ašemez fils d'Aše, Batyrez fils d'Hymyš, Sybyl'ši, Totyreš fils d'Al'bek, – qui de nous a du feu ? » Aucun des Nartes n'avait de feu... Ils se désolèrent et dirent : « Pourquoi avons-nous fait la sottise de nous séparer de Sosryko ? » Comme ils gémissaient ainsi, Sosryko apparut. « Ô notre Sosryko, le meilleur de notre race, nous mourons faute de feu. » – « J'ai toujours du feu sur moi », répond Sosryko, et il dresse devant les Nartes un immense brasier. Toute l'armée se précipite vers le feu, mais Sosryko, irrité, défait le brasier et le jette à l'eau. Alors les Nartes le prient de nouveau, et il se laisse toucher. « Je le jure par l'ašho chez qui je fus élevé, je n'ai pas de feu, mais je vous en fournirai quand même ! »
Il monte sur son cheval, va à la montagne Haram et regarde de tous côtés. Il voit une fumée qui sort d'une vieille tour, saute à terre, et s'avance sans bruit : c'est la maison d'un géant et, dans la maison, le géant lui-même dort, le corps replié en anneau, les pieds sous la tête ; au milieu de cet anneau vivant, du feu brûle. Sosryko revient à son cheval et lui dit : « Mon vieux cheval, toi que les meilleurs coursiers

Georges Dumézil

ne devancent pas ! C'est ici la maison d'un géant ; lui-même dort, les pieds sous la tête ; du feu est au milieu. Comment emporterons-nous ce feu ? » – « Sosryko, homme brun aux yeux de fer, fougueux cavalier, répond l'animal, monte en selle ; je transformerai mon pas de cheval en un pas de chien, mon pas de chien en un pas de chat, je me glisserai sans bruit et nous volerons un tison. »
Sosryko monte sur le cheval, ils vont à la tour et volent un tison. Pendant sept jours et sept nuits, ils galopent. Mais à la fin, ils laissent tomber le tison volé, que le vent porte aussitôt sur les genoux du géant. Celui-ci tressaille, compte ses tisons : il en manque un ! « Qu'il soit immolé aux mânes de mon père, le scélérat qui m'a volé ! » – et sans bouger de place, après avoir tâté le sol dans quatre directions, le voilà qui saisit le fugitif Sosryko.
« Eh, jeune Narte, je te mangerai tout cru si tu ne me dis pas où est Sosryko !
– J'ai entendu parler de Sosryko, mais je ne l'ai pas rencontré, et je ne sais pas où il est à présent.
– Eh bien, enseigne-moi tout au moins ses jeux !
– Bon, je vais te les enseigner », dit Sosryko et il emmène le géant. « On place Sosryko, reprend-il, au pied du mont Kapiškaj ; on fait rouler d'en haut un énorme rocher qui le frappe au front et qui rebondit sur la montagne plus vite qu'il n'était tombé !
– Eh bien, fais la même chose avec moi », dit le géant.
Sosryko court en haut de la montagne, roule une énorme roche, mais la roche, frappant le front du géant, rebondit sur la montagne plus vite qu'elle n'était tombée ; quant au géant, c'est tout juste s'il recule un peu ; il se redresse et dit : « C'est un fort beau jeu ; cela ôte les démangeaisons du front. Si tu en sais un meilleur, montre-le moi. »
Sosryko, frappé de Dieu, ne sait quelle ruse imaginer pour tuer le géant... « Je vais te montrer, dit-il, un jeu encore meilleur », et il conduit le géant plus loin.
« On met Sosryko à genoux, reprend-il, et on lui emplit la bouche de flèches ; il en détache, avec les dents, les pointes d'acier et les avale, et il recrache les bois.

– Eh bien, fais la même chose avec moi », dit le géant.
Sosryko lui emplit la bouche de flèches, le géant en détache les
pointes avec ses dents et recrache les bois. « Jeune Narte, dit-il, voilà
encore un fort beau jeu ; cela ôte les démangeaisons de la bouche. Si
tu en sais un meilleur, montre-le moi. »
Sosryko, frappé de Dieu, ne sait comment se défaire du géant. « Je
vais te montrer un jeu meilleur, dit-il. Sosryko ouvra la bouche, on
lui met dedans un soc rougi au feu ; il le refroidit dans son ventre,
puis le recrache.
– Eh bien, fait la même chose avec moi », dit le géant.
Sosryko fait rougir au feu un soc, le met dans la bouche du géant qui,
l'ayant refroidi dans son ventre, le recrache. « Jeune Narte, voilà
encore un fort beau jeu. Montre-m'en un meilleur ! »
Sosryko, frappé de Dieu, ne sait qu'imaginer pour tuer le géant...
« Attends, attends, géant. Il reste encore un jeu : on plonge Sosryko
sous sept abîmes marins, et on le laisse dans le plus profond ; on fait
geler la mer durant sept jours et sept nuits : alors lui, prenant son
élan, brise la glace et sort. »
Le géant dit : « Fais la même chose avec moi », – et ils font la même
chose. Sosrykà gèle l'eau, puis dit : « Sors ! » Quand le géant prend
son élan, la glace commence à se briser.
« Attends, attends, géant ! crie Sosryko. Ce sera meilleur pour tes
muscles, si la glace est un peu plus dure ! » Il ajoute donc de l'eau et
fait une gelée encore plus forte ; puis il dit : « Maintenant, élance
toi ! » Et le géant répond : « Je ne peux pas... » Sosryko prend son
épée et saute sur lui. Le géant souffle « fffou ! » et le rejette à une
demi-journée de marche ; mais Sosryko, comme s'il avait des ailes,
revient sur lui ; tandis qu'il brandit son épée, le géant lui dit : « Si je
n'avais pas été un stupide géant, comment n'aurais-je pas deviné, à
voir tes genoux, que tu étais Sosryko ? »
Sosryko prend la tête du géant et s'en retourne avec le feu. Quand il
reparaît chez les Nartes, il les trouve entassés. Ceux du dessus sont
morts de froid, ceux du dessous sont morts étouffés. Pour le peu qui
reste vivant, Sosryko allume un brasier. Puis il les ramène chez eux.

D'après K. Atažukin, « Iz kabardinskix skazanij o Nartax », *SSKG*, V, 1871, II, p. 53-56

115.
Comment Sosryko et les Nartes amadouèrent Pšy-Badinoko

Le Narte Pšy-Badinoko (= « le Prince, fils de Badin »), l'ennemi des Kintiens (habitants d'une ville inconnue) est repris, un jour, par sa passion des aventures. Il se met en selle et, solitaire, il part. Il ne marche pas, il vole. Enfin, sur le chemin par où l'on emporte les jeunes garçons volés, à un carrefour de sept routes où ne paissent pas les chevaux, il rencontre un berger narte. « Que ton troupeau se multiplie ! » lui crie-t-il. – « Que Dieu prolonge ta vie ! » répond le berger. – « Dis-moi, qu'y a-t-il de nouveau chez les Nartes ? » – « Comment saurais-je les nouvelles des Nartes, Pšy-Badinoko ? Tout le jour, je garde mon troupeau et la nuit je dors d'un sommeil de mort. » – « Comment oses-tu faire paître ton troupeau au carrefour des sept routes, alors que tu ne sais pas ce qui se passe chez les Nartes ? » En disant ces mots, Pšy-Badinoko, de colère, s'échauffe comme du bois qui brûle et, frappant trois fois le berger de son fouet, continue sa route.
Mais soudain le berger le rappelle. « Pšy-Badinoko, reviens ! » Il revient. « Je me rappelle une nouvelle et je vais te la dire si tu ne la traites pas de commérage : il y a une grande beuverie chez Setanej. Elle habite près de la route et tous ceux qui passent font un détour jusque chez elle. On y boit du *sane* (vin) blanc dans de petites cuves ; on y découpe, pour les hôtes, de gros moutons et des bœufs bien nourris, tu t'y amuseras avec de belles jeunes filles et de joyeuses garces en grand nombre ; tu joueras tout ton saoûl. » – « Vil berger, fils de chienne, je ne hante pas les beuveries, je ne cours pas les femelles, je ne dis rien à personne, je suis un cavalier libre, avide

d'exploits, et je cherche un ami[8] Narte. Si je n'avais égard à ta vieillesse, je te rouerais de coups ! » Et il continue sa route...

Or, la servante de la dame Setanej sortit de la maison aux blanches pierres, au parquet de chêne, lieu des joyeuses beuveries des Nartes. Elle allait chercher de l'eau avec deux seaux. Brusquement, elle rentra : « Madame Setanej, dit-elle, modèle des ménagères, subtile souveraine des oiseaux et des bêtes des bois, il nous arrive un cavalier comme je n'en ai jamais vu dans notre alentour. » – « Va le regarder mieux, lui et son cheval ! » dit Setanej, et la servante ressortit. Quand elle revient : « Madame Setanej, cria-t-elle, sorcière habile aux haricots[9], voici les signes du cheval et du cavalier : devant le cavalier s'élève un brouillard rond, derrière lui volent des oiseaux, sur le dos du cheval une tente est dressée, les étincelles qui sortent des naseaux brûlent tout sur le chemin, et près des flancs de la bête des chiens de chasse s'ébattent ; le coursier saute à droite et à gauche de la route, le héros exhale flamme sur flamme sous le soleil, et son cheval dresse la tête dans le ciel ! » Alors Setanej elle-même, la voyante, alla sur le seuil et regarda ; elle reconnut aussitôt le cavalier : « Chienne stupide, chienne inutile, cria-t-elle à sa servante, à qui répond ta description ? Comme si nous n'avions encore jamais vu ce cavalier, toi ni moi !... Le brouillard qui s'élève par devant, c'est le souffle du cheval ; les oiseaux qui volent par-derrière, ce sont les éclats de boue ; la tente dressée sur le dos du cheval, c'est l'arc ; les flammes de feu, ce sont les moustaches rouges du cavalier : les chiens qui s'ébattent, ce sont les paquets d'écume qui tombent du mors. Le cavalier lui-même, c'est le Narte Pšy-Badinoko, l'ennemi des Kintiens, qui revient de la bataille... Ô mon cher Himyš, si Pšy-Badinoko passe par ici, il percera de sa lance les deux genoux de Sosruko. Ce cavalier ne peut souffrir d'offense. S'il est le moins du monde mécontent, il emmènera notre bétail et nos enfants qui jouent dans les rues, il exterminera les Nartes... Vite, séduisons-le ! »

8   « Quelqu'un qui se mesurera avec moi ».
9   Mode de divination.

La dame Setanej nettoya les vitres vertes de sa maison, elle-même se mit du blanc et du rouge et se pencha à sa fenêtre de verre. « Va l'inviter au plus vite, chienne ! » cria-t-elle à sa servante. « Pšy-Badinoko, Narte à la double lance, rejeton d'une race illustre, qui ne retiens ton cheval devant nul obstacle, viens chez nous », dit la servante, et, après l'avoir salué, elle continua : « Et voici la maison des Allyghe[10] ; il y a des cuves de vin blanc toutes préparées, de gras moutons, des bœufs bien nourris en réserve pour les hôtes ; tu t'amuseras avec de belles filles, dont nous avons grand nombre. Viens, beau jeune homme ! » – « Si c'est ici la maison des Allyghe, que Dieu lui soit bienveillant ! Mais donnez votre vin blanc à vos Nartes ; vos bœufs bien nourris, vos gras moutons, mangez-les vous-mêmes ; que toutes vos belles filles fassent la joie des Nartes. Je suis un cavalier libre, avide d'exploits, et je cherche un ami Narte ! » – Si tu veux un ami Narte, nous te donnerons le fils de Kanže. » – « Je ne veux pas du gamin de Kanže : c'est l'unique enfant d'une pauvre femme, je ne tuerai pas un orphelin ! » – « Nous te donnerons Sosrukaj ! » – « Je ne veux pas de Sosrukaj ! C'est un homme rusé, mais plus encore un méchant homme ! » – « Narte Pšy-Badinoko, intervint alors Setanej elle-même, fléau des Kintiens, bien que Sosruko ne soit pas à la maison, entre : je suis semblable à un cavalier narte, ne me traite pas comme une femme, ne t'offense pas, viens boire avec moi une coupe de vin ! »

Mais toutes ses prières furent vaines. Ayant perdu l'espoir de le fléchir, Setanej insensiblement fit glisser le voile de sa tête et montra sa gorge blanche ; Pšy-Badinoko n'en fut pas ému. Elle dégagea son sein ; il n'y prit pas garde. Se dégarnissant encore elle lui découvrit autre chose[11] ; comme il n'y faisait pas attention, elle rompit un lacet de soie et lui montra tout : en vain… « Fils de vagabond, lui dit-elle alors, fleur de fumier, dans tous nos alentours il n'y a pas de garnement comme toi. Si tu n'en veux pas, je trouverai d'autres

---

10 Les Alägatä des Osses.
11 *Çehebgum.*

chasseurs pour manger mes plats et boire mes liqueurs ! » –
« Sorcière Setanej, riposta Pšy-Badinoko, faiseuse de poisons, fléau
des Nartes, tout ce que tu m'étales, les Nartes en ont joué. Si une
chienne de ton espèce pouvait me séduire, ce ne serait pas la peine,
pour moi, d'avoir vécu jusqu'à ce jour ! Tiens ta langue, sinon, gare !
Je cherche à me mesurer avec un Narte. Si tu sais des nouvelles des
Nartes, parle. » – « Je te dirai des nouvelles des Nartes. Va au bout
du village ; ils boivent dans une maison blanche ; leur vieillard-
président a pour adjoint Sosrukoj ; ils font bombance, va les voir, ils
te trouveront un partenaire narte ! »
Il alla au bout du village ; de petits garçons le virent : « Ah, ah,
dirent-ils, voici un cavalier ! » Sosrukaj, le fils du berger, le
nourrisson de Setanej entendit cette nouvelle ; comment serait-il
resté en place ? Il sauta de son siège de pierre, ayant déjà ses bottes
aux pieds, courut sur le seuil et regarda. Il reconnut le cavalier :
« Sots que vous êtes, Nartes, que Dieu vous maudisse et qu'une
vache vous tombe sur la tête ! Comment n'avez-vous pas reconnu ce
cavalier ? C'est le Narte Pšy-Badinoko, l'ennemi de Kintiens, qui
revient de la bataille, le connaisseur des routes du Don[12] et du
Kouban, le héros qui ne peut souffrir aucune offense : s'il s'en va
fâché, il emportera tout le bétail, les petits garçons qui jouent dans la
rue, et anéantira les Nartes jusqu'au dernier ! » Les Nartes
demandèrent conseil à Sosrukaj : « Bien que ma mère ait échoué, je
trouverai quelque moyen », dit Sosrukaj. Et, lui à leur tête, ils
délibérèrent. Ils versèrent une coupe de vin blanc, mirent dedans trois
serpenteaux gris, puis, tête nue, ils sortirent en corps et offrirent la
coupe au Narte Pšy-Badinoko, au héros que nul obstacle n'arrête.
Pšy-Badinoko aperçut un serpenteau ; aussitôt d'un coup de ses
moustaches d'acier, il cloua les bêtes sifflantes au fond de la coupe et
but jusqu'à la dernière goutte. Et il s'en alla, disant : « Vous aurez de
mes nouvelles ! »

12 *Ten.*

Les Nartes se désespérèrent. Leur vieillard-président, surtout, s'effrayait. « Ah, Pšy-Badinoko, pourquoi nous quereller ? Je te donnerai pour femme ma sœur, la belle Habibat. » Ils firent descendre Pšy-Badinoko de cheval, lui donnèrent une coupe de vin blanc et se mirent à danser. Ils invitèrent l'hôte à danser à son tour : il fit, en bonds légers, le tour de la table sans l'ébranler le moins du monde et sans renverser de liqueur ; puis il sauta à terre. Ensuite ils désignèrent Sosrukaj : il réussit le même exploit. Vint le tour de Himyš : il fit de même, et quand sa danse fut finir, il sauta à terre avec une telle force que les vieillards assis dans la cour crurent que la foudre était tombée, et chantèrent : « Ele ! »

D'après I. Lopatinskij, « Kabardinskie teksty », SMK, XII, 1891, I, 2, p. 21-22.

Textes abazes

116.
Sans titre

Le riche d'un village, ayant appelé un aveugle (en réalité, un « chassieux »), un boiteux, un teigneux de son village, leur parla ainsi. À l'adresse du teigneux : « Si tu restes assis une heure sans te gratter la tête – » ; et à l'adresse du boiteux : « Si tu restes assis une heure sans allonger ton pied boiteux – » ; et à l'adresse de l'aveugle : « Si tu restes assis une heure sans te frotter la paupière, je vous ferai une invitation. L'aveugle, le boiteux, le teigneux s'assirent au milieu des gens du village. Tous les gens les regardaient.

Quand un peu de temps fut passé, le teigneux eut envie de se gratter la tête. Mais, s'il se gratte... il ne peut se gratter ! À cause de cela, il imagina un mensonge et dit : « Mon père était étameur. Il nettoyait les chaudrons et comme ci et comme ça. » Et, tout en disant ceci, il se gratta la tête.

L'aveugle à son tour eut envie de se nettoyer les paupières ; il inventa lui aussi un mensonge et dit : « Mon père à moi était chasseur. Un jour, nous allâmes à la chasse et, quand mon père tira, il abattit vers nous tous les oiseaux. L'un d'eux, en tombant, me tomba dans l'œil et le rendit aveugle. » Et, tout en disant ceci, il se nettoya la paupière.

Le boiteux, n'y pouvant tenir, cherchait quelque chose du même genre. Il allongea son pied boiteux : « Que ce mien pied boiteux entre dans l'œil de celui qui dit un mensonge ! » dit-il, et, ayant allongé la jambe qui avait mal, il fit passer la douleur.

Tous ceux qui étaient assis là crurent à ces mensonges. Ils ne virent pas que le teigneux s'était gratté la tête, que l'aveugle s'était nettoyé la paupière, que le boiteux avait allongé son pied. Et c'est grâce à cette succession (d'habiletés) qu'ils gagnèrent l'invitation.

Conté par Ohran Baran à Istanbul en 1968

117.
Comment le Narte Argun conquit la princesse Satanaj

Un jour les Nartes partent en campagne pour enlever la princesse Satanaj. Seul le Narte Argun manque au rendez-vous. On l'envoie chercher : une fois, deux fois... ; à la troisième fois, il se décide, rejoint la troupe et tous ensemble se mettent en route. Mais bien vite les Nartes remarquent avec inquiétude que le cheval d'Argun, qui marche pourtant au pas, devance leurs chevaux à eux, qui galopent : Argun ne va-t-il pas, arrivant le premier, leur escamoter la princesse ? Aussi lui persuadent-ils de lier puissamment les naseaux de sa bête sous prétexte qu'elle s'ébroue. Argun suit le conseil, – et voilà son cheval qui s'écroule, étouffé. Les Nartes rient du bon tour : « Un héros qui n'a pas de cheval ne peut prendre part à l'enlèvement de Satanaj ! » lui crient-ils.

« Soit ! riposte Argun, j'aurai un cheval et j'irai ! » Il attache par les quatre pieds son cheval mort, le jette comme un sac sur son épaule, et se met à la poursuite des Nartes. Ceux-ci poussent leurs bêtes, tandis qu'Argun marche d'un pas calme. Et pourtant il les atteint, les dépasse et disparaît à l'horizon. Quand enfin ils arrivent au village de Satanaj, il est trop tard : Argun en sort déjà, son cheval mort sur l'épaule, et la princesse sur son cheval.

A. N. D'jačkov Tabasov, « Abadzexi », *Zap. kavkazskago otdela imp. russk. geograf. obščestva*, XXII, 1903, 4, p. 32

Textes abkhazes

118.
La fiancée intelligente et les spectacles énigmatiques

Un prince demanda en mariage la fille d'un (autre) prince. Celui-là, disant : « C'est bien », lui donna sa parole. Quand arriva le jour fixé, le prince envoya le cortège destiné à lui amener la mariée. Comme les membres de ce cortège qui étaient allés se mettaient en chemin avec la mariée, le père de la mariée adjoignit à sa fille des hommes à lui. Tandis qu'ils amenaient la mariée, ils virent sur le chemin deux voitures toutes chargées de bois et attachées l'une à l'autre par l'arrière, et des hommes, ayant attelé les bœufs, les faisaient tirer (dans des sens opposés). Les hommes de la mariée dirent : « Qu'est ceci ? Ils ont attaché les voitures par l'arrière et ils font tirer les bœufs ! Pauvres bœufs ! la sueur les a épuisés ! » Alors les hommes du cortège leur répondirent : « Le prince se marie, ils emportent le bois pour le festin. » Cela leur parut étrange : « Comment emporteront-ils le bois ainsi ? dirent-ils. S'ils séparent les voitures, alors ils emporteront le bois ! » Mais (les autres) répondirent : « La parole du prince est ainsi, c'est ainsi qu'ils l'emporteront. » Après avoir cheminé un peu de temps, ils virent un sac, entièrement plein et le haut cousu : deux hommes l'avaient jeté sur le chemin et le frappaient avec un bâton. Quand (les hommes de la mariée) demandèrent : « Qu'est encore ceci ? » – « Le prince se marie, répondirent (les hommes du cortège). On porte (le sac) au moulin pour moudre la farine pour le festin. » Cela aussi leur parut étrange : « Pourront-ils emporter le sac ainsi ? S'ils l'emportent sur une voiture, alors c'est possible. » Mais (les autres) répondirent : « La parole du prince est ainsi, ainsi en sera-t-il. » Quand ils eurent cheminé encore un peu de temps, à une source près du chemin, ils virent des gens occupés à emporter de l'eau avec des seaux sans fond. Quand ils demandèrent : « Qu'est encore ceci ? » – « Le prince se marie, répondirent (les gens du cortège), ils apportent de l'eau pour le festin.» De nouveau, ils s'étonnèrent : « Pourront-ils emporter de l'eau avec des seaux sans fond ? Si au moins ils l'emportaient avec des seaux ayant un fond...» Mais les autres leur répondirent : « La parole du prince est ainsi, c'est ainsi qu'ils l'emporteront.» Tout étonnés, ils arrivèrent avec la mariée à la maison du prince. Cette nuit-là, quand arriva le temps du festin, le prince appela à sa table les hommes de la mariée. Tandis qu'ils mangeaient à table, ils racontèrent au prince les choses qu'ils avaient vues, ce jour, en venant. « C'est moi qui ai fait faire ces choses, » dit le prince. Alors qu'ils étaient assis, ayant fini de manger, le prince dit : « Quand nous étions assis à table, vous m'avez dit les choses que vous aviez vues en chemin. Maintenant c'est à moi de vous questionner un peu. Les choses que vous avez vues aujourd'hui en chemin pendant que vous veniez, allez en demander (le sens) à votre jeune fille, que vous avez amenée. Si elle sait ce qu'elles signifient, elle restera ici ; si elle ne le sait pas, elle aussi, comme vous, est mon hôte cette nuit, (mais) demain vous partirez en l'emmenant.» À ces mots, ils commencèrent à penser. Quand la mariée vit pensifs ceux qui étaient venus avec elle, elle les appela et leur demanda : « Que vous est-il arrivé ? » – « Rien, » dirent-ils, mais elle n'accepta pas (leur réponse) et de nouveau les interrogea. Alors ils parlèrent ainsi : « Les choses que nous avons vues aujourd'hui pendant que nous venions, le prince veut (en savoir) de toi le sens. Si tu le sais, tu resteras ici. Si tu ne le sais pas, demain il te joindra à nous et te renverra.» À ces mots : « Est-ce ceci qui vous rendait pensifs à ce point ? dit-elle. Une fille incapable de le savoir se mariera-t-elle ? Allez dire au prince ce que je vais vous dire. Voici ce que signifient les voitures que nous avons vues en venant. Le prince m'a épousée. Quand je ferai quelque chose qu'il n'aimera pas, s'il dit : 'Fais comme cela, non comme ceci' et si moi je dis : 'Non, c'est comme ceci', si nous nous opposons comme deux doigts accrochés, notre affaire n'avancera pas plus que n'avançaient les voitures. Pour ce qui est du sac, dites-lui ainsi : 'Si Dieu ne m'a pas donné (une qualité), il aura beau me frapper avec un bâton, je ne viendrai pas sur le chemin (qu'il voudrait), je ne dépasserai pas ce que je sais. Ce n 'est pas à coups de bâton que l'homme devient homme'. Voilà le sens de cette seconde chose. Quant à ce que nous avons vu tout à fait en dernier, dites lui ainsi : 'S'il arrive qu'il me donne un conseil, si j'ai de l'intelligence, cela entrera dans ma tête. Si je n'en ai pas, cela entrera par une oreille et sortira par l'autre, et alors tout ce qu'il me dira sera peine perdue'. Tel est le sens du seau sans fond. » Après leur avoir ainsi parlé, elle les envoya auprès du prince. Ils allèrent et, quand ils lui dirent ce qu'elle avait dit : « C'est une femme qui fût comme cela que je cherchais jusqu'à ce jour, dit-il. Je l'ai enfin trouvée ! Maintenant frappez dans vos mains et dansez ! » Et il fit une grande fête.

Conté par Zülküf Has à Istanbul en 1961

119.
Le vieux et la vieille

Au temps jadis, une vieille femme et un vieillard habitaient en voisins côte à côte. La maison du vieillard était faite de cire et celle de la vieille de sel. Il n'y avait pluie ni soleil capables de faire des dégâts à leurs maisons. Un jour, le sel manqua à la nourriture qu'avait faite le vieillard. Comme le sel était fini dans sa maison, il alla et pria la vieille sa voisine : « Le sel a manqué à ma nourriture, donne-moi un peu de sel. » La vieille lui dit : « Sous prétexte que le sel a manqué à ta nourriture, gâterai-je ma maison ? Je ne puis t'en donner. » Le vieillard s'en retourna et alla à sa maison. Dès qu'il fut arrivé, il ouvrit ses mains et pria Dieu : « Fais tomber une forte pluie et gâte la maison de la vieille en la faisant fondre ! » Peu après, le temps se brouilla et il commença à pleuvoir sans interruption. Ce jour là, quand tomba le soir, comme le vieillard était couché à sa place pour dormir, il entendit une voix. Il tendit l'oreille du côté d'où venait la voix et écouta. Celle dont il entendait la voix, c'était la vieille. Quand la pluie eut gâté sa maison, elle vint devant la porte de l'enclos du vieillard et, faisant porter sa voix vers lui, cria : « Vieillard ! Vieillard ! » Le vieillard dit : « Que veux-tu ? » – « La pluie est tombée et a gâté ma maison, dit-elle. Et moi je suis restée dehors. Laisse moi aller m'asseoir sous l'auvent de ta maison. » Le vieillard répondit : « Il y a quelques instants, tu ne me donnais pas le sel, mais viens et assieds-toi. » Et la vieille femme vint et s'assit. Peu après, elle dit de nouveau : « Vieillard ! Vieillard ! » – « Que veux-tu ? » dit-il. « Je suis fort trempée, dit-elle, laisse-moi entrer et m'asseoir à l'intérieur de ta maison ! » Le vieillard répondit : « Il y a quelques instants, tu ne me donnais pas le sel, mais viens et assieds-toi. » Et la vieille femme vint et s'assit. Quand un peu de temps fut passé, elle dit de nouveau : « Vieillard ! Vieillard ! » – « Que veux-tu ? » dit-il. « Laisse-moi venir et m'asseoir sur le sol de ta maison ! » Le vieillard répondit : « Il y a quelques instants, tu ne me donnais pas le sel, mais viens et assieds-toi. » Elle vint et s'assit sur le sol de la maison. Quand un peu de temps encore fut passé, elle dit de nouveau : « Vieillard ! Vieillard ! » – « Que veux-tu ? » dit-il. « Un grand froid m'a saisie, laisse-moi venir et me coucher à tes pieds. » – « Il y a quelques instants tu ne me donnais pas le sel, mais viens et couche-toi. » Et elle vint et se coucha à ses pieds. Encore un moment après, elle dit de nouveau : « Vieillard ! Vieillard ! » – « Que veux-tu ? » dit-il. « Laisse-moi venir et me coucher derrière-toi, dit-elle, que je m'enlace à toi et me réchauffe. » – « Il y a quelques instants tu ne me donnais pas le sel, mais viens et couche-toi. » Et elle vint et se coucha derrière lui. Comme si cela ne suffisait pas, encore un moment après, elle dit de nouveau : « Vieillard ! Vieillard ! » – « Que veux-tu ? » dit-il. « Laisse-moi passer et me coucher par devant toi, nous nous embrasserons tous deux et nous nous réchaufferons l'un l'autre. » – « Il y a quelques instants, tu ne me donnais pas le sel, mais passe et couche-toi. » Et la vieille, ayant passé et s'étant couchée devant le vieillard, s'étant entourés de leurs bras, ils s'embrassèrent. Quand ils sont ainsi devenus tous deux l'un pour l'autre mari et femme, moi, j'ai fini mon histoire.

Conté par Zülküf Has à Istanbul en 1961
AT 2019-2020

120.
La puce et le pou

Au temps jadis, il y avait une puce et un pou. La puce était le mari et
le pou la femme. Un jour la puce (mâle) dit au pou (femelle) : « Si tu
me donnais la hache et la corde, j'irais à la forêt et j'apporterais du
bois. C'est l'hiver, la neige tombe. » Il dit, et le pou apporta la hache
et la corde et les lui donna. Comme il partait pour la fo rêt, la puce
dit : « Si tu faisais bouillir une soupe très, très chaude jusqu 'à mon
retour, je la boirais quand je viendrai. » Il alla à la forêt, puis revint
avec une charge de bois sur l'épaule. Ayant jeté le bois devant la
maison, quand il entra dedans, il regarda et vit qu 'il y avait
beaucoup de neige. « Il est tombé beaucoup de neige sur notre
maison, dit-il. Si tu me donnais la pelle, je monterais et je ferais
descendre les masses de neige. Si tu cuisais une poêle de pain
jusqu'à ce que je descende, quand je descendrai je mangerais
ensemble et la soupe que tu as fait bouillir et ce (pain). » À ces mots
le pou apporta la pelle et la lui donna. La puce monta sur le toit avec
la pelle, mais, tandis qu'il nettoyait la neige, il resta pris dedans et
mourut. Le pou regarda, regarda mais, comme la puce ne revenait
pas, elle monta sur le toit, regarda en disant : « Que lui est-il
arrivé ? » et vit que la puce était morte, prise dans la neige. Elle
redescendit du toit, et s'étant assise sur le seuil de la porte,
commença à pleurer.
Un corbeau, tandis qu'il allait en volant, vit que le pou pleurait. Il
s'approcha et demanda : « Que t'est-il arrivé ? » Alors le pou : « Que
ne m'est-il pas arrivé ? Un héros comme la puce est mort, le pain est
resté dans la poêle, et moi, assise ici, je pleure. » À ces mots le
corbeau : « Comment ai-je entendu ceci ? » dit-il, il partit en
poussant des cris et des cris, se percha sur un arbre et commença à

faire tomber ses plumes. Le corbeau ne cessant pas de crier : l'arbre lui demanda : « Que t'est-il arrivé ? Pourquoi cries-tu tant ? Pourquoi as-tu fait tomber tes plumes ? » Alors le corbeau : « Comment ne crierai-je pas ? Un héros comme la puce est mort, le pain est resté dans la poêle, le pou, assise sur le seuil de la porte, pleure, et moi en poussant des cris et des cris, j'ai fait tomber mes plumes. » À ces mots, l'arbre à son tour, frappé d'un grand chagrin, commença à faire tomber ses feuilles et à casser ses branches. Sous l'arbre se tenait une vache. Quand elle le vit, elle demanda à l'arbre : « Que t'est-il arrivé ? Alors que ce n'est pas la saison, tu fais tomber tes feuilles et tu casses tes branches ! » Alors l'arbre dit : « Un héros comme la puce est mort, le pain est resté dans la poêle, le pou, assise sur le seuil de la porte, pleure, le corbeau, en poussant des cris et des cris, a fait tomber ses plumes, et moi, en l'entendant, j'ai fait tomber mes feuilles et j'ai cassé mes branches. » La vache à son tour, frappée d'un grand chagrin, fit tomber ses poils et coupa son lait. Quand elle eut soif et qu'elle alla à l'eau pour boire, L'eau dit ainsi : « Vache, que t'est-il arrivé ? tu as fait tomber tes poils et tu as coupé ton lait. » À ces mots, la vache : « Un héros comme la puce est mort, le pain est resté dans la poêle, le pou , assise sur le seuil de la porte, pleure, le corbeau, en poussant des cris et des cris, a fait tomber ses plumes, l'arbre a fait tomber ses feuilles et cassé ses branches, et moi, frappée d 'un grand chagrin, j'ai fait tomber mes poils et j 'ai coupé mon lait. » Alors l'eau aussi fut frappée de chagrin et sécha jusqu'au fond. Quand une jeune fille vint à l'eau avec ses cruches pour puiser de l'eau et qu'elle vit que l'eau avait séché jusqu'au fond, elle s'étonna et lui demanda : « Tu séchais en été, mais en hiver, que t'est-il arrivé ? » A ces mots l'eau dit : « Comment ne sécherai-je pas ? Un héros comme la puce est mort, le pain est resté dans la poêle, le pou, assise sur le seuil de la porte, pleure, le corbeau, en poussant des cris et des cris, a fait tomber ses plumes, l'arbre a fait tomber ses feuilles et cassé ses branches, la vache a fait tomber ses poils et coupé son lait, et moi, frappée d'un grand chagrin, j'ai séché jusqu'au fond. »

Alors la jeune fille à son tour dit : « Pourquoi ai-je entendu ceci ? »
et, ayant entrechoqué ses cruches, elle les cassa.

Quand elle arriva à la maison, sa mère lui demanda : « Où sont tes
cruches ? » Et la jeune fille dit : « Un héros comme la puce est mort,
le pain est resté dans la poêle, le pou, assise sur le seuil de la porte,
pleure, le corbeau, en poussant des cris et des cris, a fait tomber ses
plumes, l'arbre a fait tomber ses feuilles et cassé ses branches, la
vache a fait tomber ses poils et coupé son lait, l'eau a séché jusqu'au
fond, et moi, frappée d'un grand chagrin, j'ai entrechoqué mes
cruches et les ai cassées. » À ces mots sa mère, frappée de chagrin,
lui dit : « Apporte le couteau ! » Et quand la jeune fille eut apporté le
couteau , sa mère le lui prit, coupa ses seins à la base et les amputa.
Cette nuit-là, quand son mari vint et vit que sa femme n'avait pas de
seins, il lui demanda : « Que t'est-il arrivé ? » La femme répondit :
« Que ne m'est-il pas arrivé ! Un héros comme la puce est mort, le
pain est resté dans la poêle, le pou, assise sur le seuil de la porte,
pleure, le corbeau, en poussant des cris et des cris, a fait tomber ses
plumes, l'arbre a fait tomber ses feuilles et cassé ses branches, la
vache a fait tomber ses poils et coupé son lait, l'eau a séché, ma fille
a entrechoqué ses cruches et les a cassées : et moi, quand j'ai entendu
tout cela, frappée de chagrin, j'ai coupé mes seins à la base et les ai
amputés. » À ces mots, son mari à son tour, frappé d'un grand
chagrin, dit : « Apportez le couteau ! » Et, quand elles eurent apporté
le couteau, il le leur prit et se coupa le membre à la base et l'amputa.
C'est ainsi que ceux que nous avons comptés jusqu'à ce nombre se
firent du dommage à eux-mêmes.

Conté par Zülküf Has à Istanbul en 1961
AT 2022

121.
L'astuce des femmes

Le fils d'un prince et la fille d'un autre prince qui vivait loin (du premier), une nuit, se virent en songe. Après cela, leurs cœurs commencèrent à brûler l'un pour l'autre. Le prince voulut marier son fils. On lui montra une à une tout ce qu'il y avait de jeunes filles dans ce pays, mais aucune ne lui plut. « Jusqu'à ce que je rencontre la jeune fille que j'ai vue en songe, je n'en épouserai aucune », dit-il. De beaucoup de lieux, on demanda en mariage la fille de l'autre prince, mais elle refusa, disant : « Jusqu'à ce que je rencontre le jeune homme que j'ai vu en songe, je ne me marierai pas. » Pendant quelque temps, le jeune homme et la jeune fille se cherchèrent l'un l'autre, disant : « Si nous nous rencontrions dans les fêtes, dans les danses… ». Mais ils ne purent se rencontrer. Un jour la jeune fille parla ainsi à son père : « Si tu me faisais faire un grand bateau comme on n'en a (jamais) vu, avec ce bateau je parcourrais tous les pays. » – « C'est bien, » dit son père, et, à ses hommes : « Faites en quarante jours un bateau tel qu'on n'en a (jamais) vu et vous l'ornerez d'or. » – « C'est bien, » dirent ses hommes, et ils firent un grand bateau, tel qu'on n'en avait (jamais) vu. La jeune fille monta sur le bateau et commença à se promener de pays en pays. Dans tous les pays où elle abordait, les gens, étonnés, venaient regarder le bateau. Et la jeune fille regardait parmi eux, disant : « Est-ce que le jeune homme est parmi les gens qui viennent ? »
Alors qu'elle se promenait ainsi, un jour elle aborda dans un pays et là aussi les hommes, étonnés, vinrent regarder le bateau. Ce pays était le pays du jeune homme que la jeune fille avait vu en songe. La jeune fille regarda parmi les gens qui étaient venus, mais elle n'y vit pas le jeune homme. Voyant que le prince de ce pays n'était pas parmi ceux qui étaient venus voir le bateau, elle s'affligea, disant : « Partout où je suis allée, les princes venaient me voir, le prince d'ici n'est pas venu. » Parce que le père du jeune homme était mort, sa sœur aînée et lui-même étaient en deuil. C'est pourquoi il n'alla pas

voir le bateau. Sa sœur aînée parla ainsi : « Notre père est mort, nous sommes en deuil, mais tout le monde va voir le bateau qui est venu, toi aussi, tu te trouves être prince dans ce pays. Va et vois le bateau et dis la bienvenue à ceux qui sont dedans. » A ces mots, le jeune homme dit : « C'est bien », et alla. Quand la jeune fille regarda, elle vit le canot du prince qui venait sur la mer. Quand il s'approcha, et qu'elle vit que le prince assis dans le canot était le jeune homme qu'elle avait vu en songe, elle dit à ses gens : « Amenez-le à ma cabine », et étant entrée aussitôt dans sa cabine, elle revêtit de très beaux vêtements. (Ses gens) vinrent à sa cabine avec le jeune homme et lui dirent : « Entre. » Quand le jeune homme entra dans la cabine, et qu'il vit la jeune fille qu'il avait vue en songe, il se troubla, perdit la voix et ne put parler. « Assieds-toi », dit la jeune fille et elle le fit asseoir. La jeune fille commença à lui parler, mais Le jeune homme ne put parler. Quoi qu'elle dît, il lui donnait réponse en secouant la tête. Quand la jeune fille dit : « Que je t'emmène où je vais ! » c'est par une inclinaison de tête qu'il acquiesça. « Maintenant levez l'ancre et que le bateau se mette en route », dit-elle à ses gens, et, à ces mots, le bateau commença à partir. Le vizir du jeune homme attendit dans le canot et, quand il vit que le bateau partait, il se mit à penser : « Ils partent avec le prince. Que dirai-je à sa sœur ? » (Mais) quand la jeune fille réfléchi-t, elle (se) dit : « Si j'emmène ce jeune homme, les gens se moqueront de moi, disant : 'Elle n'a trouvé personne d'autre qu'un muet'. » Elle fit tourner le bateau et, ayant laissé le jeune homme, partit. Quant au vizir, quand il vit le jeune prince, il se réjouit et, l'ayant (avec lui), il l'emmena en canot à sa maison. Quand il arriva à la maison, et que sa sœur lui dit : « Le bateau t'a-t-il plu ? », le jeune homme sortant de son mutisme, commença à parler. « La maîtresse du bateau est la jeune fille que j'ai vue en songe, » dit-il. Et elle demanda : « D'où est-elle ? De qui est-elle la fille ? » – « Je ne sais d'où elle est ni de qui elle est la fille, répondit-il ; quand je l'ai vue, j'ai perdu la voix et je n'ai pu parler. » – « Ne t'a-t-elle pas donné quelque chose, dit-elle, qui te fasse savoir d'où elle est ? » – « Non, » dit-il. « Regarde dans ta poche, il se peut

234

qu'elle l'ait mis là. » À ces mots, il regarda dans sa poche. Quand ils virent que la jeune fille avait écrit d'où elle était et l'avait mis dans sa poche, ils se réjouirent fort. « Allons la demander en mariage, » dirent-ils, et ils se mirent en route.

Après avoir vu le jeune homme, la jeune fille, cessant de se promener, alla à sa maison. Quand elle fut arrivée à sa maison, comprenant que le jeune homme la poursuivrait et viendrait, elle dit ainsi à son père : « Fais faire un hôtel devant notre palais, pour que les étrangers qui viendront demeurent dans cet hôtel. » – « C'est bien, » répondit son père, il fit faire un hôtel et dit : « Les étrangers qui viendront demeureront dans cet hôtel. » Quand, un jour, la sœur du jeune homme et lui-même arrivèrent dans ce pays : « Les étrangers demeurent dans cet hôtel, (leur) dit-on, leur manger et leur boire sont à la charge du prince. » Et on les emmena à cet hôtel. Cette nuit-là, quand il fit jour, le jeune homme se leva, et tandis qu'il se promenait devant l'hôtel, il vit une jeune fille ouvrir la fenêtre du palais et regarder. Quand il regarda, c'était la jeune fille ! Ayant ouvert et fermé trois fois la fenêtre, elle rentra dans la maison. Le garçon revint et parla ainsi à sa sœur : « J'ai vu la jeune fille, dit-il, elle a ouvert et fermé trois fois la fenêtre et est rentrée dans la maison. » – « Et toi, qu'as-tu fait ? » dit-elle. « Rien. » dit-il. « Pourquoi es-tu venu ici ? dit-elle. 'Trois personnes se tiennent à la porte, entre dans la maison sans avoir peur d'elles', c'est ce que voulait dire son geste d'ouvrir et de fermer trois fois la fenêtre. » Le lendemain, alors que le garçon se promenait devant l'hôtel, la jeune fille ouvrit la fenêtre, vida une cuvette d'eau et ferma la fenêtre. Le jeune homme, ne comprenant rien, vint chez sa sœur et dit : « Aujourd'hui encore, elle a ouvert la fenêtre, et elle a vidé une cuvette pleine d'eau. » (Sa sœur) dit : « 'Il n'y a personne à la maison, je t'attends dans le hamam du palais', - c'est ce que voulait dire ce qu'elle a fait. Le troisième jour, alors que le jeune homme se tenait devant l'hôtel, la jeune fille, tenant une pleine poignée de roses, ouvrit et ferma quarante fois la fenêtre. Aussitôt il alla chez sa sœur et dit : « Tenant une pleine poignée de roses, elle a ouvert et

fermé quarante fois la fenêtre. » Alors sa sœur dit : « Elle a dit : 'Cette nuit, je t'attends dans la roseraie du palais ; il y a quarante portes ; ouvre-les l'une a près l'autre et entre, mais ne laisse pas ouvertes les portes que tu ouvriras, ferme-les.' C'est pour cela qu'elle a ouvert et fermé quarante foi la fenêtre. » Ayant dit cela au jeune homme, cette nuit-là, elle l'envoya au palais. Le garçon alla, ouvrit les quarante portes et entra, mais il ne ferma pas les portes. La jeune fille, de son côté, l'attendait dans la roseraie. Quand ils se virent l'un l'autre, ils furent heureux et commencèrent à parler. La jeune fille avait, dans la roseraie, un endroit où elle couchait en été. Elle y alla avec le jeune homme, ils se couchèrent et s'endormirent. Cette nuit-là, le vizir, en se promenant, vit que les portes de la roseraie étaient ouvertes. Alors, quand, avec ses hommes, il arriva à la roseraie et vit la fille du prince et le jeune homme couchés. « Ce qu'elle a fait là n'est pas bien, dit-il ; sans les éveiller, en soulevant le lit où ils sont couchés, emmenez-les et enfermez-les dans le cachot. Demain , montrons au prince ce qu'a fait sa fille. » A ces mots, (les hommes) dirent : « Des grands personnages sort un grand mal, ne les touchons pas ! » Alors (le vizir) : « Pourquoi ? dit-il. Si je suis vraiment le vizir de ce palais il faut que ma parole s'accomplisse ! » Et, emmenant la jeune fille et le jeune homme sans les éveiller, ils les enfermèrent dans le cachot. Il dit au gardien de la porte du cachot : « Jusqu'à ce que je vienne, demain, n'ouvre pas, ne laisse entrer personne. » Et ils s'en allèrent.
Ce jour-là, le matin, le vizir vint chez le prince et lui dit : « Voici ce qu'a fait ta fille hier soir ; je les ai emmenés tous les deux et enfermés dans le cachot. » Alors le prince : « Ma fille ne fait pas pareille chose, dit-il, tu t'es trompé. Si ma fille s'est conduite ainsi, je lui enlèverai la tête. (Mais) si elle ne l'a pas fait, à ceux qui sont avec toi et à toi-même, j'enlèverai vos têtes. » Cette nuit-là, vers le temps de l'aube, quand la jeune fille s'éveilla, elle s'aperçut qu'on les avait enfermés dans l'obscurité. L'endroit où on les avait enfermés avait une petite fenêtre. Elle appela un marchand de salep qui passait dehors et le fit venir à la petite fenêtre. « Je te donnerai une bourse

pleine d'or, dit-elle, si tu vas à l'hôtel là-bas et si tu fais ce que je te dirai. » Et elle lui donna une bourse pleine d'or. « Maintenant va, dit-elle ; quand tu arriveras devant l'hôtel, crie à la jeune fille hôte : 'Ton coton a pris feu et brûle, arrive vite !' » Le marchand de salep alla et, quand il dit ce qu'avait dit la jeune fille, la sœur du jeune homme, qui était dans l'hôtel, comprit et (se) dit : « Mon frère a rencontré un malheur. » Et aussitôt elle chercha et revêtit un vêtement fait de çarşaf, prit une corbeille pleine de pain, mit dedans du helva, alla au palais et parla ainsi au gardien de la porte du cachot : « A ceux qui sont enfermés dans le cachot, je distribue du pain et du helva. S'il y a quelqu'un d'enfermé dans votre prison, à eux aussi, que je donne du helva et du pain ! » A ces mots, celui qui gardait la porte ne consentit pas. « Si j'ouvre cette porte, demain, dit-il, ils me tueront. » La jeune fille répondit : « Je t'en prie, je sortirai tout de suite après leur en avoir donné ; personne que toi ne le saurait. » Alors il dit : « C'est bien », ouvrit la porte et la laissa entrer. En hâte elle se déshabilla, fit revêtir à la fille du prince le çarşaf qu'elle portait, lui donna aussi sa corbeille, lui dit : « Maintenant, va-t'en », et expédia la fille du prince. La fille du prince s'en alla et se coucha à sa place (dans sa chambre). Dans le cachot restèrent le jeune homme et sa sœur. Après que le père de la jeune fille et le vizir eurent causé ensemble, le vizir, avec ses compagnons, se rendit au cachot. À ce moment, la jeune fille commença à crier : « Quelle espèce d'hommes êtes-vous ? Mon frère et moi, nous étions des étrangers. Quand nous avons vu les portes de la roseraie ouvertes, nous y sommes entrés et nous avons dormi. Vous nous avez saisis et enfermés dans le cachot. Que voulez-vous de nous ? Pourquoi nous avez-vous enfermés ? » Et elle continuait à crier sans interruption. Quand le vizir ouvrit la porte et entra, il fut dans l'étonnement, mais que pouvait-il faire ? Il alla chez le prince et lui dit : « Fais-nous ce que tu voudras. Ta parole s'est vérifiée, je me suis trompé. » Alors le prince : « As-tu vu ? Ne t'avais-je pas dit : 'Ma fille ne fait pas pareille chose ?' Maintenant, à tes compagnons et à toi, j'enlèverai vos têtes. » Et il leur fit enlever leurs têtes.

Il amena à la maison la jeune fille et le jeune homme, et ils furent ses hôtes pendant quelques jours. Il comprit que la jeune fille était quelqu'un de très intelligent. Un jour il dit à la jeune fille : « Tu m'as beaucoup plu ; si tu consens, je te donnerai mon fils. » Alors (elle) : « Pour faire, dit-elle, ce que tu dis, moi aussi je te dirai quelque chose ; si tu consens à ce que je dirai, c'est bien (j'accepte), » dit-elle. « Moi aussi, j'ai un frère. Si tu donnes ta fille à mon frère, alors j'épouserai ton fils. » A ces mots, le prince dit : « C'est bien », donna sa fille au frère de la jeune fille, et, l'ayant prise elle-même pour son fils, il fit un festin et une fête de quarante jours.

Moi aussi je me suis trouvé par hasard à leur festin. Celui à qui j'(aur)ai dit les choses que j'ai vues là-bas, qu'il ne meure pas jusqu'à ce que j'aille et rapporte de la fontaine un crible plein d'eau !

Conté par Zülküf Has à Istanbul en 1961
AT 891A et 861

122.
La fille malchanceuse et le prince brûlant

Jadis, un homme avait trois filles. Cet homme était très pauvre. Il n'avait pas de quoi entretenir ses filles. Il avait peur qu'elles ne mourussent de faim. Un jour cet homme se dit : « Je vais aller et, si je trouve un travail, je le ferai et le soir j'apporterai à mes filles de quoi manger, » et il se mit en chemin. En cheminant, quand il arriva au bord de la mer et qu'il vit un groupe de pêcheurs assis, qui faisaient du filet, il les salua, s'avança vers eux, s'assit et prit un air soucieux. Voyant cet homme songeur, ils lui demandèrent : « Qu'est-ce qui te rend soucieux ? » Et l'homme : « J'ai trois filles, dit-il, je suis très pauvre, je n'ai pas de travail et je me demande de quoi je les nourrirai. » À ces mots, ceux qui faisaient du filet lui dirent : « S'il en est ainsi, nous, maintenant, nous sommes occupés ici. Ramasse le filet qui est là-bas à terre, jette-le dans la mer. Si tu prends quelques poissons, tu les vendras et, ce soir, tu porteras à tes filles de quoi les

nourrir. » Alors l'homme prit le filet et, disant : « Je le jette à la mer pour la chance de ma fille aînée ! », il le jeta à la mer. Peu après, quand il tira le fil et le retira de la mer, le filet amena un poisson rouge. Avec ce poisson, il alla trouver ceux qui faisaient du filet et dit : « Voici le poisson que j'ai pris. » Et eux, quand ils virent le poisson, s'étonnèrent. « Ce poisson, lui dirent-ils, est un des poissons qui se sont perdus de l'étang du prince. Pour (re)prendre ces poissons perdus, tout ce qu'il y a de pêcheurs, nuit et jour sans interruption, nous les avons cherchés, et cependant nous n'avons pas réussi à les découvrir. C'était ta chance à toi. Porte-le tout de suite au prince, il te donnera une bourse pleine d'or. » À ces mots, cet homme, tenant le poisson, le porta aussitôt au prince. Quand le prince vit le poisson, il s'en réjouit fort. Il donna à l'homme une bourse pleine d'or et celui-ci : tout joyeux, acheta ce qu'il y avait à acheter et alla à la maison. Après cela, jusqu'à ce que les pièces d'or fussent finies, ils vécurent. Quand les pièces d'or furent finies, l'homme alla près des pêcheurs et, de nouveau, s'assit près d'eux d'un air soucieux. « Pourquoi es-tu soucieux ? » lui dirent-ils. « Les pièces d'or que m'a données le prince sont finies, je n'ai rien pour faire vivre mes filles, » répondit-il. « Nous, nous sommes assis ici à faire du filet, mais, toi, jette à la mer le filet qui est à terre. Si tu peux prendre quelque chose, tu le vendras et tu achèteras ce qu'il te faut, » lui dirent-ils. « Bien, » dit-il, et, disant « Celui-ci, c'est la chance de ma fille du milieu ! », il le jeta à la mer. Peu après, quand le filet sortit de la mer, un autre poisson rouge vint, tenu dans le filet. Quand, avec ce poisson aussi, il (re)vint près de ceux qui faisaient du filet, ils s'étonnèrent de nouveau : « Ce poisson aussi, lui dirent-ils, est un autre poisson disparu de l'étang du prince. » Alors l'homme, avec le poisson , alla trouver le prince. Le prince, quand il vit le poisson, en fut aussi très content. Il donna (à l'homme) une bourse pleine d'or et le congédia. Jusqu'à ce que ces pièces d'or fussent finies, ils vécurent.
Quand elles furent finies, l'homme alla de nouveau au bord de la mer et, d'un air soucieux, s'assit près de ceux qui faisaient du filet et eux lui demandèrent de nouveau : « Pourquoi es-tu soucieux ? » –

« Comment ne serai-je pas soucieux ? répondit-il, les pièces d'or que
m'a données le prince sont de nouveau finies, avec quoi
entretiendrai-je mes filles ? » – « Nous, maintenant, nous faisons du
filet, nous avons du travail, lui dirent-ils. Prends le filet qui est à
terre, jette-le à la mer ; si tu peux prendre quelque chose, tu le
vendras et tu achèteras ce qu'il te faut. » – « Bien, » dit-il, il prit le
filet et le jeta à la mer en disant : « Celui-ci est la chance de ma fille
cadette ! » Peu après, il tira le filet et le retira de la mer, mais il ne
put prendre de poisson. Il le jeta une autre fois, mais il ne put rien
prendre. « Cette fille n'a-t-elle pas de chance ? Je vais le jeter encore
une fois, » dit-il, et il le jeta, mais, n'ayant rien pu prendre, il se
fâcha et cria « Oof ! ». Alors, soudain, un grand homme noir vint
près de lui et dit : « Que veux-tu ? » L'homme répondit : « Tu t'es
trompé, je n'ai rien voulu de toi. » Mais l'homme noir dit : « Mon
nom est Oof, tu m'as appelé et je suis venu. Dis ce que tu veux de
moi. » Alors l'homme lui dit tout ce qui lui était arrivé : « J'ai jeté à
la mer ce filet aussi pour la chance de ma fille cadette, mais, n'ayant
pu prendre de poisson : je me suis fâché. Je me suis dit : ' Cette fille
n'a-t-elle pas de chance ?' et, quand j'ai dit 'Oof !', tu es venu. »
L'homme noir dit : « S'il en est ainsi, va et amène ici ta fille cadette.
Quand vous viendrez, si tu cries 'Oof !', je viendrai. » Et il disparut.
L'homme alla (chez lui) en courant et dit à ses filles ce qui s'était
passé. Ses deux filles aînées se mirent à pleurer : « Comment
emmèneras-tu là notre sœur ? dirent-elles. Nous ne la laisserons
pas ! » Mais la cadette ne consentit pas : « Tel est mon sort, dit-elle,
il faut que j'aille, et vous, ne pleurez pas. Si j'avais eu ma chance,
pour moi aussi un poisson serait sorti. » Elle suivit son père et, quand
ils arrivèrent au bord de la mer et que l'homme prononça « Oof ! »,
l'homme noir vint, donna à l'homme une bourse pleine d'or, puis la
jeune fille et lui disparurent et l'homme alla chez lui. L'homme noir,
accompagné de la jeune fille, la mena à un grand palais sous la mer.
Dans ce palais, ils traitèrent très bien la jeune fille. Chaque jour, les
serviteurs s'empressaient autour d'elle. Quand venait le soir, ils lui
préparaient sa nourriture et, au moment de la coucher, lui faisaient

boire une eau, et cette eau la faisait s'évanouir. Pendant (toute) cette nuit, jusqu'à l'aube, la jeune fille restait couchée, évanouie, sans voir les choses qui se passaient, et, quand le jour venait, de nouveau les serviteurs s'affairaient autour d'elle.

Quand un certain temps se fut ainsi écoulé, un jour l'homme noir dit à la jeune fille : « Tu as beaucoup maigri, ton teint a pâli, qu'as-tu ? » – « Je regrette mon père et mes sœurs, » dit-elle. « S'il en est ainsi, je t'emmènerai et je te laisserai » dit-il et, accompagné de la jeune fille, il la mena sur le bord de la mer. « Je t'ai donné tel délai. Quand viendra ce temps, je t'attends ici ; ce jour-là, viens ici. Et jusqu'à ce que tu (re)viennes, vois ton père et tes sœurs tout ton saoûl. » Il dit et il partit, laissant la jeune fille. Quand la jeune fille arriva à sa maison, ils se réjouirent fort d'elle. Elle leur dit que, où elle était, c'était très bien. Un jour, – ses sœurs aînées et elle-même avaient une vieille voisine. Elles allèrent la voir. Elles s'assirent et, tandis qu'elles causaient, la vieille femme lui demanda : « La place où tu es est-elle bonne ? » Alors la jeune fille : « Elle est très bonne, dit-elle, mais, le soir, quand je me couche, ils me font boire une eau. Dès que j'ai bu cette eau, je m'évanouis jusqu'à l'aube. » À ces mots, la vieille femme (répon)dit : « S'il en est ainsi, quand tu iras (là-bas) et qu'ils te donneront cette eau en te disant de la boire, fais comme si tu la buvais, couche-toi comme si tu étais évanouie, – alors tu verras ce qu'ils font. » La jeune fille dit : « Bien » et, quand vint le terme fixé, elle alla au bord de la mer, l'homme noir vint et (re)partit avec la jeune fille. Cette nuit-là comme, après lui avoir fait manger sa nourriture, ils étaient en train de la faire coucher, sans boire l'eau qu'ils lui avaient donnée, elle se coucha comme si elle était évanouie. Peu après l'homme noir vint, souleva ses mains et ses pieds, les frotta, mais la jeune fille fit semblant d'être évanouie. « Elle est évanouie, » (se) dit-il ; il la souleva, la porta dans la chambre du prince et la coucha dans le lit du prince. Peu après le prince vint et se coucha. Quand le prince dormit, elle se dit : « Je verrai qui il est » et, ayant allumé une chandelle, debout à son chevet, elle le regarda au visage, mais à ce moment la chandelle qu'elle tenait fondit et, quand elle coula sur le visage du prince, il prit feu et commença à brûler. Ce prince était un prince qu'on appelait « les Sept Voiles ». Il allait brûler pendant sept ans. C'est pourquoi ils faisaient évanouir la jeune fille. Quand le prince eut commencé à brûler, il appela et fit venir l'homme noir : « Cette jeune fille nous a trompés, lui dit-il. Coupe-lui immédiatement la tête.» − « Bien,» répondit-il, et, accompagné de la jeune fille, il l'emmena dehors. « Ce prince brûlera pendant sept ans, dit-il. Que je te coupe ou non la tête, après sept ans, il mourra brûlé. Pour qu'il ne meure pas, − ce qui le sauvera, ce sera d'être frotté avec la cervelle de la mère des devs, mais, cette (cervelle), il n'y a pas moyen de la trouver. Je t'emmènerai et t'abandonnerai. Et je dirai au prince comme si je t'avais coupé la tête. » Et quand il revint, après avoir emmené et abandonné la jeune fille et que le prince lui demanda s'il lui avait coupé la tête, « Je la lui ai coupée, » (répon)dit-il. Que ce prince continue à brûler là-bas !

La jeune fille, (se) disant qu'elle était cause que le prince brûlait, n'alla pas chez elle, mais, suivant un chemin, à force d'aller arriva dans un pays. Là, quand elle vit que tous les gens étaient vêtus de noir, elle alla trouver une vieille femme et, quand elle lui dit : « Vous êtes tous vêtus de noir, pourquoi cela ? » la vieille femme lui (répon)dit : « Je ne le sais pas. Le prince a ordonné ainsi, c'est pour cela que nous sommes vêtus de noir. Si tu veux (en) comprendre (la cause), je t'emmènerai au palais du prince et je te vendrai. Alors tu le comprendras mieux. » À ces mots, la jeune fille dit : « Bien. » La vieille femme emmena la jeune fille au palais et la vendit. Parce que la jeune fille était une très bonne jeune fille, ils firent d'elle la servante de la femme du prince. La jeune fille demanda à la princesse : « Vous êtes tous vêtus de noir, pour quoi cela ? » Alors la princesse dit : « C'est parce que notre fils a disparu. » La jeune fille fut très affligée. Un soir que tous étaient couchés et dormaient, la jeune fille, restée assise sans dormir, vit que la lumière était allumée dans la chambre du vizir. « Je verrai ce qu'il y a ici, » (se) dit-elle et quand, s'étant avancée tout doucement, elle regarda par la fenêtre, elle vit que le vizir était debout, tenant quelques tranches de pain et quelques olives. Alors elle (se) dit : « Je verrai ce qu'il fera » et quand, debout, (elle vit que) le vizir commença(it) à aller, elle aussi, sur ses traces, se mit à aller. À force d'aller, le vizir arriva à une tanière ; ayant tiré une clef de sa poche, il ouvrit la porte de la tanière et entra ; ayant alors fait manger à quelqu'un le pain et les olives, puis, peu après, l'ayant très fortement battu avec un fouet, il (re)ferma la porte à clef, (re)vint chez lui, se coucha et (s'en)dormit. À l'aube de cette nuit, la jeune fille alla trouver la princesse : « J'ai vu, cette nuit, où est ton fils, lui dit-elle. Je t'(y) emmènerai, mais, auparavant : il faut que vous liiez le vizir et que vous enleviez les clefs qui sont dans sa poche. Voici ce que j'ai vu. » Et elle raconta à la princesse ce qui s'était passé pendant la nuit. La princesse dit : « C'est bien », fit lier le vizir, tira les clefs qui étaient dans sa poche, puis la jeune fille et elle-même allèrent à la caverne, et. comme elles ouvraient la clef de la porte (sic), le jeune homme, ayant entendu le bruit de leurs pas. se mit à pleurer, disant : « Chaque jour, tu (ne) venais (que) le soir, t'es-tu mis à venir aussi de jour ? » Alors, quand elles ouvrirent la porte et entrèrent et que la princesse vit le jeune homme dans un état méconnaissable, les cheveux et la barbe emmêlés, les ongles longs, elle cria, s'approcha et s'enlaça au cou de son fils. Elles (re)tirèrent le jeune homme de là et l'amenèrent à la maison. Quand le jeune homme fut revenu à lui, chaque jour, là où était lié le vizir, il lui portait quelques tranches de pain et quelques olives et les lui faisait manger, et, lui coupant un jour son oreille, un autre jour son nez, il le tua ainsi. (Le prince et la princesse) appelèrent la jeune fille et lui dirent : « C'est toi qui as sauvé *notre enfant*, que veux-tu de nous ? » Elle eut beau dire : « (Je ne veux que) votre santé, » ils n'acceptèrent pas. « Si c'est notre enfant que tu veux, même lui, nous te le donnerons, » dirent-ils. « Une vieille femme, (répon)dit-elle, m'a amenée ici, m'a vendue et a reçu de vous mon prix. Si vous me laissez libre de vous, c'est cela que je veux. » – « Bien, » dirent-ils, et ils rendirent la liberté à la jeune fille.

La jeune fille se mit en chemin et, cheminant, arriva à un autre pays ; voyant que là aussi les gens étaient vêtus de noir, elle alla trouver une vieille femme et lui dit : « Vous êtes tous vêtus de noir, pourquoi cela ? » Alors la vieille femme : « Le prince a ordonné ainsi, c'est pour cela que nous sommes (ainsi) vêtus, lui dit-elle ; si tu veux (en) bien comprendre (la cause), je t'emmènerai et te donnerai au palais. Au palais, ils veulent les jeunes filles comme toi. » – « Bien, » (répon)dit la jeune fille. La vieille femme emmena la jeune fille et la vendit au palais. Parce que cette jeune fille était très belle, ils la mirent au service de la princesse. La jeune fille demanda à la princesse : « Vous tous êtes vêtus de noir , pourquoi cela ? » A ces mots, la princesse : « La fille unique que nous avions est devenue folle, lui dit-elle. Il n'est pas resté de docteur à qui nous ne l'ayons pas montrée, mais ils n'ont pu la sauver. C'est pour cela que nous sommes en deuil. » Alors la jeune fille fut très affligée. La jeune fille folle était attachée dans une chambre. Parce qu'elle ne mangeait pas (de nourriture ordinaire), chaque jour on amenait une jeune fille, on la jetait devant elle et la folle la mettait en morceaux et la mangeait. Le tour d'être jetée devant la folle vint pour la jeune fille. Quand, tenant la jeune fille, ils l'eurent amenée à la chambre de la folle, ils la jetèrent et l'envoyèrent dans la direction de la folle, puis fermèrent la porte et s'en allèrent. Mais avant que la folle n'eût saisi la jeune fille, celle-ci passa soudain de l'autre côté. Comme la folle était attachée, elle ne put atteindre la jeune fille ni la saisir. Après cela, chaque jour, la jeune fille qu'ils amenaient et jetaient devant la folle, la jeune fille la saisissait avant la folle, la tirait et ne laissait pas la folle la manger. Il se trouva ainsi quarante jeunes filles dans la chambre. La folle, fixant tout le temps ses yeux quelque part, regardait. La jeune fille (se) dit : « Elle regarde tout le temps de ce côté, qu'y a-t-il ? » Et quand elle regarda elle-même, elle vit un feu allumé et des flammes qui en montaient. Alors elle dit aux jeunes filles : « J'irai à ce feu qui est allumé et je verrai ce que c'est. » Les jeunes filles lui dirent : « Comment iras-tu là ? La chambre est fermée à clef. » – « Enlevez toutes vos ceintures de vos tailles, leur dit-elle, attachez-les l'une à

l'autre. Par la fenêtre, je m'y suspendrai et je descendrai. » –
« Bien, » dirent-elles. Elles attachèrent les ceintures l'une à l'autre et,
étant descendue par la fenêtre, et s'étant approchée de l'endroit où le
feu était allumé, elle vit une femme dev. Elle s'approcha aussitôt et
suça ses deux seins. La femme dev dit : « Si tu n'avais pas sucé mes
seins, je t'aurais mangée, désormais tu es devenue ma fille. » Tandis
que la jeune fille et la femme dev, devenues mère et fille, étaient
assises à causer, la jeune fille dit : « Tu as allumé ce feu, tu as mis
dessus un chaudron et tu fais bouillir (de) l'eau, pourquoi cela ? » A
ces mots la femme dev (répon)dit : « Je ne devais le dire à personne,
mais tu es ma fille, c'est pourquoi je te le dirai, » et elle se mit à
parler. « Dans ce chaudron j'ai mis la chemise de la fille du prince et
je la fais bouillir. Aussi longtemps que l'eau bout, la fille du prince
est folle. Si l'eau cesse de bouillir, la fille du prince retrouvera la
raison. C'est pourquoi, nuit et jour, sans relâche, j'entretiens le feu
sous le chaudron et le fais bouillir. » À ces mots, la jeune fille : « S'il
en est ainsi, dit-elle, tu as grand besoin de sommeil, couche-toi un
peu et dors, c'est moi qui le ferai bouillir. » Et la femme dev se
coucha et s'endormit. Peu après, la jeune fille retourna le chaudron
qui bouillait, le versa sur la femme dev, la brûla et la tua. Aussitôt,
elle tira sa cervelle et, revenant avec la chemise de la fille du prince,
elle se suspendit aux ceintures et remonta. À ce moment la jeune fille
folle suppliait les autres jeunes filles : « Moi aussi, détachez-moi,
moi aussi j'entrerai parmi vous, » disait-elle. Mais les jeunes filles
avaient peur d'elle et ne la détachaient pas. Quand la jeune fille
(r)entra par la fenêtre, elles lui dirent ce que disait la folle. « N'ayez
pas peur d'elle, dit la jeune fille, détachez-la. » Et aussitôt elle vint
elle-même ct la détacha. Et celle-là (la folle) étant entrée dans le
groupe des autres jeunes filles, toutes commencèrent à rire et à
danser, et ceux qui étaient dans le palais les entendirent. « Qu'est-il
arrivé ? » dirent-ils, ils vinrent, ouvrirent la porte, et, quand ils
regardèrent dedans et virent que la folle avait retrouvé la raison et se
trouvait au milieu des autres jeunes filles, ils s'étonnèrent. Aussitôt
ils allèrent avertir le prince et la princesse. Quand eux aussi vinrent,

joyeux, la jeune fille leur dit une par une toutes les choses qui étaient arrivées. « Et voici sa chemise, » dit-elle et elle la leur montra, ruisselante d'eau. Alors, « C'est toi, lui dirent-ils, qui as sauvé notre fille, que veux-tu de nous ? » – « Donnez-moi ma liberté, » dit-elle. « Bien, » dirent-ils et, dès qu'ils l'eurent laissée libre, elle alla au bord de la mer et appela Oof. Quand Oof fut venu, « Emmène-moi au palais, » dit-elle. Mais Oof (répon)dit : « Comment t'emmènerai-je au palais ? J'ai dit au prince que je t'avais coupé la tête. Depuis six ans, il continue à brûler. Chaque année, un de ses voiles brûle, six ont (déjà) brûlé. Après un an, l'autre voile aussi brûlera , alors il prendra feu lui-même et mourra brûlé. » – « J'ai apporté pour lui, dit la jeune fille, la cervelle de la mère des devs. » Aussitôt il emmena la jeune fille au palais, la cacha, prit d'elle la cervelle qu'elle avait, la porta et, quand il eut frotté le prince, (celui-ci) fut sauvé de la combustion. Quand il fut (re)devenu comme autrefois : « Si seulement tu n'avais pas coupé la tête de la jeune fille ! dit-il, j'aimais beaucoup cette jeune fille. » – « S'il en est ainsi, (répon)dit Oof, je n'ai pas coupé la tête de la jeune fille, c'est elle qui t'a sauvé de la combustion. » Et il dit au prince, une par une, les choses qui étaient arrivées. Le prince dit : « Où est la jeune fille ? » Alors Oof tira aussitôt la jeune fille de l'endroit où il l'avait cachée et l'amena. Quand il vit la jeune fille, le prince se réjouit beaucoup. Il assembla tout ce qu'il y avait de gens dans ce village, fit une fête et des jeux pendant quarante jours et prit la jeune fille pour femme.

Ceux-là ont atteint ce qu'ils voulaient, nous aussi, que Dieu ne nous fasse pas mourir dans un temps proche !

Conté par Zülküf Has à Istanbul en 1961
AT 425A

123.
Le bon jeune homme et l'homme noir

Jadis, une vieille femme avait un fils. Ce fils ne voulait pas travailler. Il restait assis chaque jour devant le foyer. Sa mère travaillait et entretenait son fils. Un jour, le garçon dit : « Ma mère travaille chaque jour et m'entretient. Que moi aussi j'aille travailler ! » Il sortit de la maison et ayant vu, en cheminant, des chameaux qui allaient en montant une pente, il se mit à les suivre. Quand, à force d'aller, ils furent fatigués, ils s'assirent quelque part et, tandis qu'ils se reposaient, le garçon eut soif et, cherchant (de) l'eau pour boire, il vit une maison. Il s'y rendit et frappa à la porte. Dans la maison, il y avait un vieillard malade. En se traînant, il vint à la porte et, quand il l'eut ouverte : il demanda de l'eau. Le vieillard dit : « Je suis malade, entre et bois. » Le garçon entra dans la maison et but (de) l'eau. Le vieillard était très malade. S'étant tourné avec peine vers le jeune homme : « Sauf Dieu, je n'ai personne, dit-il, ne t'en va pas en me laissant seul. » Alors le jeune homme eut pitié et ne partit pas. Après cela, le jeune homme faisait le service du vieillard, et le vieillard considéra le jeune homme comme son fils. Un jour il lui dit : « Maintenant, ma mort est proche, » et il lui dit où étaient cachées ses pièces d'or et lui donna deux baguettes. « Si un jour tu es dans le trouble, dit-il, frappe ces baguettes l'une sur l'autre, un homme noir viendra pour toi. Cet homme fera ce que tu voudras. » Avant longtemps, le vieillard mourut. Quand le jeune homme fut resté seul dans la maison, il (se) dit : « Ma mère est seule, que je retourne à la maison. » Et, ayant chargé sur des chameaux le mobilier et les pièces d'or qui étaient dans la maison du vieillard, il (re)vint à la maison.
Quand elle le vit : sa mère fut contente et l'embrassa. Peu après, quand le jeune homme la vit coupant les fagots pour préparer à manger, aussitôt il frotta les baguettes et l'homme noir vint et dit « Ordonne ! » – « Prépare-nous immédiatement une très bonne nourriture sur la table, » dit-il. « Bien, » (répon)dit l'homme, et il leur prépara leur nourriture. Quand il vit sa mère revenir avec les

fagots et s'occuper à allumer le feu, « Que fais-tu ? » dit-il – « J e prépare ta nourriture, » dit sa mère. « Laisse et viens ici, » dit-il, et, quand sa mère fut venue et qu'elle vit la table préparée, elle s'étonna et le questionna, et son fils lui dit comment cette table avait été préparée. Un jour, le jeune homme appela sa mère et dit : « Va demander pour moi la fille du prince au nom de Dieu. » Elle eut beau dire : « Est-ce que le prince donnera sa fille à des gens comme nous ? » il ne céda pas et envoya sa mère, mais sa mère (re)vint sans avoir rien pu dire là où elle était allée. « Qu'ont-ils dit ? » dit-il. « J'ai eu honte et je suis revenue sans avoir rien pu dire, » (répon)dit-elle. Sans céder, le jeune homme la renvoya, mais elle (re)vint encore sans avoir rien pu dire, par honte, là où elle était allée. « Qu'ont-ils dit ? » dit son fils. – « J'ai eu honte et je n'ai rien pu leur dire, » dit-elle. – « Il faut absolument que tu le leur dises », dit-il, et il envoya sa mère encore une fois. Comme sa mère arrivait au palais, quand la femme du prince, assise à la fenêtre du palais, la vit, elle dit : « Cette femme vient et repart depuis trois jours, sans doute veut-elle quelque chose, amenez-la ici. » Et aussitôt on l'amena auprès de la femme du prince. Celle-ci la fit asseoir et lui dit : « Depuis trois jours, tu viens et tu repars, y a-t-il quelque chose que tu désires ? » – « Oui, dit-elle, mais j'ai honte et je ne peux le dire. » – « N'aie pas honte : dis-le, » dit la femme du prince. « Au nom de Dieu, je veux votre fille pour mon fils. » – « Ce que tu as dit est bien, (répon)dit (la femme du prince), mais le prince est absent ; s'il (re)vient ce soir, je le lui dirai ; demain, si tu viens, tu apprendras ce qu'il aura dit, » et elle la (r)envoya. Ce soir-là, quand le prince (re)vint, elle le lui dit. Le prince dit : « S'il fait, devant mon palais et plus grand que lui, un palais d'or, je lui donnerai ma fille. » Quand ce fut le matin de cette nuit, le prince alla quelque part. Peu après, quand la mère du jeune homme vint et demanda ce qu'avait dit le prince, « Voici ce qu'il a dit, » répondit la femme du prince et la femme se leva et alla chez elle. « Qu'ont-ils dit ? » dit le jeune homme. « Comment ferons-nous ce qu'ils ont dit ? (répon)dit-elle. Le prince veut devant son palais un grand palais fait d'or ! » – « Qu 'y a-t-il (de difficile) à faire cela ?

C'est très facile, » dit-il. Quand il fit soir et qu'il frappa ses baguettes l'une sur l'autre, l'homme noir vint. « Va aussitôt et fais pour moi un grand palais d'or devant le palais du prince », dit-il, et il l'envoya. (L'homme noir) (re)vint peu après et dit : « J'ai fait pour toi un grand palais d'or auquel rien ne manque. » Tandis que le prince dormait, au milieu de la nuit, il vit une lumière par la fenêtre de son palais et s'éveilla. Croyant que c'était le matin, il se leva, mais, quand il vit que ce n'était pas le matin, il s'étonna et, quand il arriva à la fenêtre, il vit que la lumière venait du palais du jeune homme. Le matin de cette nuit, le jeune homme envoya un homme chez le prince : « Dis (de ma part) : 'J'ai fait le palais, y a-t-il quelque chose que tu veuilles en outre ?' » (lui) dit-il. Le prince répondit : « S'il fait pour ma fille des chaussures que les ciseaux n'ont pas coupées, que l'aiguille n'a pas cousues, je la lui donnerai. » Et l'homme qui était allé (re)vint et dit (cette réponse) au jeune homme. Le jeune homme frappa ses baguettes l'une sur l'autre et fit de nouveau venir l'homme noir. Aussitôt (le jeune homme) dit : « Des chaussures que les ciseaux n'ont pas coupées, que l'aiguille n'a pas cousues ! » Et l'homme les fit et les apporta. (Le jeune homme) les donna à un homme et l'envoya au palais du prince en disant : « Est-ce qu'il y a encore quelque chose que veuille le prince ? » Le prince dit : « En plus de lui, deux autres (candidats) veulent ma fille. Demain, que tous les trois fassent courir leurs chevaux sur une grande place. Je donnerai ma fille à celui dont le cheval passera en tête. » L'homme (re)vint et le dit au jeune homme. (Celui-ci) frappa ses baguettes l'une sur l'autre et l'homme noir vint encore une fois. « Prépare-moi, dit-il, un bon cheval et la selle. » – « Bien, » dit (l'homme) et, ayant préparé un bon cheval et la selle, il les amena. À l'aube, le jeune homme monta à cheval et alla à la grande place et, quand il eut dépassé (ses concurrents), le prince dit : « C'est celui-ci qui est digne de ma fille, il a fait tout ce que j'ai dit. » Et, pendant quarante jours nuit et jour, il fit une fête et des danses et donna sa fille à ce jeune homme. Du ciel trois pommes sont tombées. L'une est à moi, une (autre) est à

Zülküf ; quant à la troisième, elle est à celui qui t'a raconté cette histoire.

Conté par Zülküf Has à Istanbul en 1961
AT 560 I et II

124.
La jeune fille dans la peau d'ours

Il y avait jadis un prince. Quand sa femme mourut, elle lui parla ainsi : « Si je meurs, épouse celle à qui iront ces miennes chaussures. » Avant longtemps, la femme mourut. Le prince, ayant les chaussures de sa femme, les fit chausser à tout ce qu'il y avait de jeunes filles, mais elles n'allèrent à aucune. Quand il revint à la maison avec les chaussures, il dit à sa fille : « Il n'est resté personne à qui je n'aie fait chausser ces chaussures, mais elles ne leur sont pas allées. Chausse-les, toi, et voyons si elles te vont. » À ces mots, sa fille eut beau dire : « Comment les chausserai-je ? », il ne céda pas, il les lui fit chausser et elles lui allèrent. « Avant sa mort, voici ce que m'a dit ta mère, dit-il. Je t'épouserai. » Alors sa fille se mit à crier. Peu après sa fille alla prier une sienne compagne et toutes deux s'enfuirent. Au bout d'un certain temps, la jeune fille dit à sa compagne : « Moi, je ne peux plus aller à la maison, et toi tu ne peux rester près de moi. Trouve-moi une peau d'ours. » À ces mots, sa compagne lui trouva et apporta une peau d'ours. « Retourne à ta maison, moi j'entrerai dans la peau d'ours et je m'installerai dans le trou d'un arbre. » Et elle (r)envoya sa compagne.

Alors qu'elle-même était installée dans le trou d'un arbre, un jour, le fils d'un prince, étant à la chasse, la vit. Il prit son fusil pour tirer sur elle, mais l'ours cria : « Ne me tue pas ! » Aussitôt il vint vers l'ours et dit : « Comment as-tu parlé ? » – « Je suis des ours qui parlent, » (répon)dit (l'animal), et (le prince) (re)vint à la maison avec l'ours. En voyant l'ours, sa mère dit : « Pourquoi l'as-tu amené ? » – « Cet ours parle, » dit-il et il le fit parler. Il l'emmena, lui fit une place là où l'on met le charbon et l'enferma. Il aimait beaucoup cet ours. Chaque jour il lui apportait sa nourriture et le faisait manger. Après lui avoir parlé tout son saôul, il (re)venait (chez lui). Un jour, étant allé près de l'ours : « Dans ce village, une fois chaque mois, dit-il, ils s'assemblent et font des danses. Ce soir, c'est le temps de cette (fête). Moi aussi j'irai là ce soir. » Il donna de l'argent à l'ours et partit. Quand le jeune homme fut parti et que sa mère vint près de l'ours et vit qu'il n'avait pas mangé sa nourriture, elle se fâcha et, le frappant avec un rouleau à pâte, cassa le rouleau sur lui. Quand elle fut partie, la jeune fille sortit de la peau d'ours, partit vite et, avec les pièces d'argent que le jeune homme lui avait données en partant, elle acheta un très beau vêtement blanc, le revêtit, et alla où était la réunion. Quand le jeune homme vit la jeune fille, il fut très content. Il alla aussitôt vers elle et commença à lui parler. Quand il lui demanda : « Où habites-tu ? », elle (répon)dit : « J'habite là où l'on casse les rouleaux à pâte. » Et peu après, elle se leva et partit. Quand le jeune homme (re)vint à la maison, il alla aussitôt trouver l'ours : « Cette nuit, dit-il, là où je suis allé, j'ai vu une très belle jeune fille, elle m'a beaucoup plu. Quand je lui ai demandé : 'Où habites-tu ?', elle m'a répondu : 'J'habite dans le quartier où l'on casse les rouleaux à pâte', et peu après, elle est partie. J'ai cherché le quartier où l'on casse les rouleaux, mais comme un tel quartier n'existait pas, je ne l'ai pas trouvée. » À ces mots, l'ours sourit, et le jeune homme alla se coucher.

Quand le temps de la réunion vint de nouveau, le jeune homme alla trouver l'ours et dit : « Ce soir encore, nous avons réunion et danses, moi aussi j'irai là. » Et, lui ayant donné de l'argent, il partit. Quand le jeune homme fut parti, peu après, sa mère, fâchée de ce que l'ours n'avait pas mangé sa nourriture, ne lui en donna pas ce soir-là. La jeune fille sortit de la peau d'ours, partit, acheta un très beau vêtement jaune, le revêtit, et elle aussi alla (au lieu de la réunion). Quand le jeune homme vit la jeune fille, il fut très content, vint aussitôt près d'elle et dit : « J'ai cherché le quartier où l'on casse les rouleaux à pâte, mais je ne l'ai pas trouvé, un tel quartier n'existe pas. Alors « Je l'ai dit en plaisantant, » dit-elle. – « Dans ces conditions, dit-il, où habites-tu ? » – « J'habite dans le quartier où l'on ne fait pas manger, » dit-elle, et peu après, elle partit comme la première fois. Quand le jeune homme (re)vint à la maison, il vint aussitôt près de l'ours et dit : « La jeune fille que j'(av)ai(s) vue la dernière fois est encore venue ce soir. Quand je lui ai demandé : 'Où habites-tu ?', elle a répondu : 'J'habite dans le quartier où l'on ne fait pas manger', et, peu après, elle s'est levée et est partie. J'ai cherché ce quartier mais, comme il n'existe pas, je ne l'ai pas trouvé. » À ces mots, l'ours sourit encore. Le jeune homme se leva et alla se coucher. Un autre jour, quand le temps de leurs danses revint, il vint auprès de l'ours, lui dit : « Ce soir aussi, je retournerai à la danse », lui redonna de l'argent et, comme précédemment, alla (à la fête). Là où l'ours était enfermé, la mère du jeune homme vint et ferma de l'extérieur la fenêtre qu'avait (cette pièce). Peu a près, la jeune fille partit soudain, acheta un très beau vêtement vert, le revêtit, et, elle aussi, alla où l'on dansait. En voyant la jeune fille, le jeune homme se réjouit et vint près d'elle : « J'ai cherché le quartier où l'on ne fait rien manger, dit-il, mais, comme ce quartier n'existe pas, je n'ai pu te trouver. » – « Je t'ai trompé en jouant », (répon)dit-elle. « S'il en est ainsi, dit-il, où habites-tu ? » – « J'habite dans le quartier où le soleil ne regarde pas, » dit-elle. Tandis que le jeune homme et elle-même conversaient, il dit : « Tu m'as plu beaucoup ; si tu veux bien l'accepter, je te donnerai ce mien anneau. » – « Bien, » dit la jeune fille, et elle le lui prit. Peu après, la jeune fille se leva et partit. Quand (les assistants) se furent dispersés, le jeune homme chercha le quartier où le soleil ne voyait pas, mais comme un tel quartier n'existe pas, il ne put le trouver. Quand il (re)vint à la maison , il alla aussitôt auprès de l'ours et lui dit ce qui était arrivé. Et l'ours sourit. Après être allé chez lui, le jeune homme se coucha et s'endormit, mais, quand vint le jour, il était malade et ne put se lever. Après cela, le garçon commença à dépérir chaque jour, et sa mère en fit un grand souci. Il ne resta pas de docteur à qui elle ne l'eût montré, mais sans profit. Un jour, le jeune homme dit à sa mère : « Que tous ceux qui sont dans ce village fassent bouillir (de) la soupe et l'apportent pour moi. » Et la mère le dit parmi les villageois. Après cela, chaque jour, les villageois faisaient bouillir de la soupe et l'apportaient pour lui. Il plongeait sa cuiller dans le fond des soupes. Les soupes qu'ils apportaient finirent, mais le jeune homme ne rencontra pas ce qu'il voulait. Un jour, il dit à sa mère : « Que l'ours qui est enfermé dans le réduit à charbon fasse aussi bouillir (de) la soupe pour moi. » – « Est-ce que l'ours sait faire bouillir la soupe ? répondit-elle. Il y a quelque temps, parce qu'il n'avait pas mangé la nourriture que je lui avais donnée, je me suis fâchée contre lui et j'ai cassé sur lui le rouleau à pâte. » À ces mots, le cœur du jeune homme commença à soupçonner ce qu'avait dit la jeune fille et dit : « Donne-lui ce avec quoi il peut bouillir la soupe, cet ours-là fera bouillir la soupe ! » Alors sa mère porta ce avec quoi il ferait bouillir la soupe, le donna à l'ours et dit : « Mon fils veut la soupe que tu feras bouillir. » – « Bien, » (répon)dit l'ours et, ayant fait bouillir très bien la soupe, il la versa dans un bol et fit tomber dedans l'anneau du jeune homme. Peu après, la mère vint et demanda à l'ours : « As-tu fait bouillir la soupe ? » – « Je l'ai fait bouillir, » (répon)dit-il, et il donna le bol à la mère du jeune homme. Quand elle eut apporté la soupe à la maison, le jeune homme plongea sa cuiller au fond et trouva l'anneau. Alors, disant à sa mère : « Amène tout de suite ici cet ours, » il le lui fit amener. Il leva son épée, fendit la peau de l'ours, et la jeune fille sortit de la peau de l'ours revêtue du vêtement vert. Le jeune homme, tout joyeux, se leva aussitôt et sa maladie guérit. Il assembla le village et fit une fête et une danse de quarante jours.

Conté par Zülküf Has à Istanbul en 1961
AT 510B

125.
La jeune fille qui voulut ressusciter un mort

Il y avait jadis un prince. Il n'avait pas d'enfant. Il pria Dieu : « Si grâce à toi, j'ai un enfant, je le nourrirai (l'élèverai) sans lui laisser voir le ciel ni la terre. » Avant longtemps sa femme devint enceinte. Quand arriva son terme, elle mit au monde une fille. Tenant la parole qu'il avait donnée à Dieu, il éleva cet enfant sans lui laisser voir la terre ni le ciel. La mère nourricière qui nourrissait l'enfant le nourrissait avec de la moelle. Et l'enfant, ayant grandi, devint une jeune fille. Un jour, quand la mère nourricière vint dans la ch ambre de la jeune fille avec les os, (se) disant : « J'en ai assez de faire manger cette fille chaque jour ; aujourd'hui, qu'elle mange toute seule ! » elle posa les os sur la table et sortit. La jeune fille les tourna et les retourna, mais elle ne savait pas comment tirer, pour la manger, la moelle qui était dans les os. (On fit donner à la jeune fille des leçons dans sa chambre par un homme appointé, mais comme les fenêtres de la chambre étaient fermées, elle ne voyait pas l'extérieur, c'est pourquoi son savoir était un peu déficient). Elle mit l'os dans sa bouche et mordit, mais, quand elle fut impuissante à le manger, elle se fâcha, le lança, et, en ayant frappé la fenêtre, les vitres se brisèrent et tombèrent en morceaux. « Qu'est ceci ? » (se) dit-elle, et, venant à la fenêtre, elle saisit et tira les rideaux noirs et regarda sur le monde. Quand elle regarda dans le jardin du palais de son père, elle (se) dit : « Alors qu'il y avait une bonne chose comme celle-ci, pourquoi m'ont-ils enfermée ici ? » et elle regardait sur le dehors sans pouvoir s'arrêter. Juste à ce moment, son père était dans le jardin et, quand il vit que sa fille regardait par la fenêtre, « Qu'est-ce qui m'arrive ? (se) dit-il. J'avais donné ma parole à Dieu, et maintenant ma fille regarde sur le monde ! » Il alla aussitôt trouver sa fille, qui lui dit : « Alors qu'il y avait une si bonne chose, pourquoi m 'avez-vous enfermée ici ? » A ces mots, tandis que son père et elle-même étaient penchés à la fenêtre, la jeune fille vit qu'il y avait devant eux une grande porte de fer et elle dit à son père : « Qu'est-ce que cette grande porte ?

Emmène-moi là. » Alors, « Bien, » dit son père, et quand, avec sa fille, il arriva devant la grande porte, aussitôt la jeune fille y entra. Devant elle, il y avait une belle fontaine avec de l'eau qui tombait. A la tête de la fontaine, se trouvait écrit : « Et celui qui boira mon eau et celui qui ne la boira pas, ils se repentiront ! » Aussitôt, elle se tourna vers son père : « Si celui qui boira cette eau et celui qui ne la boira pas doivent se repentir, plutôt que de me repentir sans l'avoir bue, mieux vaut que je me repente après l'avoir bue », dit-elle et , quand elle eut bu l'eau, la grande porte de fer se ferma d'elle-même et la jeune fille resta à l'intérieur. Quant à son père, il resta dehors. Il n'y avait pas moyen que personne ouvrît cette grande porte. Que pouvait faire son père ? Quand la jeune fille fut restée là, lui-même s'en retourna et alla à sa maison. Quand la jeune fille fut restée seule, en se promenant, elle vit qu'il se dressait là un grand palais. Aussitôt elle ouvrit la porte du palais, entra, puis parcourut dans le palais quarante chambres, mais elle ne vit personne. Quand elle entra dans la chambre qui restait après toutes (les autres), elle vit qu'un mort était couché, allongé, sous une couverture. Sur sa tête, il y avait un livre. Quand elle eut pris le livre et regardé, il y avait (écrit) dedans : « S'il y a quelqu'un qui lise ce livre nuit et jour sans dormir pendant quarante jours, cet homme se ranimera. » À cette vue, « Je suis restée seule dans ce grand palais, (se) dit-elle. Que je lise ce livre sans dormir pendant quarante jours ; si cet homme se ranime, je ne m'ennuierai pas. » Et, s'étant assise, elle commença à lire. À force de lire, après avoir lu pendant trente-neuf jours et que le sommeil la prit, elle se leva aussitôt pour ne pas dormir, se lava le visage avec de l'eau froide, puis, tandis qu'elle se peignait debout devant le miroir, une femme tsigane qui passait sur le chemin, voyant la jeune fille par la fenêtre, cria : « Tu es seule, apparemment, dans ce palais. Si tu m'amènes, je ne te laisserai pas t'ennuyer. » À ces mots, « Comment t'amènerai-je ? dit-elle. La grande porte de ce palais ne s'ouvre pas. » La femme tsigane : « Ta chevelure est longue ; si tu la laisses tomber par la fenêtre et que je la tienne en m'en entourant, toi, tu me tireras et tu m'amèneras en haut. » – « Bien, » dit la jeune fille, et elle laissa tomber sa chevelure. La femme tsigane enroula la chevelure autour d'elle et la tint, la jeune fille tira et fit monter la femme tsigane et l'introduisit dans la maison par la fenêtre. Peu après, alors que, assises, elles causaient, la jeune fille dit à la femme tsigane tout ce qui lui était arrivé. « J'ai un grand manque de sommeil, dit la jeune fille. Il (ne) reste (plus qu') un jour jusqu'à ce que je puisse (finir de) lire ce livre. S'il est achevé, cet homme se (r)animera. » À ces mots la femme tsigane : « S'il en est ainsi, dit-elle, c'est moi qui achèverai de lire ce livre. Toi, couche-toi et dors. » Alors la jeune fille se coucha et s'endormit. Quand, la femme tsigane le lisant, le livre fut achevé, l'homme sortit de son sommeil en bâillant et se leva. « C'est toi qui m'as ranimé. Que veux-tu de moi ? » dit-il. « C'est ta santé que je veux, » (répon)dit-elle. « Sans dormir, sans t'ennuyer, comment as-tu lu pendant quarante jours ? » – « J'étais la fille d'un prince, dit la femme tsigane. Quand j'ai bu l'eau de la fontaine qui est dans ce palais, la grande porte s'est fermée, je suis restée ici, et mon père s'en est allé. Restée seule, j'ai commencé à lire. Pour ne pas m'ennuyer, j'ai amené une jeune fille tsigane ; elle aussi est ici. » – « Où est-elle ? » dit-il. « Elle dort dans l'autre chambre, » dit-elle. Peu après, quand la jeune fille s'éveilla, il vit qu'elle était très belle, mais, (se) disant : « C'est elle qui m'a ranimé, » il prit (pour femme) la femme tsigane.

La jeune fille ne disait à personne ce qui s'était passé. Ils l'avaient dans la maison en qualité de servante. Cet homme était un prince plus grand que les princes dans le monde. Un jour, il devait aller quelque part. Sa femme écrivit tout ce qu'elle voulait (qu'il lui rapportât) et mit (la liste) dans sa poche. « Demande aussi à notre servante s'il y a quelque chose qu'elle veut, » dit-il. Alors la femme tsigane appela la servante et dit : « Le prince va se promener. Que devra-t-il t'apporter en (re)venant, que veux-tu ? » – « C'est votre santé que je veux, » dit-elle, mais quand le prince, n'acceptant pas (cette réponse), l'interrogea : « S'il en est ainsi, dit-elle, pour moi aussi apporte-moi une pierre-de-patience, une serviette et un savon. Si tu ne les apportes pas, que le bateau qui t'amènera s'enfonce ! » –

« Bien », dit le prince, et il partit. Au moment de (re)venir, il acheta tout ce que sa femme voulait. Comme il n'avait pas écrit les choses que voulait la jeune fille, il les oublia, monta sur le bateau, mais quand, pendant le retour, le bateau commença à s'enfoncer en se retournant, aussitôt il se rappela les commandes de la jeune fille. Il fit faire demi-tour au bateau et (ne) revint chez lui (qu')après avoir acheté ce que voulait la jeune fille. Une nuit que tous étaient couchés et dormaient, la jeune fille déplia la serviette et la posa étendue, plaça dessus la pierre-de-patience et le savon, et, quand elle se mit à leur adresser la parole et à dire tout ce qui lui était arrivé, le savon commença à fondre et la pierre-de-patience à se gonfler. Le prince faisait semblant de dormir, se disant : « Que fera la jeune fille de ces choses ? » et il écoutait la jeune fille. Il entendit tout ce qu'elle disait. Quand elle eut dit ce qu'elle avait à dire, la pierre-de-patience était (tout à fait) gonflée. « Voilà les choses qui me sont arrivées, dit-elle. Si ç'avait été vous, qu'auriez-vous fait ? » Alors, le savon fondit en écumant et la pierre de patience éclata et (ses morceaux) entrèrent dans les murs de la chambre. À ce moment le prince vint soudain près de la jeune fille : « Pourquoi ne m'as-tu pas dit jusqu'à maintenant toutes ces choses ? » dit-il. Il coupa la tête de la femme tsigane, épousa la jeune fille et fit une fête et une danse de quarante jours. Moi aussi j'ai rencontré leur fête et leur danse. Quand leur fête et leur danse furent finies, je suis venu ici.

Conté par Zülküf Has à Istanbul en 1961
AT 891A + AT 894

126.
Le vieillard et le géant

Il y avait jadis une vieille femme et un vieillard. Le vieillard était très poltron. Il ne pouvait pas aller pisser tout seul. Sa femme le menait et le faisait pisser. Telle étant la situation, sa femme en eut assez. « Je ne veux plus de toi, sors de la maison et va-t'en ! » dit-elle, et, ayant donné à son mari ce qu'il fallait de fromage et de pain pour manger en chemin, elle le chassa. À force d'aller, le vieillard arriva à une rivière. Quand il regarda, il vit qu'un dev se tenait de l'autre côté de l'eau. Le dev aussi, quand il vit l'homme, se mit à ramasser des pierres et à les faire couler en poussière en les serrant dans sa main. Quand il vit cela, le vieillard lui aussi se mit à serrer et à faire couler les fromages qu'il avait près de lui. Alors le dev cria : « Toi aussi tu es un homme fort, dit-il, viens de ce côté-ci, que nous devenions camarades. » À ces mots, le vieillard dit : « S'il en est ainsi, viens, et fais-moi traverser. » Le dev vint, fit asseoir l'homme sur ses épaules et le fit traverser.

Quand ils eurent passé de l'autre côté, le dev parla ainsi : « De toi et de moi, nous éprouverons qui de nous est le (plus) fort. Celui de nous qui sera vaincu, l'autre le mangera. » À ces mots, le vieillard eut grand peur, mais où serait-il allé ? Le dev, s'étant arrêté, dit : « Maintenant, va, chasse dans la forêt, tue les cerfs et apporte-nous le gibier, » et il l'envoya. Le vieillard était un poltron. Quand il entra dans la forêt, il eut encore plus grand peur. Quand il regarda et vit qu'il y avait beaucoup de cerfs, il eut peur d'eux, entra dans le trou d'un arbre et se cacha. Il vit qu'un oiseau était installé dans le trou de l'arbre. Il saisit cet oiseau et, avec lui, (re)vint auprès du dev. Quand le dev dit : « As-tu apporté du gibier ? » – « Quand je suis arrivé dans la forêt , (répon)dit-il, et que les cerfs m'ont vu, ils ont eu peur de moi et sont tous partis en courant. Quand j'ai vu que cet oiseau aussi, par peur de moi, s'envolait et partait, j'ai bondi, je l'ai attrapé et, le tenant, je l'ai apporté. » A ces mots, le dev à son tour eut peur du vieillard : « Du moment qu'il a saisi cet oiseau au vol et l'a apporté, (se) dit-il, c'est quelqu'un de plus fort que moi. » Peu après : « Maintenant, c'est moi, dit le dev, qui irai et apporterai du gibier, » et il alla vers la forêt. Il tua les cerfs et revint avec. Tous deux s'assirent et mangèrent la viande fort bien. Le dev mangeait la viande avec les os dedans. Quand ce fut le soir, le dev parla ainsi : « Maintenant, nous nous coucherons et dormirons. Tu mettras ta tête à côté de mon derrière. » – « Bien, » dit le vieillard, il mit sa tête près du derrière du dev, puis ils se couchèrent et s'endormirent. Peu après, le dev se mit à péter. Comme, chaque fois que le dev pétait, les os commençaient à sortir de son derrière et à frapper la tête du vieillard, celui-ci s'éveilla, chercha une planche et la mit contre sa tête. Quand il fit jour, ils se levèrent. Le dev, voyant que le vieillard n'avait éprouvé aucun mal, s'étonna. Quand la journée fut sur le soir, le dev dit : « Cette nuit, c'est moi qui mettrai ma tête près de ton derrière. » Il plaça donc sa tête près du derrière du vieillard, puis ils se couchèrent et s'endormirent. Comme le sommeil du dev était lourd, le vieillard se leva, ramassa des pierres, les lança en plein dans la tête du dev et la fit toute molle.

Quand vint le jour, le vieillard se leva et dit au dev : « Il fait jour, maintenant, lève-toi ! » Mais le dev (répon)dit : « Comment me lèverai-je ? Je ne peux pas soulever ma tête ! » Peu après, le dev se leva à grand-peine. Il prit peur : « Ce vieillard est plus fort que moi, dit-il, il me mangera. » « Je te donnerai de l'or autant que tu pourras en soulever, dit-il, va à ta maison. » Mais le vieillard : « Que ferai-je avec cet or ? dit-il. « Je ne peux pas le prendre sur moi et l'emporter. Si tu le portes pour moi à (ma) maison, je me séparerai de toi. » À ces mots, le dev, tout content, dit : « C'est bien. » Il prit sur lui autant d'or qu'il pouvait en soulever, et ils se mirent à aller vers la maison du vieillard. Quand ils approchèrent de la maison du vieillard, « Tandis que tu viendras tout doucement derrière moi, dit-il, moi, j'irai tout de suite à la maison et je dirai à ma femme que nous avons un hôte. » Et, marchant rapidement, il entra dans la maison avant le dev et dit à sa femme : « J'ai fait porter au dev autant d'or qu'il pouvait en soulever et je l'ai amené. Fais bouillir tout de suite de l'eau plein le grand chaudron, nous le jetterons dedans et nous le brûlerons. » Il alla au-devant du dev et (re)vint à la maison avec lui. Jusqu'à ce qu'ils (re)vinssent à la maison, sa femme fit bouillir le grand chaudron d'eau. Quand ils pénétrèrent dans la maison, le vieillard poussa le dev, le jeta dans le grand chaudron et le brûla. Puis, s'étant tourné, il dit à sa femme : « Tu m'as chassé en disant :

'Tu es poltron', mais maintenant as-tu vu quel homme brave j'étais ? »
Après cela, jusqu'à leur mort, ils vécurent comme ils voulurent.

Conté par Zülküf Has à Istanbul en 1961
AT 1060 ou AT 1640

127.
La jeune fille intelligente

Il y avait un prince. Il ne se mariait pas. « Jusqu'à ce que je rencontre
une femme qui me parle avec le cœur, je n'épouserai personne, »
disait-il. Un jour, il entendit dire que, ailleurs, un prince avait une
fille accomplie. Il monta à cheval et se mit en chemin.
Tandis qu'il allait, il vit devant lui un cavalier vieillard. L'ayant
rejoint, il le salua, (se) disant : « Que je comprenne si c'est quelqu'un
d'intelligent. » Et il se mit à son côté, sur la droite. Au fur et à
mesure qu'ils allaient, il se mit à s'approcher au point que les ventres
des chevaux se touchaient. Le vieillard s'arrêta et dit : « Où vas-tu ? »
Le prince dit : « Je vais changer de chemise. » Le vieillard dit : « Tu
aurais pu changer de chemise à la maison ! » Quand ils eurent encore
un peu cheminé, le prince dit : « Père, raccourcis notre chemin. » Le
vieillard (répon)dit : « Est-ce que je tiens ton chemin attaché à une
corde ? » Tandis qu'ils allaient ensemble, comme leurs chevaux
s'étaient un peu alourdis, le prince dit : « Père, si nous avions nourri
nos chevaux ! » Le vieillard (répon)dit : « Emmène ton cheval au
pâturage de montagne et nourris-le ! » A ces mots, (le prince)
comprit qu'il n'était pas du tout intelligent. En cheminant, ils
entrèrent dans le village de la jeune fille. Quand ils arrivèrent devant
la porte de l'enclos de la jeune fille, le prince descendit de cheval,
ouvrit la porte et entra. Le vieillard aussi entra derrière lui. Il (= le
vieillard) descendit de cheval et ils entrèrent dans la maison. Ce
vieillard était le père de la jeune fille pour laquelle le prince allait !
Peu après, on leur apporta leur nourriture. Tandis qu'ils étaient assis
à table, la jeune fille aussi se tenait en face d'eux. Quand le prince

regarda du côté de la jeune fille, son cœur lui transmit (ce message) :
« Si tu avais été à moi ! » Mais la jeune fille, avec son cœur : « Je ne
te suis pas utile » dit-elle. Quand il dit (toujours avec le cœur) :
« Pourquoi ? » elle passa sa main sur sa tête et dit (avec son cœur) :
« Mon père veut (en *kalym*) autant de bêtes que j'ai de cheveux. » –
« Ton père est une bête lui-même : que fera-t-il des bêtes ? » dit le
prince et, prenant du foyer une pleine main de cendres, il la versa
dans le yogurt qui était placé sur la table, se leva et s'en alla comme
hôte chez un voisin.
Ce soir-là, il appela l'homme chez qui il était hôte et dit : « Va, dis au
(vieux) prince de ma part (que) je veux sa fille au nom de Dieu. » Le
logeur (répon)dit : « Si j'y vais, le prince me tuera. » – « Du moment
que tu l'(aur)as demandée au nom de Dieu, dit (le jeune homme), il
ne te fera rien. » Alors (l'homme) alla et dit (la chose) au (vieux)
prince. « Je ne donnerai pas ma fille à un homme qui est comme lui, »
dit (celui-ci). Quand (le messager) (re)vint, (le jeune homme) dit :
« Il ne dira pas : 'C'est bien' du premier coup. Vas-y encore une fois. »
Il alla et répéta (le message). « J'ai dit que je ne la lui donnerai pas, »
dit (le vieux père). Quand le logeur arriva et dit : « Il n'accepte pas, »
le (jeune)prince dit : « Assemble moi deux ou trois de tes voisins
intelligents. » Le logeur amena trois d'entre ses voisins. « Allez, dit
(le jeune homme) et dites au prince que je demande sa fille en
mariage. S'il ne consent pas, dites : 'Demandons une fois à ta fille'. »
Ils allèrent et dirent (leur message) au (vieux) prince. « Comment lui
donnerai(s)-je ma fille ? (répon)dit-il. Il a versé la cendre dans mon
yogurt. » Quand ils dirent : « Demandons une fois à ta fille, » –
« Comment ma fille acceptera(i)t-elle ? dit (le vieillard). Elle a
pourtant vu, elle aussi, quand il versait la cendre dans mon yogurt ! »
Quand ils dirent : « C'est ainsi, mais demandons-lui, » il (répon)dit :
« C'est bien. »
Quand ils eurent demandé à la jeune fille et qu'elle eut dit : « Moi, je
le veux. Que mon père ne s'en afflige pas ! » ils (re)vinrent auprès du
(vieux) prince et dirent : « Tu as un gendre. » – « Comment est-ce
possible ? dit-il. Mon gendre n'a pas de manières ! » A ces mots, la

jeune fille parla ainsi : « Le jeune homme est quelqu'un d'intelligent. Quand il rencontra mon père sur le chemin, il vint sur sa droite et se mit contre lui, pensant : 'Si (ce vieillard) est quelqu'un d'intelligent, il me donnera une leçon en disant : Dans l'usage abkhaz, ce que tu as fait n'est pas bien'. Mon père ne lui a rien dit. Peu après, quand mon père demanda au jeune homme : 'Où vas-tu ?' Le jeune homme dit : 'Je vais changer de chemise.' – 'Tu aurais pu changer de chemise à la maison,' (répon)dit (mon père). Ce pourquoi le jeune homme a dit : 'Je vais changer de chemise,' – cela voulait dire : 'Je vais me marier.' Mon père n'a pu l'interpréter. Peu après, quand le jeune homme dit : 'Père, raccourcis notre chemin,' (mon père répon)dit : 'Est-ce que je tiens ton chemin attaché à une corde ?' (En fait), la parole du jeune homme voulait dire : 'Père, si tu racontes une histoire, notre chemin deviendra court.' Cela non plus, mon père n'a pu l'interpréter. Encore un peu après, quand (le jeune homme) dit : 'Si nous avions nourri nos chevaux !' mon père (répon)dit : 'Emmène ton cheval au pâturage de montagne et nourris-le !' (En fait,) ce que voulait dire la parole du jeune homme, c'était : 'Puisque nos chevaux ont perdu leur force, réveillons-les en leur appliquant un fouet !' Cela non plus, mon père n 'a pu l'interpréter. Quand ils furent arrivés à La maison, pendant qu'ils mangeaient, le jeune homme me parla avec son cœur. 'Si tu avais été à moi !' dit-il (par la pensée). Alors moi : 'Je ne te suis pas utile, (répon)dis-je (par la pensée), mon père veut autant de bêtes que j'ai de cheveux.' A ces mots, c'est pour dire (sans parler) : 'Ton père est lui-même une bête : que fera-t-il des bêtes ?' qu'il versa dans le yogurt une pleine main de cendres et s'en alla. » Quand elle eut dit (cela), son père, de son côté, ayant compris que (le jeune homme) avait plus de savoir que lui-même, lui donna sa fille.

Conté par Zülküf Has à Istanbul en 1961

128.
La sœur des Nartes, la belle Gunda

Les Nartes avaient une sœur, la belle Gunda. Elle était un vrai souillon, ne se lavait pas, s'habillait malproprement. Elle fut demandée en mariage par Xožirpys (littéralement « Rododendrovyj Paren' » [sic !]). On la lui accorda. Le manque de soins de la sœur déplaisait beaucoup aux frères, qui le lui reprochaient sans cesse. Longtemps elle écouta tranquillement leurs reproches. À la fin, elle perdit patience et dit : « Si je ne m'occupe pas de ma beauté, c'est parce que, si je le fais, ce sera votre perte. » Mais ses frères ne se calmèrent point. « Bon, dit-elle, qu'il en soit comme vous voulez ! » Elle se lava, se para, se chaussa et alla sur son balcon. Son éclat frappa tous les regards et bientôt on ne parla plus que de la beauté de Gunda. Le héros Erčx'ou en entendit la rumeur et décida de conquérir cette belle fille. Il vint chez les Nartes. Quand il approcha, les Nartes le virent, fermèrent leur portail de fer, et de l'intérieur le renforcèrent en le soutenant de leurs épaules. Il leur cria d'ouvrir et ils s'appuyèrent plus fortement contre le portail. Plusieurs fois, sans succès, il les pria. Alors, d'un coup d'épaule, il enfonça le portail, qui s'effondra sur les Nartes et les prit à leur piège. Erčx'ou bondit dans la cour, attacha son cheval à un poteau, monta dans la maison et salua Gunda. En réponse, elle pleura. « Pourquoi pleures-tu ? demanda Erčx'ou, ce n'est rien, je les délivrerai, je ne suis venu que pour t'épouser. » La belle Gunda dut consentir. Il la prit, la mit devant lui sur son cheval et partit. En sortant, il souleva du pied le portail de fer et délivra les Nartes. Le soir, arriva chez les Nartes le fiancé de Gunda, Xožirpys. Il les vit dans l'abattement, les questionna. Quand il sut ce qui s'était passé, « Préparez-moi pour demain, dit-il, des provisions de route, je les poursuivrai ! » Le lendemain matin, il s'élança sur leurs traces et, à midi, les atteignit. « Erčx'ou, arrête-toi, attends-moi, si tu es un homme ! » cria-t-il. Erčx'ou s'arrêta, Xožirpys s'approcha. « Battons-nous à coups de flèches ! » dit-il. « Soit ! » Après s'être querellés à qui tirerait le premier, Xožirpys tira, sans toucher son adversaire. Erčx'ou fit de même. Puis Xožirpys toucha Erčx'ou au genou. Puis Erčx'ou le toucha au-dessus des yeux, enlevant un morceau de crane. Xožirpys dit : « Permets que je coure chez le chaudronnier, me faire réparer la tête ! » Il alla chez le chaudronnier, qui lui remplaça la partie manquante du crâne par un morceau de cuivre qu'il fixa avec des clous. Le crâne ainsi réparé, Xožirpys revint au lieu du duel, tira et manqua son coup. Erčx'ou tira et atteignit la tête de l'autre plus profondément. La mère de Xožirpys était douée d'une puissance particulière : elle les transforma tous les trois en pierres. Aujourd'hui encore, ils restent debout, pétrifiés, dans les montagnes entre lie pays des Karatchay et l'Abkhazie. Naguère encore, un cavalier pouvait passer entre les jambes de chacun des trois personnages, mais les pierres s'enfoncent dans le sol, et il n'est déjà plus possible de passer dessous.

D'après G. F. Čursin, *Materialy po etnografi Abxazii*, 1957, p. 220-221.

129.
Comment Narǰxiou épousa la sœur des Nartes (partie finale)

[Après la réparation du crâne à la forge et la reprise du duel, Narǰxiou, lui-même privé d'une main, perça d'une flèche Xuazvarpys et le tua, puis reprit la belle « Gud » et se remit en chemin.] La mère de Xuazvarpys sut ce qui était arrivé. Que pouvait-elle faire, la vieille ? Elle maudit Narǰxiou : « Quand, toi et ta femme, vous arriverez à un carrefour de sept chemins, changez-vous en pierre avec votre cheval, jusqu'à la deuxième Venue ! » La malédiction ne se réalisa qu'en partie. Quand Narǰxiou arriva au carrefour des sept chemins, il se pétrifia, mais sa femme et son cheval restèrent vivants. On dit que, aujourd'hui encore, la pierre qui fut le héros se trouve au bord du Kouban. Peu à peu, elle s'enfonce dans le sol. Quand la tête même cessera d'être visible, c'est alors, assure-t-on, que se produira le Grand Déluge.

D'après A. Xašba et V. Kukba, *Abxaskie Skazki,* 1935, p. 55-58.

Textes tatars (azéris)

130.
Comment l'enfant Uryzmek affranchit les Nartes de la tyrannie de Puk et comment il épousa Satanoj

Le jeune Uryzmek, fils de Shurtuk, était de famille modeste. Il grandissait parmi les Nartes et, dès sa prime jeunesse, avait attiré l'attention par son adresse à tous les jeux. « Il sera un vrai Narte, » disait-on. Un jour qu'il était à jouer, il vit tous les habitants des villages nartes qui se dirigeaient en une longue procession, chargés de toutes sortes de nourritures : les uns poussaient un bélier, d'autres portaient de la viande fumée, d'autres des cruches de boisson ; parmi eux, il distingua une pauvre femme qui portait un bol plein d'aliments, tandis que ses enfants, en loques, couraient derrière elle, disant : « Maman, nous avons faim, donne-nous quelque chose… » Uryzmek en oublia ses jeux ; il laissa là ses camarades, se dirigea vers le cortège des Nartes et demanda : « Où portez-vous tout cela ? Pourquoi ? » De toutes les bouches il obtint une seule et même réponse : les Nartes portaient leur tribut à Puk, leur seigneur. Ces mots firent sur Uryzmek une profonde impression. Il cessa de jouer, devint silencieux, son visage même changea. Les Nartes s'inquiétèrent de ne plus le voir lancer la pierre, jeter les osselets, — où il excellait. « Je n'ai nulle maladie, leur répondit-il, mais je suis affligé de voir les braves Nartes payer tribut à Puk, ce couard à la barbe de bouc, et le compter pour un dieu. » Il s'ouvrit d'abord à ses proches, puis parla tout haut en public : « Tant que les Nartes subiront cette honte, je ne pourrai demeurer parmi eux, et je ne me calmerai que le jour où je les aurai délivrés… »
Ses parents s'effrayèrent ; on lui représenta, les larmes dans les yeux, que si Puk apprenait ses propos, il effacerait de la terre jusqu'au nom des Nartes : il n'écouta rien. Un jour il réunit les Nartes et déclara : « Que je ne sois pas un jeune Narte si je ne coupe pas la tête de Puk,

ce couard à la barbe de bouc, si je ne libère pas tous les Nartes, si je ne deviens pas leur chef ! » Les Nartes ne prêtaient pas grande attention à ces vanteries ; ils pensaient seulement au châtiment que Puk ne manquerait pas de leur infliger, dès qu'il apprendrait les mesures d'Uryzmek. Cependant Uryzmek s'apprêta à réaliser son projet. Il alla d'abord trouver son père Shurtuk : « Ne songe pas à me faire changer d'idée, lui dit-il ; donne-moi plutôt aide et conseil : je n'ai ni cheval ni arme. » Shurtuk, de guerre lasse, lui dit : « Eh bien, prends mon cheval pie, qui est caché dans le souterrain ; près de lui, dans un coffre noir, tu trouveras une selle à sangles de métal et mon épée *syrpyn*. » Uryzmek prit épée, selle et cheval. Au premier coup de fouet, le coursier sauta trois fois jusqu'au ciel et redescendit sur terre : Uryzmek resta en selle, sans broncher…

Alors Uryzmek se dirigea vers la grande route où passait le cortège des Nartes portant leur tribut ; il les arrêta et les renvoya chez eux. Très effrayés, ils se hâtèrent, par des chemins détournés, d'aller prévenir Puk ; dans l'angoisse, ils attendaient la vengeance du tout-puissant seigneur, l'anéantissement d'Uryzmek par quelque coup merveilleux. À leur grande surprise, Puk ne fit rien. Uryzmek continuait à enlever tout ce que les Nartes portaient vers Puk, et, réunissant ses camarades, il leur en faisait des festins. À la fin il résolut d'aller lui-même trouver Puk. Il se présenta devant son palais et l'appela d'une voix menaçante. Puk lui fit dire qu'il était malade. « Si Puk est malade, répondit Uryzmek, moi je me porte parfaitement bien. » Et, entrant droit dans la salle où se tenait Puk, il le salua : « Bonjour, notre seigneur Puk ! » — « Et que ton jour à toi soit mauvais ! » répliqua Puk. Déjà Uryzmek avait saisi son épée syrpyn pour lui couper la tête mais l'autre sauta par la fenêtre et se mit à courir. Uryzmek le poursuivit. Voyant que la terre ne lui offrait pas de refuge, Puk s'envola au ciel et s'y installa dans un palais de verre. Or Puk était dieu et, pour punir les Nartes, il arrêta la pluie : la sécheresse fut terrible : les plantes cessèrent de pousser, les arbres restèrent sans feuilles, les femelles et les femmes n'eurent plus de petits… Ce fut un temps difficile pour les Nartes, qui s'en prirent au jeune Uryzmek : « Au lieu d'un bienfait, tu ne nous a apporté que du mal, en irritant Puk ; comment vivrons-nous, maintenant ? À toi de réparer les dégâts. » Et Uryzmek se trouva fort embarrassé. Enfin il se résolut à consulter Satanoj, qui savait tout. Elle lui conseilla de prendre le canon que l'on gardait dans la maison des Alig[13], de l'armer de poudre, de s'y installer en guise de boulet, et de faire tirer. Uryzmek exécuta le programme point par point et, comme nul n'osait se charger de cette mission, Satanoj prit elle-même la mèche enflammée et l'approcha de l'amorce. Et voici, dans un vacarme effroyable, Uryzmek qui tombe, en plein ciel, dans le palais de verre de Puk. « Bonjour, notre seigneur Puk ! » — « Et que ton jour soit mauvais ! riposte Puk ; au ciel comme sur terre tu me poursuis ? Est-ce mon sang que tu veux ? Que t'ai-je fait ? » — « Je m'ennuie sans toi sur la terre ; je suis venu avec toi deviser de nos vaillants exploits. Voici, quant à moi, mon exploit le meilleur. Une fois, sortant de ma maison dans le dessein de me battre avec le premier que je rencontrerais, je tombai sur cent cavaliers blancs, vêtus de blanc, chevauchant des chevaux blancs ; je me battis, je les tuais tous, je pris leurs selles et poussai chez moi leurs cent chevaux. Raconte maintenant ce que tu as fait de plus beau dans ta vie. »

Puk sentait déjà la mort dans son cœur. Il se hâta : « Une fois que j'allais à la chasse, je rencontrais cent cerfs et les tuais tous jusqu'au dernier, en un seul jour... » À peine Puk finissait-il son pitoyable récit, Uryzmek regarda par la fenêtre sur la terre et s'écria avec effroi : « Oh mon Dieu ! Quelle est cette immense armée qui s'approche des villages nartes ? Regarde, notre Seigneur ! » Puk, cette fois sans défiance, se pencha à la fenêtre, — et d'un coup de son épée syrpyn Uryzmek lui coupa la tête.

La pluie – une pluie mêlée de sang – coula pendant sept semaines ; l'abondance (*bereket !*) revint sur terre : les plantes poussèrent et mûrirent, les arbres se chargèrent de fruits, les femelles et les femmes enfantèrent. Quant à Uryzmek, son expédition le fit chef et

13 Les Alægatæ osses.

favori des Nartes, et il épousa la très belle et très intelligente princesse Satanoj.

D'après S. Urusbiev, « Skazanija o nartskix bogatyrjax a Tatar gorcev pjatigorskago okruga terskoj oblasti », *SMK*, I, 1881, p. 1-6.

131.
Comment naquit Sozryko

Il y avait jadis un berger nommé Sodžuk. Une fois qu'il gardait ses brebis au bord du fleuve Edil'[14], il aperçut sur l'autre rive la belle princesse-sorcière Satanoj qui lavait du linge. Sodžuk s'appuya à une pierre, regarda les blanches mains de la laveuse, et s'enflamma... Et voici que sur la pierre où il était appuyé se forma un embryon humain. Satanoj s'aperçut de la chose et se réjouit fort, car elle était sans enfant. Elle se mit à supputer soigneusement le temps où l'enfant devait se détacher de la pierre.

Dans l'intervalle, elle commanda au forgeron céleste, Deuet, soixante marteaux, et quand le dernier jour avant la naissance se fut écoulé, elle invita soixante jeunes gens et les emmena, avec une grande provision de boissons, devant la pierre où apparaissait une grosse excroissance. Les jeunes gens se mirent à l'œuvre, dégagèrent de toutes parts l'excroissance avec beaucoup de précautions. Quand Satanoj vit qu'il ne restait à briser qu'une mince membrane de pierre, elle arrêta le travail, fit boire les ouvriers et les enivra si bien qu'ils tombèrent vite endormis. Alors elle brisa elle-même la membrane et, sans peine, prit l'enfant, qui avait un toupet semblable à une crête et des jambes minces comme des broches. Satanoj le confia à des džinn, qui trempèrent son corps comme de l'acier[15], sauf aux deux genoux, qui restèrent de chair. L'enfant fut nommé Sosruko et

---

14 La Volga.
15 Trait pris aux légendes de Batradz, et qui ne se retrouve pas dans les autres variantes sur Sosryko.

grandit chez les džinn, qui, chaque nuit, l'apportaient à Satanoj pour qu'elle pût le voir.

D'après S. Urusbiev, « Skazanija o nartskix bogatyrjax a Tatar gorcev pjatigorskago okruga terskoj oblasti », *SMK,* I, 1881, p. 37-38.

132.
Comment le petit Šauaj étonna les Nartes et désespéra Uryzmek

Deuet, le « forgeron d'or », avait dix fils qui se marièrent successivement, à commencer par le plus jeune. À la fin, l'aîné, Alaugan, resta seul et vieillit sans femme ; son célibat passa même en proverbe : « Que Dieu te laisse sans femme, comme Alaugan ! » disaient les bonnes gens en colère. Un jour, Alaugan entendit justement cette formule dans la bouche d'un enfant qui se querellait avec des camarades ; alors il comprit son malheur et son ridicule et partit chercher une fiancée, monté sur son cheval Gemuda ; ce Gemuda avait une voix humaine et pouvait, à volonté, se muer en n'importe quel animal.

En route il rencontra une monstrueuse Emegen (géante-ogresse), accroupie, les seins rejetés sur l'épaule. Il hésita, puis s'approcha par-derrière à pas de loup, sans qu'elle pût le voir, et lui saisit le bout du sein ; par ce geste, il se faisait adopter pour fils et se mettait à l'abri. « Quel dommage, dit l'ogresse, que tu sois devenu si vite mon enfant ! Tu aurais été un bien bon morceau pour ma mâchoire ! » — « Quel dommage, riposta le héros, que tu sois devenue si vite ma mère ! Tu aurais été un bon morceau pour mon épée ! » Puis il lui raconta qu'il était en quête d'une fiancée. « Comme cela se trouve ! répondit-elle ; j'ai justement une fille unique, une splendeur, et je lui cherche un fiancé... » À son corps défendant, le héros accompagna la géante à sa maison et épousa la fille ; or, les dents de cette

demoiselle se dardaient cruellement celles d'en bas vers son nez, celles d'en haut vers son menton...
Il l'emmena chez les Nartes. Elle sema l'effroi, dévora les enfants. La panique redoubla quand elle fut près d'accoucher, car les filles des géants ont coutume de manger leur premier-né. Aussi, sur le conseil de la sage Satanoj, à peine l'enfant fut-il sorti, Alaugan l'emporta sur son cheval, lui substituant deux petits chiens que la mère dévora aussitôt. Alaugan posa son petit dans la fente d'un glacier du Mingitau[16]. Peu après, l'enfant, nommé Šauaj[17], ayant grandi, son père alla le rechercher et le présenta à sa mère : « Vois, lui dit-il, ce que tu as failli manger ! » Elle couvrit de caresses son fils retrouvé. Alaugan donna à Šauaj son cheval Gemuda ; bête et cavalier se jurèrent fidélité et partirent à l'aventure...
À ce moment, les Nartes étaient réunis chez Uryzmek. Šauaj se vêtit de haillons, Gemuda prit l'apparence d'une rosse et, l'un sur l'autre, ils s'en allèrent les rejoindre. En route, Šauaj mangea chez des bergers qu'il étonna fort en culbutant un terrible taureau. Quand il fut devant Uryzmek, il lui demanda de l'engager comme valet des Nartes, s'engageant à faire tout le service, et ne demandant, en échange, qu'une part du butin pour sa pauvre mère. Uryzmek le regarda, le jugea insuffisant et lui offrit un secours pour sa mère. « Je ne veux pas d'aumône, riposta Šauaj ; je veux gagner mon salaire. » La réponse plut à Uryzmek, qui laissa Šauaj accompagner les Nartes. Il y avait là, avec Uryzmek, entre autres héros, Sosruko, Račikau, Širdan, Sibilči.
Šauaj partit bien après les Nartes. Son cheval, toujours mué en rosse, était la risée des gamins. Mais dès qu'il fut hors de vue, il vola comme une flèche, et ne redevint piteux que lorsqu'il rejoignit l'armée. Šauaj, aidé de son cheval, fit beaucoup de choses prodigieuses : chaque jour il construisait une cabane, chassait, préparait de grands festins qui étonnaient fort les Nartes quand, le

16 L'Elbrouz.
17 « Terrible jeune homme » en kabarde, d'après Urusbiev.

soir, ils rentraient eux-mêmes au campement les mains vides. Par trois fois, Šauaj leur expliqua qu'il avait trouvé cette nourriture toute prête dans cette cabane et que les hommes qui l'avaient préparée avaient déguerpi au seul nom des Nartes. Les Nartes n'avaient plus qu'à s'enorgueillir et à se rassasier ; ce qu'ils faisaient sans pudeur. Cette suffisance des Nartes agaça Šauaj, qui essaya de leur ouvrir les yeux. Un jour il conjura l'Elbrouz de déchaîner sur l'armée orage et froidure. Les Nartes rentrèrent transis. Šauaj fit d'abord semblant de ne pas les connaître, puis les accueillit, les réchauffa. Ils commencèrent à se douter de quelque chose…

Cette même nuit, ayant demandé la faveur de garder les chevaux à leur place, à cause de leur fatigue, il enleva par-delà le fleuve Edil'[18] un troupeau de chevaux, les uns blessés, les autres intacts. Le lendemain, il raconta aux Nartes que ces chevaux, étant traqués par les loups, s'étaient joints d'eux-mêmes à son escadron. Les Nartes, retombant dans leur naïveté première, se félicitèrent de leur chance. Alors Šauaj déclara qu'il allait les quitter, et demanda qu'ils lui abandonnassent en salaire les chevaux blessés. Ils refusèrent : « Ce n'est pas encore le lieu du partage », dirent-ils. Šauaj entra en fureur. En un rien de temps, il dressa des enclos, sépara les chevaux en plusieurs lots, prit le sien et s'en alla. Inquiets, les Nartes envoyèrent successivement Sibilči, puis Širdan sur ses pas, pour lui demander son nom : en vain. À la fin Uryzmek lui-même s'en fut le trouver, s'excusa, et lui promit en mariage sa fille, la belle Agunda, dont le seul défaut était de loucher un peu. Uryzmek voulait même que son gendre ne lui versât point le *kalym* d'usage, mais Šauaj tint à lui abandonner sa propre part de chevaux et disparut.

Une fois rentré, Uryzmek, sachant par expérience combien Šauaj était habile aux déguisements, recommanda à sa femme Satanoj d'être attentive à bien recevoir tous ceux qui se présenteraient. Un jour, après plusieurs années, un jeune homme pauvre – c'était Šauaj – entra chez Uryzmek, décrocha du mur une balalaïka : quand

18 La Volga.

Agunda parut devant lui, il dit : « Magnifiquement construit ce harem ; c'est seulement dommage que la cheminée soit de travers… » Satanoj comprit qu'il faisait allusion aux yeux de sa fille et s'irrita : « Et après, jeune homme ? dit-elle. La cheminée est peut-être de travers, mais la fumée en sort pourtant tout droit ! » Aussitôt Šauaj s'en alla pour ne plus revenir, laissant Uryzmek et Satanoj sans espoir de jamais caser leur fille.

D'après S. Urusbiev, « Skazanija o nartskix bogatyrjax a Tatar gorcev pjatigorskago okruga terskoj oblasti », *SMK*, I, 1881, p. 7-26.

133.
Comment les sept frères Nartes furent trahis par leur sœur

Près de la ville de Derbent, dans le cercle de Tabassaran, sur les bords de la rivière Rubas-Tchaï, s'élève une colline que surmontent les ruines d'un château ; on appelle ces ruines « la forteresse des sept frères », jedi kardaš kalasy. C'était jadis, dit la tradition, une haute tour de sept étages où vivaient sept frères Nartes avec leur sœur, une fille de toute beauté dont les tresses dorées étaient si longues qu'elle pouvait s'en servir comme de cordes pour remonter ses cruches de la rivière.

Un jour les khans du voisinage envoyèrent contre la tour une grande armée. La jeune fille vit le chef ennemi et l'aima. Alors elle déchargea les fusils et les pistolets de ses frères et trempa leurs poignards et leurs épées dans de l'eau salée. Aussi, quand vint la bataille, les sept Nartes trouvèrent leur fusils et leurs pistolets vides, et ne purent tirer épées ni poignards qui s'étaient rouillés dans les fourreaux. Six des Nartes périrent. Le septième revint à la tour, saisit sa sœur, l'attacha par les cheveux à sa selle et la tua sous les yeux des ennemis. Puis lui-même succomba. On montre encore dans une grosse pierre, devant les ruines du château, l'empreinte des sabots de son cheval. On montre aussi la tombe de la sœur des Nartes et les passants ne manquent pas de jeter une pierre sur ce lieu maudit.

D'après Džamaleddin Donoguev, « Tatarskaja narodnaja slovesnost'
v Zakavkaze », *SMK*, XXVI, 1899, p. 19-20

134.
Comment le Narte Už eut la tête prise dans une montagne

Il y avait une fois un khan narte très fort, si fort qu'il se croyait le
plus fort des Nartes de la terre. Or un jour le gardien de ses
troupeaux de chevaux accourut et lui dit : « Tandis que je faisais
paître tes chevaux sur la côte, un homme immense s'est dressé de la
mer et m'a crié : 'Je suis le Narte Už ! Comment oses-tu amener tes
chevaux sur mes terres ? Va dire à ton maître que, s'il recommence,
il aura affaire à moi !' Puis il a saisi dans la mer un gros poisson, l'a
fait griller en le tendant vers le soleil et l'a mangé. »
Ce rapport irrita fort le khan narte. Il envoya ses armées vers la mer,
et elles criblèrent de traits le Narte Už endormi. Celui-ci crut d'abord
que de petites bêtes le mangeaient, mais bientôt, se réveillant, il
massacra l'armée à coups de pied, mit les quelques survivants dans
un pan de sa tcherkeska et les emporta chez lui. La mère du géant eut
pitié des prisonniers, les réconforta et les laissa fuir. Ils allèrent
porter à leur khan la nouvelle du désastre. Le khan réunit une
deuxième armée encore plus nombreuse et marcha vers la mer.
Voyant venir l'ennemi, Už arracha de terre une énorme montagne et
l'élevait déjà au-dessus de sa tête mieux la jeter sur l'armée
assaillante quand survint un prodige : un grand trou se creusa sous la
montagne et la montagne tomba si adroitement que la tête du géant y
fut prise comme dans un piège.

D'après Džamaleddin Donoguev, « Tatarskaja narodnaja slovesnost'
v Zakavkaze », *SMK*, XXVI, 1899, p. 17-19

Textes arméniens

135.
L'ours et les deux hommes

Un jour deux hommes vont à la chasse. Un des hommes ne s'y entend pas beaucoup en matière de chasse. Du matin jusqu'à la prière *ikindi* (au milieu de l'après-midi), ils se promènent ensemble. Juste au moment de rentrer [en descendant] au village, un ours les rencontre. Celui qui s'y connaissait un peu en chasse prend (« tire ») son fusil de son épaule (et) le dirige sur l'ours. L'autre homme est un peu poltron. Quand l'homme qui a pris le fusil tire une cartouche, il ne peut atteindre (« frapper ») exactement l'ours. L'ours est (seulement) blessé. Alors l'ours s'élance (« fait assaut ») vers l'homme. L'autre homme, de peur, fuit, il monte sur un arbre. L'ours vient à l'homme qui a tiré (« tirant ») le fusil (et) le frappe de sa patte. L'homme, de peur, s'évanouit. L'ours, (se) disant : « L'âme de l'homme est-elle partie ? » écoute la respiration de l'homme. L'homme est évanoui. L'autre homme regarde ces choses du haut de l'arbre. Après que l'ours s'est éloigné (« séparé d'auprès ») de l'homme évanoui, l'autre homme descend de [sur] l'arbre (et) vient près de son camarade. Son camarade vient juste de sortir (« s'est séparé nouvellement ») de son évanouissement (« être évanoui »). L'homme descendu de (« venant de sur ») l'arbre dit ainsi à l'homme qui s'était évanoui : « Hé Mehmed, que te disait l'ours à l'oreille ? »

Conté par Kadir Yilmaz à Istanbul en 1964

136.
L'ogresse et le garçon

Un jour, un garçon est monté sur un poirier. Pendant qu'il cueille (des) poire(s), une vieille femme vient près du poirier. « Mon fils,

jette-moi [vers le bas] une poire ! » dit-elle. Le garçon jette la poire
[vers le bas], mais la vieille ne peut prendre la poire (et) dit : « Elle
est tombée sur le fumier, jette (m'en) encore une ! » Le garçon (en)
jette encore une. La vieille : « Celle-là est tombée dans la bouse »
dit-elle, « abaisse, toi, (du pied) cette branche (où tu es), (pour que)
moi, je cueille une poire ! » Quand le garçon abaisse la branche, la
vieille saisit (par) le pied du garçon, le jette [vers le bas] dans son sac
de peau, le prend (et) va à la maison. À la maison, il y a une jeune
fille. Elle dit à la jeune fille : « Toi, surveille (« regarde à ») ce
garçon. Moi, que j'aille au moulin, que je m'aiguise les dents ; après
cela, que je revienne (et) que je commence à manger ce garçon. » La
vieille sort (« se sépare ») de la maison. La jeune fille va égorger
(« égorgera ») le garçon, le mettre dans le chaudron (et) le faire cuire.
Mais le garçon trouve un moyen (et) fuit de la maison. Quand la
vieille rentre du moulin, elle apprend que le garçon a fui. Alors elle
donne une bonne rossée à (« frappe bien ») la jeune fille de la
maison.

Conté par Kadir Yilmaz à Istanbul en 1964

137.
Qui sera le mari ?

Dans un village, trois garçons sont amoureux d'une jeune fille. Tous
trois veulent se marier avec la même jeune fille. Un jour, tous trois
ensemble font leur demande (« font ambassade »). Le père de la
jeune fille dit : « Puisque vous voulez tous trois ma fille, allez,
travaillez, achetez (« prenez ») chacun un cadeau (et) (re)venez.
Celui qui aura (« de qui est ») le plus beau cadeau, c'est à lui que je
donnerai (ma fille) ». Les garçons, tous les trois, vont travailler. Ils
travaillent pas mal de temps. Après cela, [eux tous,] ils achètent
chacun un cadeau (et) commencent les préparatifs pour rentrer [en
remontant] au village. Ahmed, en se promenant à la ville (« au
marché »), achète une longue-vue pour cent livres (« ors »). Quand tu

regardes dans (« par ») la longue-vue, quoi que tu veuilles, tu le vois. Mehmed achète un tapis. Quand tu montes sur le tapis, de quelque côté que tu veuilles, il va de ce côté. Ali achète un citron. Quand tu manges aussi le citron, même si tu es sur (le point de) mourir, tu guéris. Le(s) cadeau(x) de tous trois valent chacun cent livres. Ils viennent à l'hôtel, tous trois se montrent l'un à l'autre leurs cadeaux (et) en expliquent les propriétés. Quand (son possesseur) regarde par la longue-vue, la jeune fille qu'il aime rend l'âme. Ils sont dans le trouble, disant : « Que ferons-nous ? » Le garçon qui a acheté (« prenant ») le tapis : « Montons sur ce tapis (et) allons ! » dit-il. Et celui qui a acheté le citron : « Faisons (-lui) manger ce citron, elle se rétabli(ra), » dit-il. Tous trois montent sur le tapis (et) vont à la maison de la jeune fille. Ils (lui) font manger le citron (et) la jeune fille est sauvée. Et les autres donnent à la jeune fille le tapis et la longue-vue. Ils attendent, disant : « Qui de nous recevra (« prendrons ») la jeune fille ? » Le père de la jeune fille donne la jeune fille au garçon qui a acheté (« prenant ») le citron, rend aux (deux) autres leurs cadeaux et (leur) dit : « Les choses que vous avez achetées ne sont pas perdues, tandis que (« mais ») le citron est seulement pour une fois. C'est pour cela que je donne ma fille à ce garçon. »

Conté par Kadir Yilmaz à Istanbul en 1964
AT 653

138.
Sans titre

Deux frères Hemşinli reviennent du pâturage d'été avec le(ur)s vaches. L'un : « Eh, Ahmet, notre vache rouge n'est pas là », dit-il. [L']Ahmet : « Où est allée la vache ? » dit-il. « Peut-être (« qui sait ? ») l'avons-nous perdue en chemin, allons la chercher ». Pendant (« autant que ») deux heures, ils cherchent la vache (et) ne la trouvent pas. [L']Ahmet soudain pense : « Eh, idiot, il y a deux mois que nous avons vendu la rouge, ne sais-tu pas ? » — « Ah oui, tu as raison (« dis vrai ») ! »

Conté par İsmet Akbiyik en 1962 à Istanbul

139.
Sans titre

Un homme, à cheval, monte au pâturage d'été. En chemin, il fait halte. Sur le cheval, il y a aussi de la graisse. Il décharge (« fait descendre ») la graisse, la laisse près du cheval. Lui-même va se promener. Et le temps est très chaud, les mouches enveloppent complètement le cheval [aussi]. Quand il (re)vient de se promener, près du cheval il n'y a plus de graisse dans le récipient. Il interroge le cheval : « Est-ce toi qui (l')as mangée ? » dit-il. Le cheval — les mouches l'ont tout enveloppé — secoue la tête. L'homme aussitôt frappe le cheval. Quelqu'un passe (« rencontre »). « Pourquoi as-tu frappé ton cheval ? » dit-il et alors (l'autre) : « Il avait mangé la graisse », dit-il. L'autre homme : « N'y a-t-il absolument rien dans ta tête ? La graisse a fondu à la chaleur, le récipient l'a laissé échapper (« l'a emportée ») ! » dit-il.

Conté par İsmet Akbiyik en 1962 à Istanbul

140.
Sans titre

(Ceci) s'est passé entre deux hommes d'Ardala. Un bœuf a enfoncé sa tête dans une jarre. Ces deux hommes ne peuvent tirer de [dedans] la jarre la tête du bœuf. Ils réfléchissent [disant] : « Comment (la) tirer ? » L'un dit : « Coupons la tête de notre bœuf, après cela nous la ti(re)rons ». Et l'autre : « Tu as raison », dit-il. Aussitôt, avec un couteau, ils coupent la tête. Ils ne peuvent toujours (« encore ») pas (la) tirer. Et l'autre dit : « Cassons notre jarre ». Ils cassent aussi la jarre. Il ne reste (plus) rien dans leurs mains. Disant : « Nous voici bien avancés (« il nous fallait aussi ceci ») ! » ils crient de toutes leurs forces (« par-dessus leurs têtes »).

Conté par İsmet Akbiyik en 1962 à Istanbul

141.
Sans titre

Un soir, dans la ville (« marché ») de Hopa, tandis qu'un homme coupe avec une scie le cadenas (« la clef ») de la porte de la banque, un autre homme survient (« le rencontre »). Eh, que fais-tu ? Es-tu devenu fou ? », dit-il. L'homme qui coupe le cadenas : « Tais-toi (« ne parle pas ») ! De quoi te mêles-tu ? («il n'est pas besoin de toi »). Je suis en train de jouer du *kemençe* », dit-il. L'autre homme : « Ça, quelle espèce de *kemençe* est-ce ? Ça ne fait aucun bruit… » dit-il et alors l'autre : « Le bruit que ça fera (« son bruit »), (c'est) (demain) matin que tu l'entend(ra)s ! » dit-il.

Conté par İsmet Akbiyik en 1962 à Istanbul

142.
Sans titre

L'hiver approchait. A la maison, pour faire du feu (« allumer »), il fallait du bois. Les deux frères de la maison, par une journée chaude, montent à pied à la montagne pour couper (« tailler ») du bois. Et la montagne est très loin de la maison. Ils marchent pendant (« chemin autant que ») deux heures, dans la forêt ils trouvent un charme propre à faire (« pour être ») du bon bois. Le charme est très gros. Ça ne leur dit rien de (le) couper. L'un dit : « Jetons un cable, montons, jetons (« versons ») (des branches). Aussitôt, celui qui monte le mieux

(« bien ») a(ux) arbre(s) monte (et) commence à jeter (des branches). Et l'autre regarde d'en dessous. Après avoir un peu coupé (« un peu de taille »), de l'intérieur de la forêt ils entendent un cri. L'homme qui est en dessous, à l'homme qui est sur l'arbre : « Ce qui crie, c'est un ours, descends, fuyons, » dit-il. Son compagnon : « Ça a beau être (« que ce soit ») un ours, que peut-il nous faire ? S'il vient, nous le tuerons, « dit-il ». Celui d'en dessous n'écoute pas (« ne met pas oreille » + acc.) ce que dit (« le parler de ») celui d'en dessus, il s'enfuit. L'ours, après que celui-là (a) fui, vient sous l'arbre. Il ne voit personne. Quand il regarde vers le haut, il voit un homme. Aussitôt, en grimpant, il monte à l'arbre. L'homme qui est en dessus crie de toutes ses forces, sans résultat (« il ne fait aucun *para*, argent, profit »). L'ours, saisissant l'homme, le balance en bas (« vers la terre en bas »). Lui-même aussi descend. Il regarde l'homme, l'homme est mort. Il creuse la terre, dépose l'homme dans (le trou), remet (« donne ») la terre par-dessus.

Conté par İsmet Akbiyik en 1962 à Istanbul

143.
Sans titre

Un homme de Hemçin descend à Istanbul pour vendre ses moutons. Il vend ses moutons. Avec le produit de la vente (« avec l'argent de la paume »), il achète diverses choses. « Avec l'argent restant, que j'achète un billet (de la loterie) », (se) dit-il, « peut-être gagnerai-je (« quelque chose sort(ira) ») ». Il achète aussi un billet et rentre chez lui (« va en remontant à sa maison »). A la maison, ses enfants et les villageois : « Qu'as-tu apporté ? » disent-ils et alors : « J'ai acheté des choses pour (les) (re)vendre, et avec l'argent restant j'ai acheté un billet (de la loterie), » dit-il. Après quelques jours, il tombe malade. Et l'homme est très peureux. Après qu'il est tombé malade, on le met (« ils le font coucher ») à l'hôpital. L'homme pense sans cesse à l'argent qu'il gagnera (« l'argent sortir au billet »). Au tirage («après que les billets sont tirés»), l'homme gagne beaucoup («beaucoup d'argent sort pour l'homme»), Les villageois apprennent qu'il a gagné, l'homme ne (le) sait pas. Les villageois, aux enfants de l'homme : « Votre père a gagné beaucoup à la loterie («beaucoup d'argent est sorti du billet pour votre père»), et votre père est malade. Si nous (le lui) disons maintenant, il va mourir. Comment (le lui) dirons-nous ? » disent-ils et alors un des villageois : « Nous allons, nous (le) disons au docteur de l'hôpital, et le docteur invente quelque chose (et) (le) dit à l'homme », dit-il. Et les enfants de l'homme : « Il sera (« devient ») comme tu as dit », disent-ils. Le villageois va auprès du docteur : « Il y a ici un [homme] malade, le billet qu'il a acheté a gagné (« du billet... est sorti... ») beaucoup d'argent. Nous, nous ne pouvons (le lui) dire, si nous (le lui) disons, il va mourir », dit-il, « toi tu (le) di(ra)s à l'homme mieux que nous ». Et le docteur va auprès du malade. « Si le billet que tu as acheté gagnait, que ferais-tu ? » dit-il. Et l'homme : « Ce que je ferais ? Je te donnerai la moitié de l'argent gagné (« sorti ») ! » dit-il et alors le docteur tombe sur place (et) meurt.

Conté par İsmet Akbiyik en 1962 à Istanbul

144.
Sans titre

Il y a trois frères dans une maison. Le père et la mère (« les pères ») des frères sont morts, il y a aussi deux [unités de] sœurs. Pour subsister (« s'entretenir eux-mêmes »), ils iront travailler quelque part. A l'endroit où ils habitent [eux-mêmes], ils ne trouvent pas de travail et ils sont très pauvres. Un matin, ils se disent l'un à l'autre : « Demain matin, émigrons ! ». Et tous : « Tu as raison, allons, travaillons, » disent-ils. Quand ce matin-là est arrivé, ils se mettent en route. Ils marchent deux jours et deux nuits. Après avoir dépassé une maison, ils rencontrent trois chemins. Le frère aîné : « Ici séparons- nous [l'un de l'autre] », dit-il. Les deux (autres) : « Nous sommes très jeunes (« petits »), nous ne sommes allés nulle part, comment nous séparer de toi ? » disent-ils. Le frère aîné : « Faites ce que vous voudrez (« quoi que vous fassiez, faites »), moi, j'irai dans cette direction ». En disant (cela), il part aussitôt. Et les autres prennent les autres chemins. Le plus jeune frère, après un jour, rencontre une grande maison. Disant : « Y a-t-il quelqu'un dans la maison ? » en ouvrant la porte, il entre à l'intérieur. Il regarde autour de lui, il ne voit personne. Quand, tout doucement (« lentement lentement ») il a monté l'escalier, devant lui une jeune fille : « Qui cherches-tu ? » dit-elle, et alors : « J'ai grand faim, dit-il, donne moi quelque chose à manger, je t'en prie ». La jeune fille rit : « Viens, si je trouve quelque chose, je (te le) donnerai, si je ne trouve (rien), je t'enverrai ailleurs », dit-elle. Ensemble ils regardent, ils ne trouvent rien. La jeune fille : « Reste ici », et le garçon : « J'attendrai, va », dit-il. Quand il regarde une autre fois, — la jeune fille vient, avec deux agneaux. L'un des agneaux est blanc, l'autre noir. La jeune fille : « Si tu saisis l'agneau blanc (« le blanc des agneaux »), tu descendras à l'Autre Monde ; si tu saisis le noir, tu mourras sur place », dit-elle. Aussitôt le garçon court près des agneaux, l'agneau noir disparaît, il saisit le blanc. Comme avait dit la jeune fille, il descend à l'Autre Monde. (Pendant) une nuit, dans l'obscurité, il descend et arrive à un certain endroit. Il regarde autour de lui (et), à lui-même : « Suis-je devenu fou ? Où suis-je ? » dit-il. Tandis qu'il parle ainsi, il s'endort. Quand il rouvre les yeux, de très belles jeunes filles sont tout autour de lui. Aux jeunes filles : « Qui êtes-vous ? Où suis-je ? Apportez-moi un (peu) d'eau », dit-il et, à ces mots, une jeune fille noire : « Il n'y a pas d'eau par ici (« à cet entour-ci »), quelque chose a coupé les eaux de la forêt, nous aussi nous sommes comme toi », dit-elle. Le garçon bondit (« de sa place vers le haut ») : « Apportez-moi une hache, j'irai, je trouverai cet (être-)là, je le tuerai et vous aussi vous serez sauvées », dit-il. Les autres jeunes filles rient en disant : « Qui es-tu ? Que peux-tu faire ? » Une d'entre les jeunes filles ne rit pas : « Moi, j'apporterai la hache », dit-elle et elle va (la) chercher (« apporter »). Après une heure elle (l')apporte (et la) donne au garçon. Le garçon, (la) prenant, monte en courant dans la forêt. Après deux heures, toutes les eaux viennent. Alors la jeune fille noire dit : « Vous disiez : '(C'est un) enfant', — avez-vous vu ce qu'il a fait ? Il (nous) a toutes sauvées de la mort (« du mourir ») », dit-elle. Après cela la jeune fille noire, pour se séparer de ses compagnes : « J'irai, dit-elle, à la recherche de ce garçon. Après (l')avoir trouvé, je (l')épouserai ». En disant ces mots, elle monte (le) chercher dans la forêt voisine. Pendant qu'elle va, elle pense, se disant à elle-même : « Si je ne le trouve pas, que ferai-je ? » Il reste (« il y a ») trois heures jusqu'à la nuit (« être nuit »). Après qu'elle a cherché un bon moment, elle voit le garçon couché dans un fourré. Elle court près de lui. Quand elle regarde, le garçon n'émet (« ne tire ») aucun son. Elle crie de toutes ses forces. « Est-ce que par hasard il s'est évanoui ? » dit-elle, et elle va chercher (« apporter ») de l'eau au (« du ») ruisseau. Elle fait dégoutter l'eau sur le visage du garçon. Le garçon se lève d'un bond. « Que me fais-tu ? » dit-il, et alors la jeune fille : « Tu étais évanoui, j'ai versé de l'eau sur ton visage. Maintenant comment es-tu ? » dit-elle, et alors le garçon : « Te fallait-il (me ranimer) ? Ah si j'étais mort ! Pourquoi m'as-tu sauvé ? Car j'en ai assez de la vie (« j'ai été hors de mon âme ») », dit-il. La jeune fille rit : « Est-ce que je te laisserai mourir ? Avant ceci, quand je t'ai vu, je t'ai aimé, je veux t'épouser ». Le garçon : « Qui es-tu ? Qui suis-je ? dit-il, nous ne nous connaissons pas [l'un l'autre] : comment cela est-il (possible) ? Tu veux te marier avec moi. Moi, je ne veux pas rester dans ce monde. Je (re)monterai dans notre monde. Pour (y) aller, peux-tu m'aider ? Si tu peux, aide (-moi), sauve (-moi) de cet endroit (« de cet entour ») », dit-il. La jeune fille : « Une telle chose est-elle (possible) ? Je ne te laisserai pas partir », dit-elle, et alors le garçon : « Toi, fais ce que tu voudras ; moi, je ne reste pas ici. On m'attend dans notre monde. Toi, tu sais (ce que tu as à faire) ; moi, demain matin, je me mettrai en route », dit-il. La jeune fille : « S'il en est ainsi, moi aussi que je vienne avec toi », dit-elle et, à ces mots, le garçon : « Es-tu [devenue] folle ? Je ne puis me transporter moi-même, comment te transporterai-je ? » dit-il. Alors la jeune fille commence à pleurer. Le garçon : « Pleure tant que tu veux (« autant que tu pleures, pleure »), je n'ai pas la force de te transporter », dit-il, et alors la jeune fille : « Tu es un garçon très entêté, ne sais-tu pas du tout aimer ? » dit-elle. Le garçon, en disant : « Puisque je suis un enfant, d'où saurais-je aimer ? » se sépare d'[auprès d']elle. Sur le champ, la jeune fille réfléchit, disant : « Comment aider ce garçon ? » Cette nuit-là passe ainsi. L'autre matin, elle trouve le garçon. « Je t'aiderai », dit-elle, et alors aussitôt le garçon étreint la jeune fille et lui donne des baisers. « Allons, dit-il, fais ce que tu as à faire (« feras »), sauve-moi d'ici ». La jeune fille apporte un milan noir. « Ce milan, dit-elle, maintenant je te le donnerai. Pour partir, tu lui donneras de la viande salée ». Elle donne aussi la viande au garçon. Ce jour-là, à midi, le garçon monte sur le milan (et) se met en route. En chemin, la viande salée finit. S'il n'y a pas de viande, le milan ne peut continuer son voyage (« aller chemin »), Le garçon : « C'est bien ma chance (« il me fallait ceci aussi ») ! Que faire maintenant ? » disant (cela), il réfléchit. Et la nuit approche. Là où il est resté, il fait très sombre. « Que faire ? Que je coupe la chair du mollet de ma jambe, que je (la) fasse manger à ce milan et que je (re)parte », dit-il. Et le milan voit le garçon en train de couper la chair du mollet de sa jambe. Il ne dit rien. Le garçon, après avoir fait manger la chair au milan, (re)part. Le milan n'avale pas la chair. Quand ils arrivent au monde du garçon (« à son propre monde »), le milan : « Je n'ai pas avalé la chair de ton mollet, prends (-la), colle (-la) à sa place », dit-il. Le garçon, de joie, tombe à terre (« en bas à la place »). Un peu à côté, il y a une source. Le milan apporte de l'eau, (la) fait boire au garçon, et le garçon revient à lui. Le garçon, au milan : « Si tu n'avais pas existé, qu'aurais-je fait ? Peut-être n'aurais-je même pas (re)vu ces lieux (« cet entour ci »). Que je te (re)mette en chemin pour descendre chez toi, et moi, tout doucement, que j'aille à ma maison », dit-il. Le milan : « Toi, fais ce que tu as à faire (« comme tu feras, fais ») ; moi, je m'en vais. N'aie aucune inquiétude pour moi ». En disant cela, après s'être embrassés [l'un l'autre], ils se séparent. Le garçon prend la direction de sa maison. Il va son chemin pendant deux, trois heures, tout doucement, comme il l'avait dit. Le temps est très brumeux. Sa [propre] maison est au bas d'une forêt, sur un lieu pierreux. Le brouillard effraie un peu le garçon. Il fait des éclairs. Comme il approche de sa maison, entendant tonner : « En tout cas, il y aura de la grêle, et je n'ai rien sur moi. Jusqu'à ce que cette grêle tombe, que j'arrive à la maison », (ce) disant, il court. Quand il approche (tout près) de la maison, juste alors le ciel (« le temps ») lâche (son contenu) : d'abord de la pluie, après elle la grêle commence. Après que la grêle a commencé, quand il a fait (« jeté ») quelques pas, il tombe. Il ne lui arrive rien, il se (re)lève et se remet à marcher comme avant. Il arrive à la porte de la maison. A la porte, il ne voit absolument personne. Il frappe [sa main) à (« vers ») la porte. « Eh, Hacula, eh, Emine, où êtes-vous ? Ouvrez la porte ! » dit-il, mais personne ne vient. A lui-même : « Où sont-elles donc allées ? » dit-il, ont-elles émigré comme nous (les garçons) ? » (Ce) disant, il s'assied par terre (« vers le bas à la place »). « Où aller ?... Quel nouveau malheur (« ceci aussi a été ») ! Dieu est-il tel pour nous ? Nous, les frères, nous nous sommes séparés, un par un ; maintenant nos sœurs aussi ont disparu (« il n'y a plus nos sœurs ») ». Le temps s'assombrit, la grêle tombe comme avant. Après s'être ainsi inquiété un peu de temps, il entend une voix au loin (« du lointain »), il court du côté de la voix. Quand il approche, sa sœur aînée, [la] Hacula, de l'autre côté de la rivière, dit : « C'est moi ». Et le garçon : « Et moi, je suis ton(plus) jeune frère. Pourquoi cries-tu ? Qu'est-il arrivé ? » dit-il et, à ces mots, la jeune fille : « Emine est tombée dans la rivière, cours, (re)tirons(-la) ! » dit-elle. Le garçon descend en courant le long de la rivière, la jeune fille de l'autre côté de la rivière. Après avoir un peu cherché, le garçon, sur le bord de la rivière, de son côté, trouve (Emine). Aussitôt il la saisit à bras le corps et l'enlève. « Qu'est-il arrivé ? Pourquoi es-tu tombée dans la rivière ? » dit-il. La jeune fille ne fait pas entendre de voix. (Le garçon) appelle sa sœur aînée, de l'autre côté : « Je l'ai trouvée, viens ! » dit-il. La sœur aînée : « Comment traverserai-je la rivière ? Viens, charge-moi (sur tes épaules) et fais(-moi) traverser la rivière ». A ces mots, le garçon va, charge sa sœur (et) la fait traverser [vers ce côté-ci], Et tous deux lèvent Emine (et) la portent à la maison. Et la grêle cesse. A la maison, ils secouent un peu Emine, elle reprend ses sens. Le garçon : « Comment es-tu tombée dans la rivière ? » dit-il et, à ces mots, « Mon pied a glissé de dessus la pierre, je ne sais rien de plus. De nouveau, ici, je vous vois ! » dit-elle, « mais toi aussi, qui es-tu ? D'où es-tu venu ? Est-ce toi qui m'as apportée ? » A ces mots, le garçon : « Est-ce que je ne suis pas ton (plus) jeune frère ? Ne m'as-tu pas reconnu ? » dit-il, et alors Emine, Hacula, étreignant le garçon, lui donnent des baisers. Les jeunes filles : « Nous t'av(i)ons perdu, Dieu (t')a apporté. Nous ne te laisserons plus aller nulle part », disent-elles, et alors le garçon : « Où sont allés nos autres frères ? Le savez-vous ? » dit-il, et ensuite l'aînée (des) jeune(s) fille(s) : « Notre frère aîné est (re)venu il y a quelques jours, notre frère moyen est perdu », dit-elle. Le garçon : « Où est-il ? Ne viendra-t-il pas ? » dit-il, et juste alors le frère aîné entre dans la maison. Tous deux, en s'étreignant [l'un l'autre], pleurent. Le frère aîné : « Je dirai la vérité. J'ai tué notre frère moyen par (« après un ») accident, » dit-il, et à ces mots, le plus jeune frère : « Comment cela est-il arrivé ? » dit-il. Et le frère aîné : « Après que je me suis séparé de toi, son chemin et mon chemin, après trois heures, se sont réunis, et nous aussi, à l'endroit où le(s) chemin(s) se réuni(ssaien)t, nous nous rencontrâmes [l'un l'autre]. Et moi et lui nous réjouîmes fort. 'Allons, travaillons en- semble', dîmes-nous. Après que nous eûmes marché pendant un jour, une maison apparut devant (nous). Il n'y avait personne à la maison. Nous regardâmes autour de nous : dans la maison, il y avait du riz. Autour de la maison aussi, c'était une plaine. 'Semons ce riz, avec lui nous subsist(er)ons (« nous nous entretenons »)', dîmes-nous (et) nous commençâmes à semer. Quand ce fut fait (« après le finir »), un mois passa, le riz ne sortit pas de terre. 'Qu'est-ce donc qui est arrivé ?' dîmes-nous, et alors mon frère : 'Peut-être quelque chose l'arrache (de terre). Allons, attendons (ce quelque chose) avec nos revolvers', dit-il. Et nous allâmes, nous attendîmes, pendant plusieurs heures, rien ne vint. Quand je regardai encore une fois, mon frère posa sa main à son front, il m'appela (« me donna voix »), et moi, à cet appel : '[En tout cas] quelque chose s'est collé à son front', dis-je. Je tirai (mon) revolver et, en disant : 'Que je tire sur (« frappe ») ce qui est sur son front !' je tirai aussi sur le garçon. Après cela, je courus auprès, le garçon est mort ! Et près de lui, une petite mouche aussi était tombée. Je dis à la mouche : 'Un de toi, un de moi, tu m'as fait un sac de riz !' Je pleurai, mais en vain, et, en pleurant, je revins à la maison de mon père ». Son (plus) jeune frère : « Je t'avais dit, avant, qu'il en serait ainsi. Tu ne m'as pas écouté. Tu as tué (« mangé la tête de ») mon frère, maintenant fais ce que tu voudras ; moi, je veux me séparer de toi. Mes sœurs décideront (« savent elles-mêmes ») avec lequel de nous elles veulent aller. Je ne dis rien de plus », dit-il, et alors la sœur aînée intervient (« tombe ») avant (que) le frère aîné (ait pu répondre) : « Que dis-tu ? Dieu nous a réunis (« apportés ensemble en un lieu »). Je ne vous laisserai aller nulle part, ensemble nous travaillerons, ensemble nous mangerons ». La (plus) jeune sœur : « J'approuve ma sœur (« que je sois kurban pour ma sœur que voici »), elle a raison. Nous n'avons pas de mère, elle fera pour nous fonction de mère (« maternité »). Et si mon grand frère aussi fait pour nous fonction de père, de cela je me réjouirai. Comme a dit ma sœur aînée, nous resterons (« serons ») ensemble », dit-elle. Le frère aîné : « Que dites-vous ? Etes-vous devenues folles ? Il m'est arrivé une aventure (« affaire a passé à ma tête »), ne suis-je pas devenu plus raisonnable (« ne suis-je pas venu à jugement ») ? N'ayez aucune inquiétude, je ne supprimerai (« tire(rai) ») personne d'entre nous. Mon (plus) jeune frère est encore un enfant, il n'est pas mûr (« son jugement ne coupe pas »). Nous n'avons ni père ni mère. Nous travaillerons et nous installerons », dit-il, et alors le (plus) jeune frère : « Ce que vous avez tous dit est juste, mais où travaillerons-nous ? D'où trouverons-nous de l'argent ? Dites l'endroit, et moi, je ne me sépare(rai) pas [du tout) de vous. Mais je dirai quelque chose, et cela, vous le ferez. Si vous ne le faites pas, je ne reste(rai) pas parmi vous. Si vous êtes mes frères (et sœurs), vous n'épargn(er)ez rien pour moi », dit-il. Le frère aîné : « Demande-moi ce que tu veux (« veuille de moi l'affaire »), Nous sommes au bord de la forêt, nous coup(er)ons du bois dans (« de ») la forêt, nous l'emport(er)ons et le vend(r)ons. Les endroits où nous aurons coupé (du bois), nous les défricherons (ouvr(ir)ons) et y sèm(er)ons du maïs, avec cela nous subsist(er)ons. Dis ce qui te tient à cœur (« ta souffrance »). Nous sommes prêts à tout faire (« nous donnerons nos âmes ») pour toi », dit-il, et alors les sœurs aussi : « Il a raison » dirent-elles. Le (plus) jeune frère : « Je (le) dirai, mais si vous ne faites pas ce que je dis, je m'enfuirai. Au moment où nous avons émigré, tu nous fis nous nous séparer de toi. Moi, près du chemin où j'allais, je vis une maison, j'entrai dedans. Il n'y avait personne dedans, je regardai autour de moi, je ne vis non plus personne. 'Que je monte encore l'escalier qui est près de moi dis-je, (et,) comme je montais, en haut de l'escalier, une jeune fille — mais je ne puis vous dire quelle sorte de jeune fille, tant elle était belle !— me dit : 'Que fais-tu ici ? Qui es-tu ? ' Et moi : 'C'est toi spécialement que je cherche, Dieu m'a fait te rencontrer (« (t')apportée devant »)', dis-je, mais la jeune fille ne m'écouta pas [du tout], et moi je ne pus rien faire. Nous parlâmes un peu entre nous. Elle me mit en route vers l'Autre Monde. Et moi j'allai et, après quelques mois, je vous ai retrouvés. Maintenant, nous irons et nous trouverons cette jeune fille. Moi, je donne mon âme pour elle. Si je ne la trouve pas, je ne travaillerai pas [du tout] », dit-il. Le frère aîné : « Que ce soit là ta (seule) souffrance ! Puisse Dieu ne pas t'en donner d'autre (« de souffrance outre celle-là ») ! Maintenant j'irai, je la trouverai et je la prendrai pour toi. Si tu veux, toi aussi, viens, » et aux jeunes filles : « Vous aussi, viendrez-vous ? » dit-il, et alors (elles) : « Pourquoi ne viendrons-nous pas ? Nous irons ensemble et nous trouverons cette jeune fille. Nous ferons sur le champ les noces pour notre (plus) jeune frère », disent-elles. Et tous, un beau jour, ils se mettent en route ensemble. Après deux jours, il arrivent (« vont ») à la maison. La maison n'est pas vide comme avait dit le garçon. Devant la porte, il y a plusieurs jeunes enfants. Les enfants viennent autour d'eux.

« Qui êtes-vous ? Pourquoi êtes-vous venus ? Qui cherchez-vous ? » disent-ils, et alors le (plus) jeune frère, aussitôt : « Une année auparavant, j'avais vu ici une belle jeune fille. Nous sommes venus la prendre, et ceux-ci sont mes frères (et sœurs) », dit-il. Un[e unité] d'entre les enfants : « Je sais. La jeune fille que tu dis n'est pas ici maintenant, elle est allée quelque part, en voisine. Demain soir, elle (re)viendra », dit-il. Et tous : « Pour elle, ce n'est pas un jour, c'est dix mois que nous attend(r)ons. Si nous ne la trouvons pas, nous perdrons notre jeune frère, il l'aime beaucoup », disent-ils. Cette nuit-là, ils restent dans la maison. Dans la maison, outre les enfants, il y a aussi la mère de la jeune fille. Elle traite (« regarde ») bien les hôtes qui sont venus. Et tous : « Celle-ci est une bonne femme, nous prendrons sa fille », disent-ils. Sur le soir, la jeune fille vient. La mère attend la jeune fille devant la porte. « Ils sont venus te demander en mariage (« te vouloir »), à toi de décider (« toi, tu sais »). Un an auparavant, le garçon t'a vue, il est tombé amoureux », dit-elle. La jeune fille : « Je n'ai vu personne, qui est-il ? D'où sont-ils venus ? » dit-elle, et, ce disant, elle entre dans la maison. Le (plus) jeune frère, en disant : « Elle est venue, que je sois son kurban ! » se lève (et) étreint la jeune fille. La jeune fille, criant de toutes ses forces : « Qui es-tu ? Es-tu devenu fou ? » dit-elle. Elle retourne auprès de sa mère. « Eh mère ! d'où as-tu apporté ces gens ? Tu as fait mon malheur (« tu as fait fléau à ma tête » ! » dit-elle, et, cependant, les autres frères (et sœurs), à leur (plus) jeune frère : « Que fais-tu ? Nous arrangerons ton affaire, toi, assieds toi », disent-ils et ils font asseoir le garçon. Ils disent à la jeune fille dans quelles circonstances (« quand ») le garçon est tombé amoureux. La jeune fille retrouve un peu ses esprits. « Vous dites vrai, j'avais envoyé ce garçon en bas, à l'Autre Monde, avec un agneau blanc, et, par derrière lui, j'avais pleuré de chagrin (« en ayant de la peine »). Dieu l'a envoyé pour moi, moi aussi je (l')avais aimé ». En disant ces mots, elle pleure. Et, étreignant elle-même le garçon, elle lui donne des baisers. Et les autres frères (et sœurs) rient en disant : « Ton affaire est faite (« a été ») ».

Conté par İsmet Akbiyik en 1962 à Istanbul

145.
Serment et feuille de courge

Quand vient le printemps, les Hemşinli commencent à bêcher les champs. Dans une maison, il y a un homme assez âgé, et ce vieillard a deux brus. Il dit à ses brus : « Aujourd'hui, moi, je vais aller seul au champ pour bêcher. Vous, vaquez aux affaires de la maison. Quand viendra le temps de midi, vous m'apporterez le manger. Peut-être ne pourrez-vous pas venir vous-mêmes, (alors) une servante de la maison me l'apportera. » L'une des femmes dit : « Va, travaille, nous ne te laisserons pas affamé ! » Le vieillard va au champ et travaille pas mal de temps. Le temps de midi passe, personne n'apporte le manger. Il a grand faim et se dit à lui-même : « Que faire à présent ? » Il se fâche. « Elles finiront bien par apporter le manger. dit-il. mais, vienne qui viendra, *eam e humi prosternam et futuam[19]* ! » Quand il regarda une fois encore vers le chemin, une femme est en vue. Quand la femme se rapprocha un peu — c'est une bru du vieillard ! Le vieillard crie en direction de la femme : « Est-ce que tu apportes le manger ? Pourquoi as-tu tardé ? » Et la femme : « Nous n'avons pu finir nos affaires, c'est pour cela que j'ai tardé. » Alors le vieillard crie de toutes ses forces : « Que faire ? *Noli procedere, jusjurandum dedi, te futuam* ! » La femme dit : « Père, es-tu devenu fou ? Je suis ta bru, pareille chose n'est pas possible. » Elle n'écoute pas ce que dit le vieillard et se rapproche. Le vieillard : « Tu n'as pas écouté ce que je t'ai dit, tu as continué à approcher. À présent que ferai-je ? J'ai juré, et pour tenir mon serment, je ferai ce que j'ai dit. *Tu procumbe ; ego, ne intra te descendam, naturalia tua cucurbitae*

---

19 Comme dans les anciennes publications du xixe siècle, Georges Dumézil traduit les passages ouvertement érotiques voire pornographiques… en latin ! - NdÉ.

folio operiam ; postea super cucurbitae folium paulum fricabo, jusjurandum servabo. » À ces mots, la femme dit : « Puisque je suis ta bru, si tu le veux. soit. » *Humi procumbit. Senex facit sicut dixit. Quando membrum fricare incipit, mulier gaudet. Quam secum habebat acum educit et, cum in senis posticum defigit, senex membrum suum intra mulieris naturalia trans cucurbitae folium demittit. Complexu mutuo junguntur. Senex mulieri dicit : « Timeo ne, cum aestas veniet, intra te cucurbita fiat !* » *Mulier ridet : « Nihil fiet, in quit ; ita fecimus, ne cuiquam prorsus dixerimus !* »

Conté par İsmet Akbiyik en 1967 à Istanbul

146.
Une Messaline de villageois

Un homme riche possède beaucoup de moutons. Il n'a personne à la maison pour garder les moutons. Mais il a aussi une belle femme, et cette femme est très sensuelle. *Scilicet mariti membro non satiatur. Maritus uxorem esse talem nescit.* Ils sont mariés depuis dix ans et ils n'ont pas encore d'enfant. La femme dit à son mari : « Tu vas tout le temps faire le berger, pendant un mois tu ne reviens pas d'auprès des moutons, et moi, je reste seule à la maison. Est-ce que je n'ai pas envie de coucher avec toi ? Cela ne peut durer, prends un berger, il gardera les moutons, et nous, nous nous occuperons de nos affaires ! » Le mari : « Tu es plus intelligente que moi, faisons comme ça. Que j'aille donc prendre un berger ! » Il va à un autre·village, chez un homme qu'il connaît. « Il me faut un berger, dit-il. Trouve moi quelqu'un capable de garder mes moutons. » Alors l'homme : « Nous te donnerons le fils de mon oncle paternel. » – « Appelle ton oncle, dit le visiteur, qu'il vienne, et nous parlerons des gages qu'aura le garçon comme berger. » L'homme appelle l'oncle, qui vient avec son fils. Quand le visiteur voit le garçon : « Il fait tout à fait l'affaire, » dit-il, et il demande au garçon : « Viendras tu avec moi ? » – « Je ne suis pas mon maître, répond le garçon, je dépens de mon père, je ferai ce qu'il dira.» Le garçon est grand, fort, beau, moustachu. Le visiteur parle avec le père du garçon. Le père dit : « Tu lui donneras trois cents livres par mois, ses vêtements et sa nourriture seront aussi à ta charge.» – « D'accord, dit l'homme, je veux emmener le garçon tout de suite.» Le père du garçon dit : « Il est prêt, emmène-le, tu donneras l'argent quand le mois sera achevé.» L'homme prend le garçon et l'emmène chez lui. Avant de lui remettre son fils, le père tire l'homme à l'écart et dit : « Le garçon est un peu ignorant, il ne sait rien, tu veilleras sur lui.» L'homme répond : « N'aie pas peur, il n'arrivera rien.»

Quand ils viennent à la maison et que la femme voit le berger, elle dit à son mari : « Tu as trouvé un beau berger, c'est ce qu'il nous faut !» Le garçon rit : « Est-ce que tu n'as pas vu de plus bel homme que moi ? Ton mari aussi est beau !» Le mari dit : « Vous bavarderez plus tard, sers nous le repas, que nous mangions et que je mène le garçon auprès des moutons. Tu traiteras ce garçon de la même manière que tu me traites.» Ils mangent, puis l'homme prend le garçon et s'en va près des moutons. Il dit au garçon : « Tu garderas les moutons pendant quelques jours. Il y a une tente dans le bois, la nuit tu amènes les moutons près de la tente, et tu te couches là. À présent, je m'en vais, dans quelques jours, je viendrai.» Le garçon : « Va, je garderai les moutons, ne crains pas qu'il arrive quelque chose.» L'homme revient chez lui et sa femme dit : « Pour nous, c'est bien, nous voici ensemble, et le garçon gardera les moutons : c'est ainsi que nous vivrons.» Quelques jours passent et, un jour, il pleut très fort. L'homme dit : « Ce soir, que j'aille voir ce que devient le berger, et s'il a perdu des moutons.» Il vient trouver le garçon. Le garçon a amené les moutons (dans le bois) et lui-même est assis sous la tente. L'homme arrive à la tente et dit au garçon : « Aujourd'hui, il a beaucoup plu, qu'as-tu fait ? As-tu perdu des moutons ?» Le garçon répond : « Je les ai comptés, ils sont au complet.» Quand l'homme regarde, – le garçon fait sécher ses chaussettes près du feu. Il demande au garçon : « Sur quoi as-tu mis tes chaussettes ?» Alors le garçon : « Je les ai mises sur mon séchoir à chaussettes.»

Georges Dumézil

L'homme s'étonne : *num revera tale membrum exsistit ? Nam siccatorium juvenis membrum est ! Et membrum quidem duas, tres spithamas longum est !* L'homme demande au garçon : « Ça te sert uniquement de séchoir à chaussettes ? » Et le garçon : « Que veux-tu d'autre ? A part cela, je n'en fais rien. » L'homme dit : « *Nonne isto ad mulieres futuendas uteris ?* » Et le garçon : « *Quid significat 'futuere' ? Nihil tale scio !* » L'homme s'étonne. Il le laisse ainsi et redescend à la maison. Il voit sa femme, qui lui demande : « Comment allait le berger ? Les moutons sont-ils au complet ? » – « Ils sont tous là, au complet, mais j'ai autre chose à te dire. » Et il commence à raconter : « *Pastori nostro id est membrum, quod si videas, suffocaris !* J'ai demandé au garçon ce que c'était que ça, il m'a répondu : 'C'est mon séchoir à chaussettes'. Je lui ai dit : 'Ne fais-tu rien d'autre (avec) ?' Et il m'a répondu : 'Non, je ne fais ni ne sais rien.' » La femme dit : « Pourquoi me dis-tu ça ! Qu'est-ce que j'en ferai ? » – « Je te l'ai dit pour te faire rire. » dit-il. *Revera mulier tale membrum quaerit, mariti enim membrum ei non satis est. Cum maritus pastoris membrum describit, de mulieris ore aqua fluit...* Quelques jours passent encore, et la femme dit à son mari : « Ça fait vingt jours, le berger doit être sale. Va, renvoie le berger, je lui ferai prendre un bain. » Le mari dit : « Tu as raison, je vais aller et le renvoyer. » Il va et dit au berger : « Aujourd'hui, c'est moi qui garde les moutons, descends à la maison et baigne toi. » – « Comme tu voudras, dit le berger, je suis en effet un peu sale, ça me gratte beaucoup, il faut que j'y aille. » Et il revient à la maison. La femme dit : « J'ai fait bouillir l'eau, elle est prête, baigne toi. » Le garçon se déshabille et, quand il commence à se baigner, la femme dit, *ut juvenis membrum conspiciat,* « Tu es très sale, que je te frotte le dos ! » – « Jusqu'à présent, je n'ai permis à personne de me frotter le dos, je me baigne moi-même. » La femme supplie, dit : « C'est impossible, il faut que je vienne ! » Mais le garçon : « Si tu viens, dit-il, je me lève et je ne me baigne pas ! » La femme se dit à elle-même : « Que faire ? c'est raté... *Quomodo hunc juvenem super me suscipiam ?* » Quand le garçon a fini de se baigner, il revient a la

293

maison. La femme lui dit : « N'es-tu pas un homme ? Ne m'as-tu pas comprise ? J'ai envie de voir ton séchoir à chaussettes. » Alors le garçon : « Pourquoi faire ? Dit-il, aujourd'hui, le temps est chaud, as tu mets les chaussettes dehors, elles sèchent... » La femme dit : « Ce n'est pas pour faire sécher des chaussettes que j'ai dit ça, *ut me futuam hoc dico, te valde arno* ». Mais le garçon répond : « *Quid dicis ? Quid significat 'futuere'? Noli (amplius) loqui ! Id Conspicere si cupis, extraham, vide !* » *Mulier quattuor oculis javenis membrum considerat. Extrahit, membrum non stat, nihilominus duas spithamas longum est ! Mulier statim membrum arripere conatur, juvenis vero apprehendendum non dat et rursus includit. Insanit mulier.* Elle dit au garçon : « Si tu fais comme ça, je me tue, et ensuite on t'accusera. » Le garçon n'écoute pas ces paroles et dit : « Fais comme tu voudras. La nuit est tombée, je vais remonter auprès du troupeau, que ton mari vienne ! » Mais la femme : « Il ne faut pas que tu t'en ailles ce soir, tu coucheras à la maison, tu te reposeras. A coucher tout le temps sous la tente, tu as maigri. J'ai plus souci de toi que de mon mari. Mais que ferons-nous ? Tu ne comprends rien de rien ! » Le garçon : « Comme tu voudras, je vais rester. » Il fait noir, la femme prépare le lit du garçon, le fait coucher ; elle-même va à son lit. Au bout de quelques instants, le garçon se dit : « Je me suis couché ici, et cette femme va encore venir m'embêter ! Que je me lève d'ici et·que je monte vers les moutons. » Il se lève et, marchant dans l'obscurité, il revient auprès des moutons. La femme dit : « Maintenant, il est endormi. Que j'aille le rejoindre, que j'entre dans sa chambre. » Elle s'approche du lit du garçon : il n'y est pas ! « Où a-t-il bien pu aller. Moi, je ne peux rien faire dans l'obscurité... Que je me couche dans son lit, peut-être est-il allé pisser dehors. » Elle entre dans le lit, personne ne vient...

L'homme dit au berger : « Que s'est-il passé 1 Pourquoi es-tu revenu en pleine nuit ?... Ou bien quelque chose est-il arrivé à ma femme ? » – « N'aie pas peur, répond le berger, il n'est rien arrivé, je n'ai pas pu rester coucher à la maison, dans le lit, je me suis levé et je suis venu. Ici. je vais me coucher un bon coup, et toi, va te coucher à la maison.» L'homme revient vite chez lui et tire sa femme du lit. « Qu'est-ce que tu as fait au berger ? dit-il. Pourquoi est-il venu en pleine nuit ? » – « Je n'en sais rien, répond la femme. Est-ce que le berger n'est pas dans son lit ? » – « Comment y serait-il ? dit l'homme. Il est monté me rejoindre et m'a dit qu'il n'avait pas pu rester couché dans le lit.» La femme dit : « Son lit n'était pas mauvais, viens et regarde, si tu veux.» Alors l'homme est conduit par sa femme dans une autre chambre et ils s'approchent du lit. En voyant le lit : « Quelle espèce de femme es-tu ? dit l'homme, personne n'est entré dans ce lit. Si quelqu'un était entré dans le lit, il serait un peu défait ! » – « Crois-tu que je te trompe ? réplique la femme. Peut-être le garçon l'a-t-il arrangé quand il s'est levé... » L'homme : « Dis-moi la vérité, (ou) j'amène le berger et je lui demande dans quelle chambre il a couché ! » La femme : « Tu n'as donc pas encore appris à me connaître ?... Que puis-je faire... Fais comme il te plaira... » dit-elle. Leur discussion s'arrête, et l'homme croit ce que dit sa femme.

Au petit jour, la femme dit : « Il n'y a pas de bois à la maison, il faut en couper. Toi, tu ne peux pas le faire, va, que le berger vienne ! » – « Bon, » dit le mari, il s'en va et dit au berger : « Il n'y a pas de bois à la maison, va et coupes-en, ma femme le portera.» Le garçon arrive à la maison dans la matinée. La femme lui dit : « Pourquoi t'es-tu levé, hier soir ? Est-ce que je t'aurais mangé ? Nous allons d'abord manger un peu, puis nous commencerons à travailler.» La femme s'affaire à servir le repas. Elle regarde sur l'étagère s'il y a du lait : pas de lait ! « Je vais descendre à l'étable tirer un peu de lait, dit-elle au garçon, toi, reste assis dans la maison.» Elle descend à l'étable, il se passe un moment, et le garçon entend crier de l'étable. Il court à l'étable, où la femme pleure et crie à tue-tête. Quand il regarde, – elle est étendue près de la vache, les jambes écartées. Le garçon lui demande : « Qu'est-il arrivé ? Pourquoi pleures-tu ? » – « Ne vois-tu pas ?, répond la femme. J'ai une blessure entre les jambes, la vache m'a donné un coup de pied, ça me fait très mal. Que puis-je faire à présent ? » – « Que j'aille chercher un docteur, pour

qu'il t'examine... » dit le garçon. La femme n'arrête pas de pleurer.
« Je n'ai pas besoin d'un docteur, dit-elle, tu as sur toi le remède
pour cette blessure.... Avec ça, elle va guérir... » Le garçon répond :
« Je n'ai pas de remède, voyons ! On dis-moi ce que c'est... » Alors
la femme : « *Si siccatorium tuum super hoc vulnus fricas,
sanebitur* ». *Juvenis : « Quid facilius ? inquit. Si frictione fiet ut
sanetur, ego faciam.* » *Mulier : « Extrahe id. in quit. et pro pius me
veni.* » *Juvenis id extrahit, quomodo faciat nescit. Mulier juvenis
membrum arripit, naturalibus suis affricare coepit, membrum asseris
instar fit. Juvenis quoque aliquantum gaudet. « Quicquid est, inquit,
vulnus tuum sanabitur.* » *Tum mulier juvenem in se attrahit et juvenis
totum membrum in mulieirs nat uralia infigit. Cum mulier : « Oh,
hoc erat in votis !* » *dicit, juvenis : « Tamne sua vis res esse potest ?* »
*dicit. Oscula jungunt. res perficiunt. Surgunt, domnm veniunt. Mulier
juveni : « Mihi nullum erat vulnus. Locus in quem membrum tuum
infixisti cunnus est. Deus membrum vestrum huc ut infigeretur
fecit* ». *Juvenis : « Suavissimnm erat, inquit, post hac quid faciam ?* »
*Respondit mulier : « Uxorem duces ; me vero iterum ut futuas noli
tentare. Adeo volnptuaria sum roulier ut ne tuum quidem membrum
mihi sat fuerit... Nos ita fecisse nemini dicemus, res hic manebit. Tu
nunc abi, maritus meus veniat !* »
*Postquam juvenis profectus est, roulier iterum futui cupit, nec
quisquam adest. Secum cogitat : « Mihi longo membro opus est.
Iterum in stabulo subter equo procumbam !* » *Sellas de domo cogit et
ante equum struit. Membrum equi ut tra.hat laborat. Equus quoque
gaudet et membrum ejus erigitur. Mulier, ne totum membrum equi in
naturalia infigatur, equi candam ad portam religat. Ipsa in sellas
ascendit, leniter equi membrum in naturalia sua immittere conatur.
Equus hinnire coepit... Mulieris maritus domnm redit, uxorem non
videt et ad sonitum qui in stabulo fit descendit. Portam aperire
conatur, non aperitur. Eam magna vi attrahit, equus hinnit. Cum
caudam equi ad portam alligatam et mulierem sub eqno jacentem
videt, « Quid faciam ? inquit. Uxorem si oooiderim, ego quoque
peribo... Me ipsum ut servem, equi candam solvam : totum equi*

Georges Dumézil

membrum in naturalia si infigitur, mulier moritur ». Facit ut dixit ;
equus libidine stimulatus membrum totum in naturalibus collocat...
Mulieris os et oculi, sicuterant, stant (scil. *morte defixi).*

Conté par İsmet Akbiyik en 1967 à Istanbul

147.
Un mari incapable

Quand vient l'été, les Hemşinli montent au pâturage de montagne.
(Notre pays, en été, est très chaud. et c'est pour cela qu'ils cherchent
un endroit un peu frais, et qu'ils vont retrouver le pâturage de
montagne. Comme je l'ai dit, chaque année, ils y montent). Nos
pâturages d'été à nous sont à une distance de Hopa de quatre ou cinq
jours. Chaque nuit, sur les routes les piétons circulent (dans les deux
sens).
Il y a, cheminant, un groupe de quelque personnes, et, parmi eux, des
femmes et des jeunes filles. Ils ont avec eux un cheval pour porter les
bagages. Parmi eux, un homme aime une certaine femme. Ils veulent
se parler, mais ils ne peuvent. L'homme pense : « Que faire, à
présent ? Ce soir, je ferai arriver quelque chose à cette femme.
Quand il fera noir, sur le soir, après que nous aurons fait halte,
j'emmènerai dans la forêt les chevaux du mari de la femme et des
autres hommes et je les attacherai.» Il fait ainsi et revient. « Nos
chevaux ne sont plus là », dit-il. Les hommes disent : « Où sont-ils
allés ? Ils étaient ici, se sont-ils échappés ? » Et aussitôt ils vont les
chercher. L'homme qui sait où sont les chevaux dit : « Allons, vous
de ce côté-ci, moi de ce côté-là. Le premier qui les aura trouvés
criera de toutes ses forces. » Ils se séparent. L'homme qui savait où
étaient les chevaux va en hâte auprès de la femme. « Pourquoi es-tu
venu ? dit-elle. Pourquoi n'es-tu pas allé à la recherche des
chevaux ? » L'homme : « Je sais où sont les chevaux, dit-il, c'est
pour parler un peu avec toi que j'ai fait cela ». Après avoir un peu...
parlé à la femme, « Maintenant, dit-il. il faut que je m'en aille et que

je ramène les chevaux.» Il s'en va. ramène les chevaux et crie aux autres hommes : « J'ai trouvé les chevaux, venez !» Les hommes viennent et se recouchent, puis c'est le matin.

La femme dit à son mari : « L'homme qui a averti que les chevaux étaient perdus nous a fait arriver quelque chose. C'est pour... parler avec moi qu'il vous a fait vous promener dans la forêt cette nuit.» Le mari va aussitôt trouver l'autre homme. « Qu'as-tu fait à ma femme ? dit-il. C'est pour parler à ma femme que tu nous as fait tant nous promener !» Les autres hommes aussi viennent, ils veulent battre l'homme, mais le mari dit : « Laissez, je ne le battrai pas, mais je répudierai ma femme. Si la femme ne l'avait pas aguiché, il n'aurait pas agi ainsi. Laissez-moi régler cette affaire.» Les hommes le laissent, ils vont trouver la femme et lui disent : « Ton mari t'abandonnera. Sauve-toi d'ici sans que ton mari te voie.» La femme pleure et crie : « Je suis innocente, qu'il ne me punisse pas ! Si j'avais su (qu'il se conduirait ainsi), est-ce que je lui aurait dit cette chose ?... Pourquoi ne me comprenez-vous pas ?... Je n'ai peur de personne, qu'il fasse ce qu'il voudra !...» L'homme ne parle pas avec sa femme, il lui dit (seulement) : « Tu ne peux plus rester avec moi, va où tu voudras ». Il la répudie.

Ils montent (tous) au pâturage d'été où les parents du mari lui disent : « Notre bru n'est-elle pas venue ? Où est-elle allée ? Peut-être ne l'as-tu pas amenée...» À ces mots, le mari, comme un fou : « Vous n'entendrez qu'injure sur votre bru et sur vous ! Qu'est-ce qu'ils m'ont fait arriver pendant la route !» Ses parents disent : « C'est toi qui étais un idiot ! Tu n'as pas été capable de gouverner une femme ! Nous n'avons plus besoin de toi non plus, nous renonçons à t'avoir pour fils !» L'homme quitte sa maison, et tout. « Je m'en vais, dit-il, et je ne reviendrai plus, oubliez-moi !» Ils ne se reverront plus. Les gens du village disent au père de l'homme : « Pourquoi as-tu chassé ton fils ? N'est-ce pas une honte ?» Mais il est trop tard. Ils ne retrouvent pas le garçon, il est perdu.

Conté par İsmet Akbiyik en 1967 à Istanbul

148.
Sans titre

Aujourd'hui aucun des anciens usages n'est resté. Autrefois, d'après ce que racontent les vieillards, les hommes croyaient et vivaient d'autre manière.
Saint-Urpat' (St. Vendredi) est un lieu construit en roches au-dessus du village, au pied de la montagne. Je ne l'ai pas vu. On dit qu'il y a là deux tombes. Celui qui a un voeu va, dit-on, sacrifier à Saint-Urpat' un coq, un mouton, un agneau, un chevreau ou un autre animal. Certains mangent et boivent là, puis ils apportent avec eux ce qui reste et le distribuent aux indigents. Aujourd'hui, l'homme n'est pas resté comme autrefois : il n'y a plus personne qui prête attention à Saint-Urpat' ni aux croyances analogues. Toute chose a changé.
On suppose que Saint-Georges est un lieu de pèlerinage resté des anciens Grecs. Mais il n'est pas possible de croire tout à fait à ces dires. Nous n'avons rien vu d'écrit dans les livres à son sujet. Nous n'avons fait qu'entendre diverses choses de loin, de près, fragmentaires (« moitié et déficientes »), fausses et vraies (mélangées). Ce que nous savons est obscur. Saint-Georges se trouve au-dessous de Vakifli, sur le territoire d'(« dans ») un village turc. Mais les Turcs ne vont pas là, ils n'y croient pas. Là vont seulement les Arméniens et les Grecs. Là aussi il y a une tombe. Ceux qui y vont (en pélerinage) collent à cette tombe de petites pierres. Si ces pierres restent collées, le désir de celui qui les colle, dit-on, se réalise. Mais maintenant, il n'y a pas d'homme qui croie à cette chose non plus. Certains cependant y vont encore une fois dans l'année, ou tous les trois ou quatre ans.
Saint-Serge est un ancien lieu de pèlerinage. Il se trouve sur le territoire de Kapisuyu. Kapisuyu est proche de la mer, au-dessus de Çevlik. Dans le vieux temps, les Arméniens ont habité ici aussi. Pendant la « guerre de la montagne » (= la première guerre mondiale), ils sont partis avec les autres villageois, ils sont montés dans la montagne. Saint-Serge est un lieu

proche de la montagne. C'est une grotte au-dessus d'un rocher abrupt. Pour monter là, on y a appuyé une longue échelle de bois. Quand tu y montes, tu oscilles, tu te croirais dans un berceau. Maintenant (Saint-Serge) a perdu son ancienne valeur. Car les Turcs ne s'en approchent pas. Il n'y a pas non plus d'Arménien proche dans les alentours. Une fois tous les quatre ou cinq ans, on y va de Vakifli. Au sujet de ce lieu de pèlerinage aussi on a fait beaucoup d'histoires. Les Grecs, je ne sais pour quelle fête, mâchaient, dit-on, une sandale et la jetaient sur la porte. Ils considéraient ceci comme une insulte à Saint-Serge, parce qu'on dit que saint Serge avait enlevé une jeune fille grecque.

Conté par Arsen Canoğlu en 1966 à Istanbul

149.
Un mythe d'orage à bon compte

Dans l'ancien temps, tous les villageois allaient à un lieu saint qui se trouvait au village de Yoğunoluk. Ce lieu saint s'appelle Thomas l'Apôtre. Il y a cinquante ans, les villageois allèrent, parait-il, y faire des sacrifices. Ils alignèrent les chaudrons, allumèrent les feux, – (et) tout d'un coup, que vois-tu ! Le ciel s'ennuagea, le soleil se couvrit, la pluie allait tomber. Soudain les nuages s'éparpillèrent, le soleil se (déc)ouvrit, la grande chaleur revint, et le prêtre monta sur une haute pierre et parla : «Chère assemblée, vous avez vu ce qui se passait maintenant : le Diable est venu et s'est dressé au dessus de nous, il a défait son vêtement, et il allait verser de l'eau (= pisser) sur notre tête. Quand Thomas l'Apôtre le vit, il tira son épée et marcha sur le Diable. Le Diable (r)attacha son vêtement et s'en alla. Cher peuple, vous voyez combien le saint de ce lieu étend la main sur nous ! Nous aussi, nous devons nous efforcer d'être dignes de lui. Quoi qu'il arrive, cela arrive par la volonté («de la part») de Dieu. Que votre foi à tous devienne profonde, soyez tous sous la la main de Dieu ! »

Conté par Arsen Canoğlu entre 1966 et 1968 à Istanbul

150.
Coutume de Carnaval

Pendant le Carnaval, les gens de sept villages se réunissent dans un seul village. Ils battent le tambour, font la ronde, s'amusent, font passer le temps. Tôt le matin. ils n'oublient pas d'aller à l'église. Les hommes les plus âgés remplissent l'église. Le soir du premier jeudi de Carême, ils jouent « les ours ». Ils coupent un *xälum* par le milieu, suspendent à son pédoncule des escargots, et un (homme) se coiffe de(« fait passer à sa tête ») ce *xälum*. Un (autre) prend en main un tambourin. Un autre encore embouche une trompette faite de roseau. L'un tambourine, le second joue de la trompette et le troisième secoue la tête (et) fait entrechoquer les escargots du *xälum*. Ils jouent ainsi quatre ou cinq minutes à. l'intérieur de chaque maison. Jusqu'à ce qu'il fasse jour, maison par maison, ils font le tour de tout le village.

Conté par Arsen Canoğlu entre 1966 et 1968 à Istanbul

151.
La dernière fête

Quand la population n'était pas (encore) partie, une fois l'année, (au lieu dit) « Sous les platanes ». de Hidirbey, on (« ils ») faisait tambouriner. L'année où la population partit, le tambour retentit encore pour la dernière fois. Tout ce qu'il y a(vait) de gens avait rempli « Sous les platanes ». Soudain l'atmosphère (morale) se gâta, les gens bouillonnèrent (et) se (r)entrèrent les uns dans les autres, (chacun) frappant qui frappait. jusqu'à ce que les notables (« grands ») intervinrent (et) calmèrent l'atmosphère. Le tambour retentit de nouveau comme autrefois, les *zurnaci* jouèrent de la trompette, on dansa à cœur joie (« les joueurs jouèrent »), on chanta, on but, on s'enivra.

Conté par Arsen Canoğlu entre 1966 et 1968 à Istanbul

152.
Un esprit fort

Deux hommes se disent l'un à l'autre : « Moi, (dit l'un,) je n'ai pas peur du Diable ». L'autre dit : « Tu as peur ; si tu n'as pas peur, prends ce pieu que voici, va le planter dans telle caverne. » Il prend ce pieu et va à ladite caverne. Il entre à l'intérieur et se met en devoir de planter le pieu. Comme la caverne est obscure, l'œil n'y voit pas, et il plante le pieu sur le pan (de son vêtement). Au moment de se redresser, il ne peut pas. Il s'imagine que le Diable a saisi le pan et, de peur, il rompt sa vésicule biliaire, meurt et reste sur place.

Conté par Arsen Canoğlu entre 1966 et 1968 à Istanbul

153.
Contravention

Jadis la récolte (en meules : le blé à battre au tribulum) était scellée par les autorités(« le gouvernement ») afin que le propriétaire de la récolte ne puisse pas retirer de blé en cachette des autorités. Cette année-là aussi, ils avaient scellé notre blé. C'était une grande meule. La fourche à cinq pointes, le joug, la planche (tribulum) avaient été placés à côté de la meule. Au milieu de la nuit, un vent fort se lève (et) met tout sens dessus dessous. La meule de blé est détruite. Le jour suivant, les hommes du gouvernement vinrent : « Qu'est-ce que c'est que ça ? » dirent-ils. « C'est le vent qui l'a fait ». Ils ne (le) crurent pas et, sur le champ, écrivirent une contravention (« punition »).

Conté par Arsen Canoğlu entre 1966 et 1968 à Istanbul

154.
Un enlèvement manqué

Ma grand-mère avait quatre-vingt dix ans quand elle mourut. Elle venait à notre maison une fois la semaine et racontait de vieilles histoires. Nous aimions beaucoup écouter cette vieille femme. Elle racontait très joliment. Un jour elle raconta :
« A la saison des vers à soie, nous allions tous à Mağaracik (et) nous (r)apportions du feuillage aux vers à soie. Un jour nous (y) allâmes (et) nous regardâmes, – que voyons-nous : le feu est tombé sur Mağaracik, il brûle ! Ce minuit-là, des garçons de Vakifh ont enlevé la fille de Kevork ağa. Cette nuit-là, jusqu'à l'aube, les gendarmes les ont cherchés sans pouvoir les trouver. Après une semaine la jeune fille s'aperçoit que ses ravisseurs sont tout à fait des ânes, qu'ils ne savent ni lire ni écrire. La jeune fille dit aux garçons : « Que j'écrive une lettre au prêtre latin, qu'il vienne nous marier. Jusqu'à quand resterons-nous ainsi ? » – « Soit », disent les garçons. La jeune fille s'assied, elle écrit la lettre comme ceci : « Je me trouve à tel endroit, venez vite me sauver ». Elle écrit ceci en français et remet la lettre aux garçons : « Portez cette lettre et donnez-la au prêtre latin », dit-elle. Les garçons portent la lettre et la donnent. Le prêtre la. lit et prend avec lui deux gendarmes et dit : « Eh bien, allons les marier ». Ils partent, vont, regardent : la. jeune fille attend. Ils appréhendent les garçons, les emmènent au karakol et ils libèrent la jeune fille, la prennent et l'emmènent avec eux.

Conté par Arsen Canoğlu entre 1966 et 1968 à Istanbul

155.
Un régal

Les hommes âgés aiment, pendant l'été, s'asseoir quelque part et raconter les vieilles choses qui leur sont arrivées. Malheureusement il faut dire que, maintenant, il n'est pas resté au village de vieillards comme auparavant. Avec les vieillards, beaucoup de choses ont disparu de la langue, des coutumes et des récits du village. Autrefois on disait : « S'il n'y a pas d'homme âgé dans la maison, prends une lourde pierre et mets-la à l'intérieur de la maison ! » Il faut bien prêter l'oreille à cette parole, le sens en est très profond.

J'ai encore dans l'esprit beaucoup de récits de mon grand-père. Du temps que j'étais petit, j'entrais dans le lit, près de mon grand-père, et il commençait à raconter.

Un jour, il prit et fit rôtir un oiseau. Il porta cet oiseau à sa mère. Il regarda, sa mère était endormie. Tout doucement, il la réveilla. Moitié endormie, moitié éveillée, elle ouvrit la bouche. Mon grand-père mit le petit oiseau dans la bouche de sa mère. Aussitôt la petite vieille se rendormit sans avoir avalé. Le matin, quand elle s'éveilla, elle crut qu'une souris était entrée dans sa bouche. Elle fait des efforts pour vomir, se met en colère, maudit la souris et crache plusieurs fois à terre derrière elle. Quand il racontait cela, mon grand-père mourait de rire.

Conté par Arsen Canoğlu entre 1966 et 1968 à Istanbul

156.
Une mauvaise rencontre

Mon grand-père, autrefois, avait coutume d'aller de village en village. Un jour aussi (= comme d'habitude), pendant l'hiver, il partit de nouveau de Valrifh pour aller à Hidirbey. Il se mit en route à la nuit. Une pluie très fine tombait. Il n'était pas encore arrivé à mi-chemin, un *čirəbäÿəg* surgit devant lui et ils s'empoignent (« s'enlacent »), tantôt lui dessous et le *čirəbäÿəg* dessus, tantôt lui dessus et le *čirəbäÿəg* dessous. Ils se roulent pendant longtemps et (finalement) se dégagent l'un de l'autre et chacun s'enfuit de son côté. Depuis ce temps, pendant la nuit. en rêve, mon grand-père se voit aux prises (« s'étouffe ») avec le fauve.

Conté par Arsen Canoğlu entre 1966 et 1968 à Istanbul

157.
L'arme absolue

Un homme va à Amik pour travailler. Là il bat (au tribulum) (et) évente le blé des Arabes. Chaque jour, il part le matin et revient à la nuit. Un jour aussi (=comme d'habitude), il va, monté sur son âne. Un Arabe surgit devant lui (et) exige de lui tout ce qu'il a. L'homme dit : « Je ne (te) le donne pas ! » « Tu (le) donnes ! » – « Je ne (le) donne pas ! » Ils tombent l'un sur l'autre, l'Arabe sur son cheval, l'homme sur son âme. Soudain l'homme tire son membre (et) l'abat une fois sur le front du cheval. Le cheval recule et ne s'approche (plus) en direction de l'homme. Quoi que fasse son maître. cela ne sert à rien (« ne fait pas argent »). Il est obligé de faire demi-tour et de s'en aller. L'homme, de son côté, continue son chemin (et) va à son travail.

Conté par Arsen Canoğlu entre 1966 et 1968 à Istanbul

158.
Larcin

Avec cinq camarades, un matin, nous nous éveillâmes tôt et nous mîmes en route. Au petit jour, nous arrivâmes à un champ de tabac. Nous nous mîmes à cueillir le tabac. Le chien du propriétaire du tabac se précipita vers nous (et) aboya. Le propriétaire sortit, (et) nous, nous commençâmes à fuir, mais le chien nous rejoignit. Je fus obligé de faire feu sur lui. Je déchargeai mon fusil et lui envoyai (« mis ») une balle, il tomba raide (« s'étendit ») (et) resta sur place.

Nous courûmes (et) nous éloignâmes. Le propriétaire perdit notre trace et nous nous échappâmes.

Conté par Arsen Canoğlu entre 1966 et 1968 à Istanbul

159.
Chasse et indigestion

Hier, je montai à la station d'affût. Le temps n'était pas très favorable, mais je (me) dis : « Peut-être aujourd'hui les oiseaux de proie vont-ils passer. » À peine étais-je monté que l'avant-garde apparut. Aussitôt j'entrai dans la station d'affût. Un *qartalli* vint, il passe au-dessus de moi. Je lui envoyai une balle (« je lui mis une fumée ») (et) il tomba dans mon sein. Je le pris (et) (re)vins à la maison. Je le plumai, le nettoyai (et) le mis à la poêle. Je le fis bien cuire à la graisse. Je fis une salade (pour manger) avec. À la tombée de la nuit, je m'assis à table (« devant lui »), (et), avec, je bus une bonne rasade d'arak. Le lendemain, je ne pus me lever [« de ma place »]. Je me tournai d'un côté, puis de l'autre, sans trouver le repos. Je ne pus ni me lever ni m'endormir. À l'heure du kuşluk, je me levai, mais mon corps était comme de la viande hachée. Ce jour-là je ne pus rien faire.

Conté par Arsen Canoğlu entre 1966 et 1968 à Istanbul

160.
Une belle proie

Il y a quatre ou cinq jours, les garçons étaient allés chasser les sangliers. (Quand) ils revinrent, l'un d'entre eux raconta ainsi : « Le temps était nuageux, nous nous mîmes en route tôt le matin. Au petit jour, nous arrivâmes à la montagne. Devant nous apparut un champ de millet. Nous y entrâmes (et) nous vîmes que les sangliers y étaient(« sont ») entrés, avaient tout foulé et saccagé le millet. Nous supposâmes que, dans le voisinage de ce millet, nous pourrions trouver les sangliers. Nous décidâmes de les chercher et nous nous séparâmes, chacun de nous dans une direction, nous éloignant lentement les uns des autres. Soudain je perçus (« pris ») un bruit, j'écoutai : la voix est la voix du sanglier. Je m'assis à l'endroit où j'étais (et) j'attendis. Peu après apparut le long nez noir du sanglier. Après lui se montra la tête. À ce moment je tendis vers lui mon fusil (« le serpent noir »). Je visai le milieu du front et tirai la gâchette. Le ciel tonna et le sanglier tomba raide (« et s'étendit »), aussi gros qu'un bœuf. Les camarades vinrent, nous le chargeâmes, le prîmes et l'emportâmes au village. Le village entier se rassasia.

Conté par Arsen Canoğlu entre 1966 et 1968 à Istanbul

161.
Le renard et le lièvre

Le renard et le lièvre, après avoir conclu fraternité, vont. Ils vont, beaucoup et peu, se fatiguent, s'asseyent pour se reposer. D'en face vient un petit garçon, chargé d'un sac. Le renard dit au lièvre : « Toi, étends-toi ici, comme (si tu avais) crevé. Le garçon, pour te prendre, laisse le sac et vient. Alors moi, je saisis le sac et je m'enfuis. Toi, de ton côté, tu te relèves (et) tu me rejoins ». Ils font ainsi et prennent le sac, (et) ils s'enfuient. Ils arrivent au bord d'un ruisseau. C'était alors l'hiver. Le renard dit au lièvre : « Tends ta queue dans le ruisseau, les poissons viennent et s'y collent. Tu tires ta queue, nous enlevons les poissons (et les) mangeons ». Le lièvre tend sa queue dans le ruisseau. L'eau gèle, le lièvre reste là. Le renard ouvre le sac en face du lièvre, mange tout et s'en va. Le lièvre dit : « Que deviendrai-je, moi ? » Le renard dit : « Attends que l'été vienne, la glace fond, tu pars (et) tu viens ».

Conté par Arsen Canoğlu entre 1966 et 1968 à Istanbul

162.
La langue k'istinəg

La langue k'istinəg est parlée dans les villages du Djebel-Musa. Personne ne sait quand ni d'où ils sont venus et se sont installés dans ces villages, depuis combien de temps ils habitent sous cette montagne. Ce sont eux-mêmes qui ont nommé k'istinəg la langue qu'ils parlent. Ils croient que dire « (en) k'istinəg), c'est (la même chose que dire) « (en) arménien », alors que dire « (en) k'istinəg », c'est dire « (en) langue chrétienne », or, de langue chrétienne, il n'y en a pas sur le monde. Mais les villageois, quand ils disent « (en) k'istinəg », veulent dire « (en) arménien ».

Conté par Arsen Canoğlu entre 1966 et 1968 à Istanbul

Classification des textes

Légendes sur les Nartes :
21 – 22 – 100 – 101 – 102 – 103 – 112 – 114 – 115 – 117 – 128 –
129 – 130 – 131 – 132 – 133 – 134 -

Récits sur Nasreddine Hodja :
37 – 38 – 39 – 71 – 72 – 73 – 74 – 75 -

Contes :
AT 302 : 44 ; AT 317 : 46 ; AT 325 : 28, 56 ; AT 402 : 50 ; AT 425A :
48, 122 ; AT 431 : 52, 53 ; AT 432 : 47 ; AT 450 : 54 ; AT 480 : 25 ;
AT 503 : 60 ; AT 510A : 51 ; AT 510B : 124 ; AT 516 : 44 ; AT 560 :
123 ; AT 563 : 55 ; AT 571 : 49 ; AT 653 : 137 ; AT 700 : 45 ;
AT 707 : 44 ; AT 715 : 59 ; AT 891A : 121 ; AT 861 : 121 ; AT 891A :
125 ; AT 894 : 125 ; AT 922 : 73 ; AT 923 : 64 ; AT 1030 : 58 ;
AT 1060 : 126 ; AT 1083 : 58 ; AT 1240 : 71 ; AT 1335A : 67 ;
AT 1350 : 72 ; AT 1535 V a, b : 74 ; AT 1586A : 66, 76 ; AT 1640 :
99, 126 ; AT 2019-2020 : 119 ; AT 2022 : 120.

Table des matières

www.ingramcontent.com/pod-product-compliance
Lightning Source LLC
Chambersburg PA
CBHW050507270326
41927CB00009B/1930